编委会

顾　问：魏中林　汤贞敏　郑　文　吴念香
　　　　王魏锋
主　编：李海东　杜怡萍
编　委：邓文辉　吴　晶　黄文伟　万　达
　　　　罗　丹　赵琼梅　李　青　易雪玲
　　　　肖　冰　樊明成　刘慧婵　祝　梅

图说 | 广东高职教育质量年度报告 2017

TUSHUO
GUANGDONG GAOZHI JIAOYU
ZHILIANG NIANDU BAOGAO
2017

广 东 省 教 育 厅 编
广东省教育研究院

广东高等教育出版社
Guangdong Higher Education Press

·广州·

图书在版编目(CIP)数据

图说广东高职教育质量年度报告. 2017 / 广东省教育厅，广东省教育研究院编. —广州：广东高等教育出版社，2017.6

ISBN 978-7-5361-5980-8

Ⅰ. ①图… Ⅱ. ①广… ②广… Ⅲ. ①高等职业教育–教育质量–研究报告–广东–2017 Ⅳ. ①G718.5

中国版本图书馆CIP数据核字（2017）第164231号

出版发行	广东高等教育出版社
	地址：广州市天河区林和西横路
	邮编：510500　营销电话：（020）87551597　87551163
	http://www.gdgjs.com.cn
印　刷	广东信源彩色印务有限公司
开　本	787 mm×1 092 mm　1/16
印　张	19.25
字　数	360千
版　次	2017年6月第1版
印　次	2017年6月第1次印刷
定　价	68.00元

前　言

　　高等职业教育质量年度报告是对一年来高职教育发展的系统梳理，也是展示各高职院校办学质量、办学特色的重要窗口，高职教育质量年度报告加深了人们对高职教育的特色和优势的认识，也越来越受到社会各界的广泛关注。2012年以来，高职教育质量年度报告已经形成了国家、省、学校三级发布体系。广东是职业教育大省，拥有全国最大的职业教育体系，广东职业教育的发展经验和做法得到了教育部的充分肯定，得到了省委、省政府的高度认可。

　　为充分展示广东职业教育的发展成果，2016年，在广东省教育厅的领导下，广东省教育研究院牵头成立了高等职业教育质量年度报告编制组，通过两个月的努力，不仅出色地完成了省级质量年报的编制工作，还对全省高职院校开展年报编制工作进行指导和组织培训。在全省各高职院校的共同努力下，我省按照教育部的要求如期向全社会发布了1份省级质量年报、80份高职院校质量年报和38份企业质量年报。

　　为进一步扩大高等职业教育的社会影响力，广东省教育研究院充分利用新媒体的传播功能，创新宣传工作方式，开拓性地在"南方教育在线"微信公众号上开设了图说高职院校质量年报专栏，向全社会展现高等职业教育的发展成效。自图说质量年报发布以来，先后有42所省内高职院校精心制作了图文并茂、言简意赅的微信版质量年报，通过广东省教育研究院的微信公众平台"南方教育在线"向社会发布。微信版质量年报按照各高职院校编制的高等职业教育质量年度报告的体例结构，从学校概况、学生发展、教学改革、政策保障、社会服务、国际合作等6个方面进行图解，通过具体的数据、美观的图表和精练的文字来反映学校一年来的发展情况和做法经验。虽然每所高职院校的微信版质量年报篇幅不大，但内容简明扼要、亮点突出，每一个数据、每一张图片、每一段文字都是经过精雕细琢、反复推敲形成的，既有权威性又能接地气，既各具特色又和谐统一。自发布以来，得到了来自教育部、部分省市教育行政管理部门、科研院所同行的高度认可和点赞，在省内高职院校，以及家长、学生当中产生了强烈的反响，受到广泛的赞誉。为进一步宣传我省高等职业教育的理念，梳理总结各高职院校的做法和经验，我们组织专家对各高职院校编制的微信版质量年报进行了评定，并择优集结出版《图说广东高职教育质量年度报告（2017）》，旨在让社会各界特别是家长、学生更直观、更方便地认识了解广东高等职业教育发展现状和高职院校的办学情况。

本书汇集了2017年省级质量年报和有关高职院校质量年报微信版，在编写和出版过程中，我们不仅得到了省教育厅领导和各高职院校领导们的关心指导，更得到了具体负责各院校年报工作的同行们的大力支持，他们为本书的顺利出版提供了热忱的帮助。在此，对关心和支持此项工作的领导和专家表示衷心的感谢！

由于水平有限、时间仓促，难免有错漏之处，敬请读者不吝赐教。

本书编写组

2017年4月

目　　录

广东发布高职教育质量年报①图说广东高职教育的"拿手绝活"……………　1
广东发布高职教育质量年报②图说高职学生如何练就"十八般武艺"………　5
图说深圳职业技术学院（2017）高等职业教育质量年度报告……………………　17
图说广州番禺职业技术学院（2017）高等职业教育质量年度报告………………　25
图说广州工程技术职业学院（2017）高等职业教育质量年度报告………………　33
图说广东轻工职业技术学院（2017）高等职业教育质量年度报告………………　47
图说广东建设职业技术学院（2017）高等职业教育质量年度报告………………　54
图说广东水利电力职业技术学院（2017）高等职业教育质量年度报告…………　61
图说顺德职业技术学院（2017）高等职业教育质量年度报告……………………　67
图说广州民航职业技术学院（2017）高等职业教育质量年度报告………………　74
图说广州铁路职业技术学院（2017）高等职业教育质量年度报告………………　82
图说中山职业技术学院（2017）高等职业教育质量年度报告……………………　88
图说广东科学技术学院（2017）高等职业教育质量年度报告……………………　98
图说广东女子技术学院（2017）高等职业教育质量年度报告……………………　106
图说广州华商职业学院（2017）高等职业教育质量年度报告……………………　114
图说广东农工商职业技术学院（2017）高等职业教育质量年度报告……………　118
图说珠海城市职业技术学院（2017）高等职业教育质量年度报告………………　125
图说广东省外语艺术职业学院（2017）高等职业教育质量年度报告……………　135
图说广东机电职业技术学院（2017）高等职业教育质量年度报告………………　142
图说汕头职业技术学院（2017）高等职业教育质量年度报告……………………　149
图说惠州经济职业技术学院（2017）高等职业教育质量年度报告………………　155

图说广东科贸职业学院（2017）高等职业教育质量年度报告……………… 160

图说广东体育职业技术学院（2017）高等职业教育质量年度报告………… 168

图说广东交通职业技术学院（2017）高等职业教育质量年度报告………… 175

图说中山火炬职业技术学院（2017）高等职业教育质量年度报告………… 182

图说江门职业技术学院（2017）高等职业教育质量年度报告……………… 186

图说广东文艺职业学院（2017）高等职业教育质量年度报告……………… 192

图说广东食品药品职业学院（2017）高等职业教育质量年度报告………… 197

图说广州体育职业技术学院（2017）高等职业教育质量年度报告………… 203

图说广东岭南职业技术学院（2017）高等职业教育质量年度报告………… 210

图说广州城建职业学院（2017）高等职业教育质量年度报告……………… 217

图说东莞职业技术学院（2017）高等职业教育质量年度报告……………… 222

图说广东邮电职业技术学院（2017）高等职业教育质量年度报告………… 228

图说广东职业技术学院（2017）高等职业教育质量年度报告……………… 232

图说私立华联学院（2017）高等职业教育质量年度报告…………………… 239

图说茂名职业技术学院（2017）高等职业教育质量年度报告……………… 246

图说广东理工职业学院（2017）高等职业教育质量年度报告……………… 252

图说佛山职业技术学院（2017）高等职业教育质量年度报告……………… 258

图说罗定职业技术学院（2017）高等职业教育质量年度报告……………… 265

图说广东松山职业技术学院（2017）高等职业教育质量年度报告………… 269

图说河源职业技术学院（2017）高等职业教育质量年度报告……………… 274

图说广州科技贸易职业学院（2017）高等职业教育质量年度报告………… 279

图说广东环境保护工程职业学院（2017）高等职业教育质量年度报告…… 287

图说揭阳职业技术学院（2017）高等职业教育质量年度报告……………… 298

广东发布高职教育质量年报①
图说广东高职教育的"拿手绝活"

2016年是"十三五"的开局之年,广东教育围绕"三个定位、两个率先"目标,加快推进教育现代化,高等职业教育是其中重要一环。近日,省教育厅发布了《广东省高等职业教育质量年度报告(2017)》,分析我省高等职业教育在特色创新、发展改革、学生发展、教学改革、企业参与、政府保障、对外合作、服务贡献、应对挑战等方面的情况。为方便大家深入、全面了解我省高职教育发展现状与趋势,现推出质量年度报告系列,图说我省高职教育特色和亮点,大数据统计学校规模与学生发展,案例分析高职课程改革与人才培养。

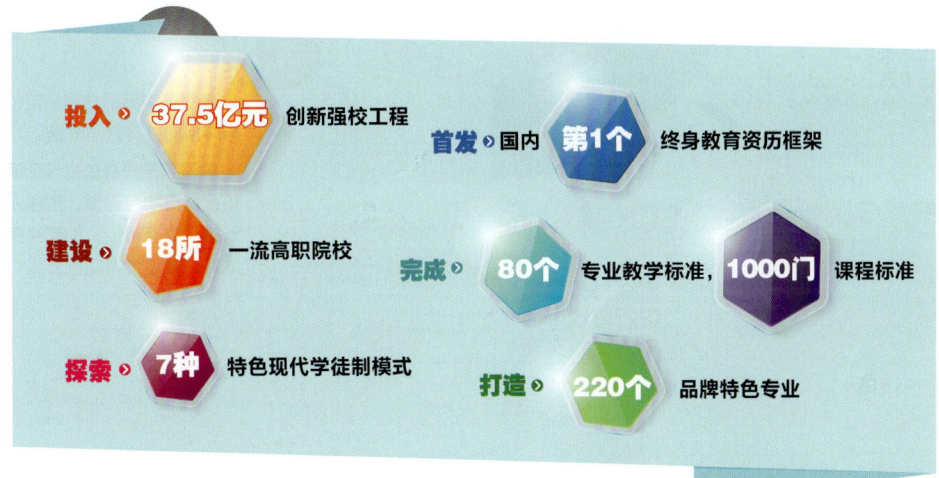

1.1 实施创新强校战略

1.2　终身教育资历框架

广东省质量技术监督局审定、发布

国内第一个同类标准
照顾各方利益，做到协商一致
较高的合理性、科学性、先进性

广东省教育体制改革领导小组统筹协调
牵头单位：广东开放大学
参与单位：广东省教育研究院
广东机电职业技术学院
广东交通职业技术学院
中山大学
华南理工大学
华南师范大学
广东省职业技能鉴定中心，等

**历时两年多
100多个单位
200多位专家
共同研究开发**

广东终身教育学分银行管理中心具体组织实施

《广东终身教育资历框架等级标准》

内容
◆ 规定了广东终身教育资历框架等级标准的范围、术语与定义、资历框架等级划分、资历框架等级标准等要求

◆ 规定了资历类型分普通教育、职业教育、培训及业绩三类，资历等级分为七级，采用知识、技能、能力三个描述维度

意义
◆ 实现普通教育、职业教育、培训及业绩的沟通和衔接的重要基础标准

◆ 各级各类资历成果认定、积累与转换的共同参照依据

◆ 建设广东终身教育学分银行、拓宽终身学习通道、搭建人才成长的"立交桥"、构建终身教育体系、建设学习型社会具有重要意义

1.3　建设一流高职院校

**实施广东"一流高职院校建设计划"
争创国家"优质专科高等职业院校"**

- 争创全国领先、世界影响的一流高职院校
- 推动办学水平、人才培养质量和服务发展能力全面提升
- 为实现"三个定位、两个率先"提供技术技能人才保障、智力支持、技术支撑

广东一流高职院校立项建设单位

- 深圳职业技术学院
- 深圳信息职业技术学院
- 顺德职业技术学院
- 广州番禺职业技术学院
- 广东轻工职业技术学院
- 广东科学技术职业学院
- 广东交通职业技术学院
- 广州民航职业技术学院
- 中山职业技术学院
- 广东机电职业技术学院
- 广东水利电力职业技术学院
- 广州铁路职业技术学院
- 广东食品药品职业学院
- 中山火炬职业技术学院
- 佛山职业技术学院
- 东莞职业技术学院
- 广东工贸职业技术学院
- 广东农工商职业技术学院

1.4 研制专业教学标准

研制标准，建设现代职业教育体系

省财政经费投入
近1 000万元

院校配套经费
800万元

"能力核心，系统培养"，80个专业教学标准，1000门课程标准

理论指导

调查分析

系列教材

职业能力分析

系列标准

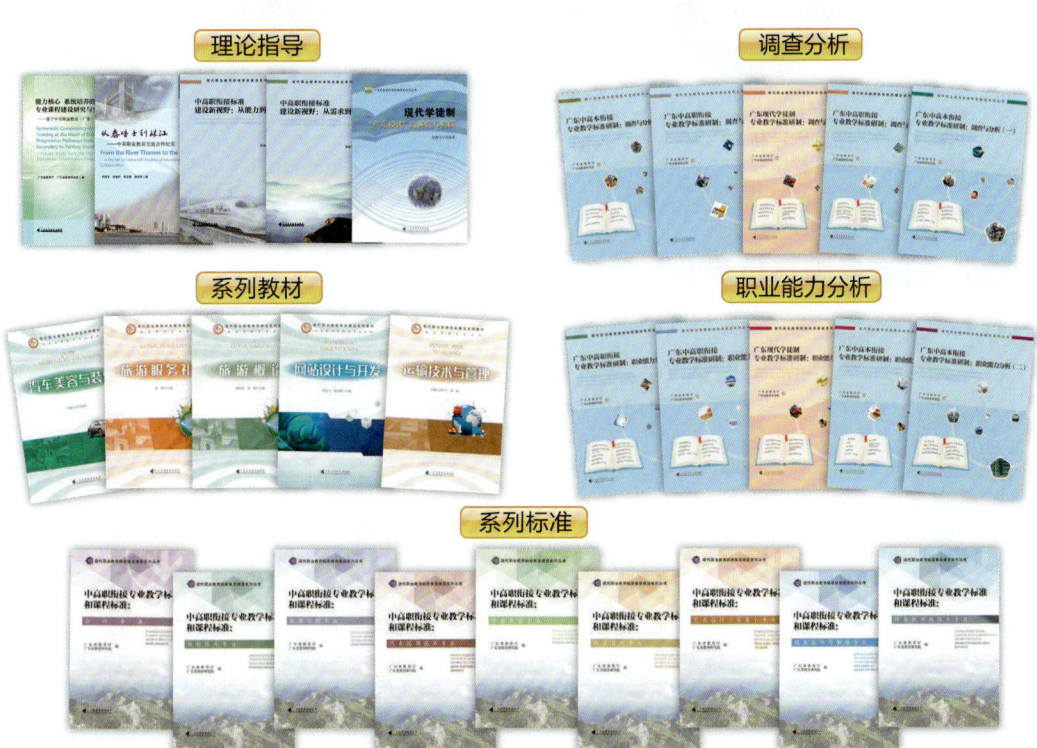

1.5 探索现代学徒制

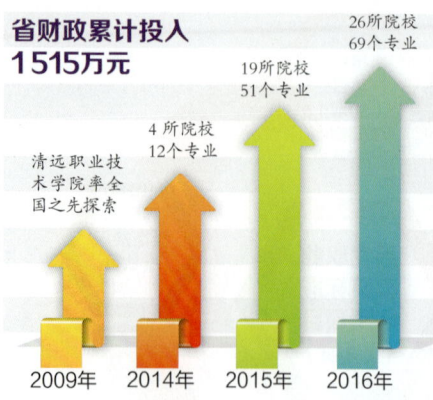

教育部首批现代学徒制试点工作经验交流活动在广东举行

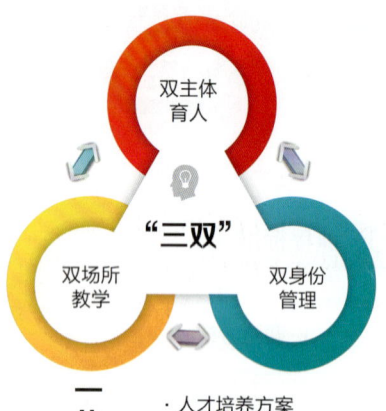

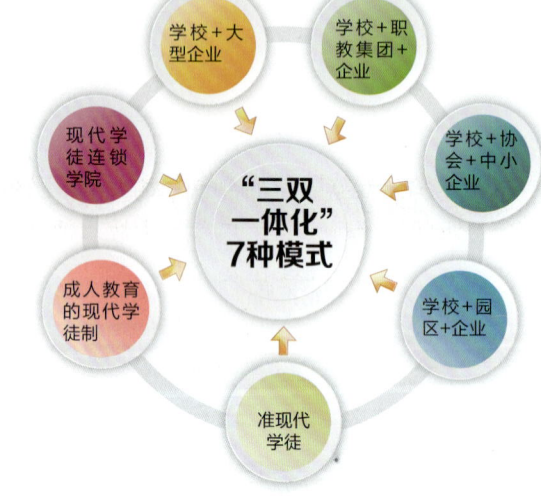

1.6 打造品牌特色专业

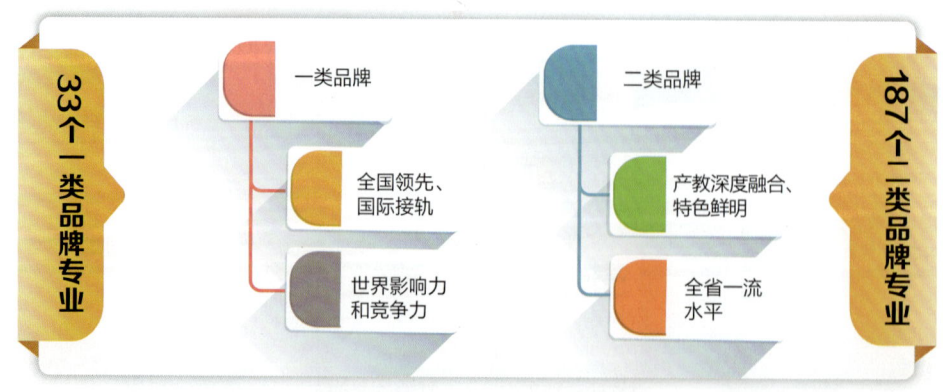

广东发布高职教育质量年报②：
图说高职学生如何练就 "十八般武艺"

近日，广东省教育厅发布了《广东省高等职业教育质量年度报告（2017）》，分析我省高职教育在特色创新、发展改革、学生发展、教学改革、企业参与、政府保障、对外合作、服务贡献、应对挑战等方面的情况。现在一起来看看广东高职学生的发展。

学校类型较多
公办民办协调发展

至2016年底，广东省共有独立设置的高等职业院校85所，较2015年增加4所。有11所国家示范（骨干）高职院校，25所〔其中7所为国家示范（骨干）高职院校〕省示范高职院校。

> **注** 含公安边防部队高等专科学校，以及2016年新增的4所高职院校（湛江幼儿师范专科学校、广东茂名幼儿师范专科学校、广州卫生职业技术学院、广东酒店管理职业技术学院）。

从院校类型看，以综合性高职院校和理工类高职院校为主体，呈多元并存发展的格局，其中综合类高职院校占56%，理工类高职院校占31%。

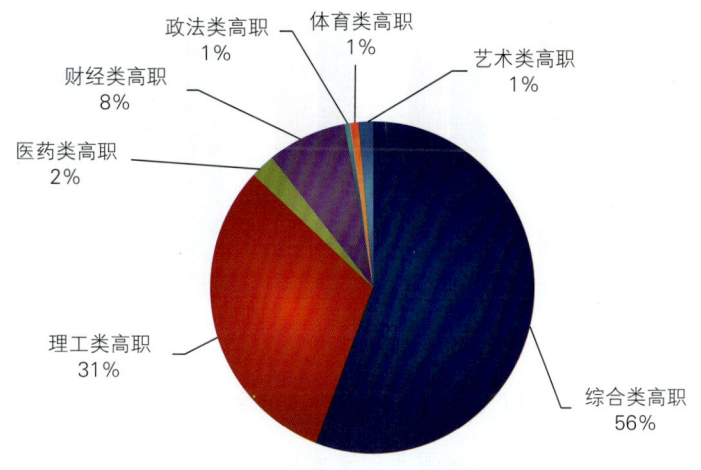

2016年广东省高职院校类型结构

从所有制性质看，公办院校 58 所，民办院校 27 所，民办高职院校与公办高职院校的在校生规模均逐年上升，与总体上升趋势保持一致。2016 年民办高职占总体规模的 30.7%，是高等职业教育重要的组成部分。

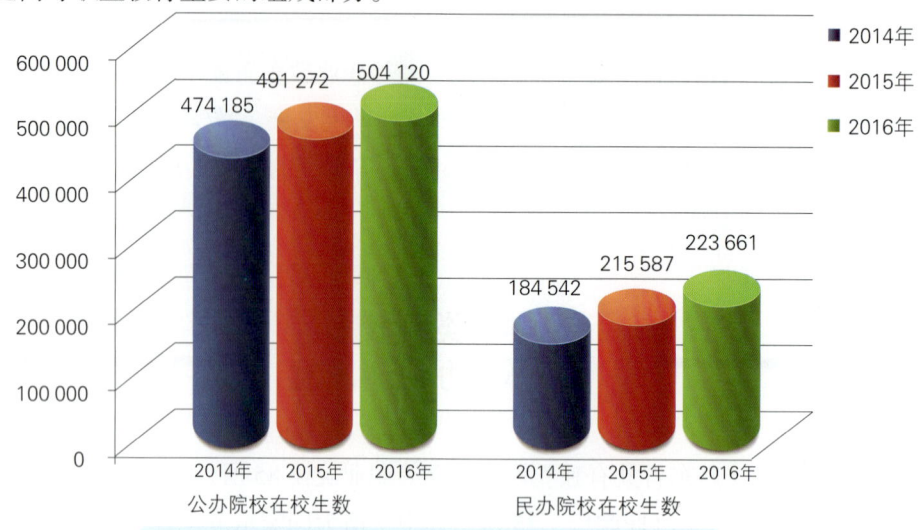

2014—2016 年广东省公办、民办高职在校生规模比较

布局结构适应经济发展
专业对接产业

广东高等职业教育发展与经济社会发展形成了良性循环。高等职业教育规模增长与经济总量增长保持基本一致，表明经济社会发展是高等职业教育发展的内驱动力，高等职业教育反过来又助推经济社会发展，两者相辅相成、互相促进。

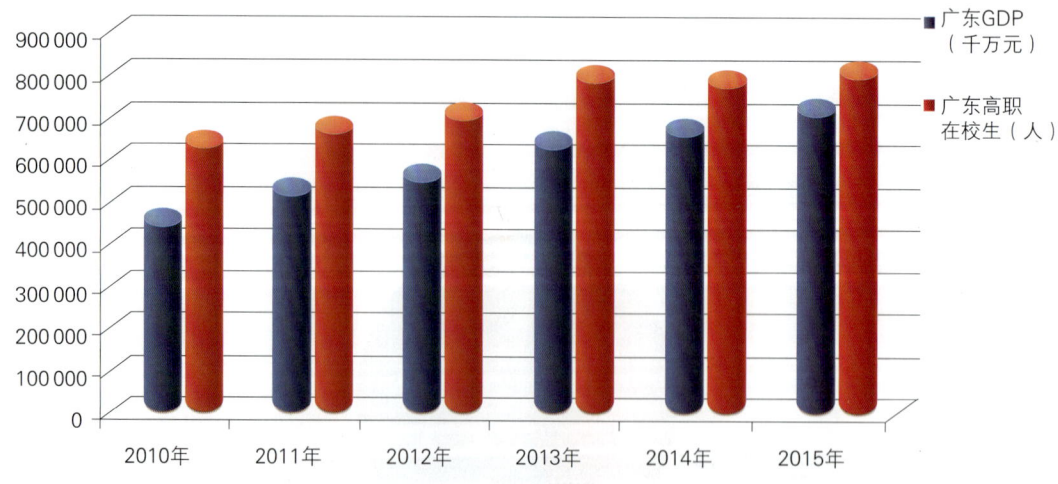

2010—2015 年广东省高职院校在校生与全省 GDP 总量走势

（数据来源：广东省 GDP 数据来源于广东省统计信息网，广东省高职院校在校生数来自广东省教育事业统计简报。）

2016年广东省高职院校共有485个专业，遍布18个专业大类。专业方向1582个，专业布点数2679个，平均专业布点数5.52个。最大规模专业类别是财经大类，占27.07%；最小规模专业类别是水利大类，占0.06%。

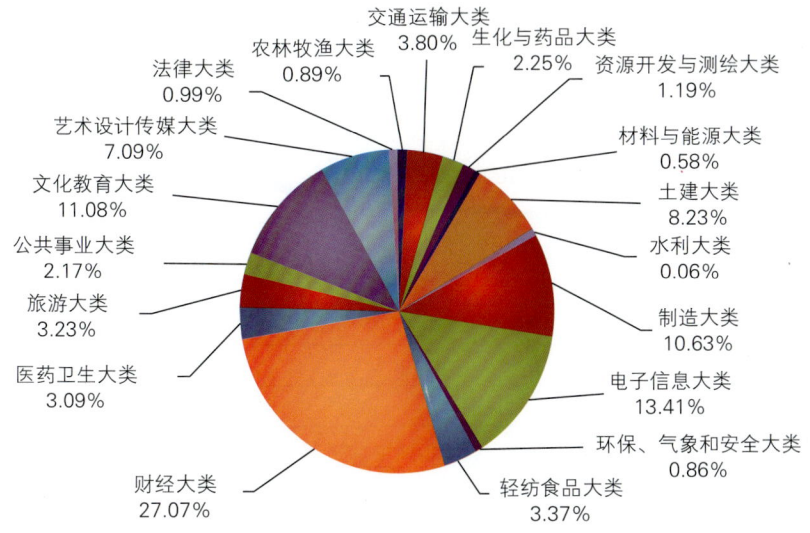

2016年广东省高职院校专业大类结构

（数据来源：根据高职院校人才培养状态数据平台的专业大类分类统计，没有按新的专业目录分类统计。）

专业类别所属产业比重与产业占GDP的比重较为接近，专业布局数与各产业GDP发展基本平衡。其中第三产业类专业比重相对略高。广东省通过特色学院、品牌专业建设等多种方式引导学校的专业布局调整与产业转型升级相适应，效果初步显现。

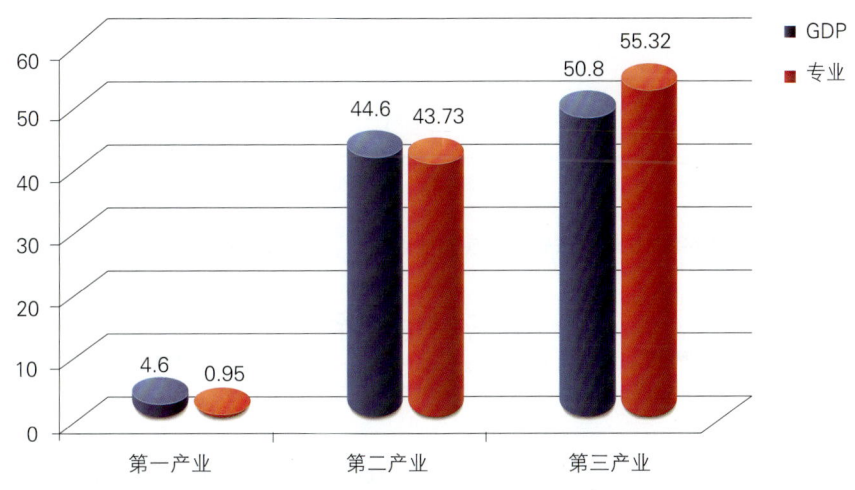

2016年广东省高职院校专业与产业匹配性分析

学生规模不断扩大
报到率稳步上升

办学规模不断扩大。2016年全日制高职在校生规模为72.8万人，较2015年增加了2.1万人，增幅近3%。

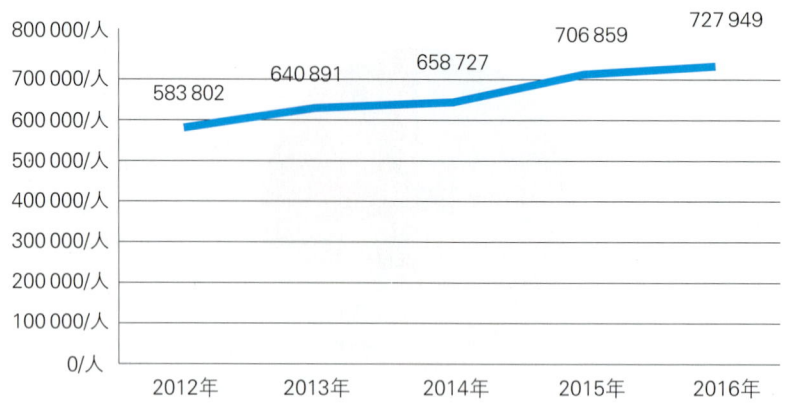

2012—2016年广东省全日制高职在校生规模

招生规模稳步增长。计划招生数、录取人数和报到人数均呈上升趋势。2016年报到率为81.84%，较2015年提高了0.54%。

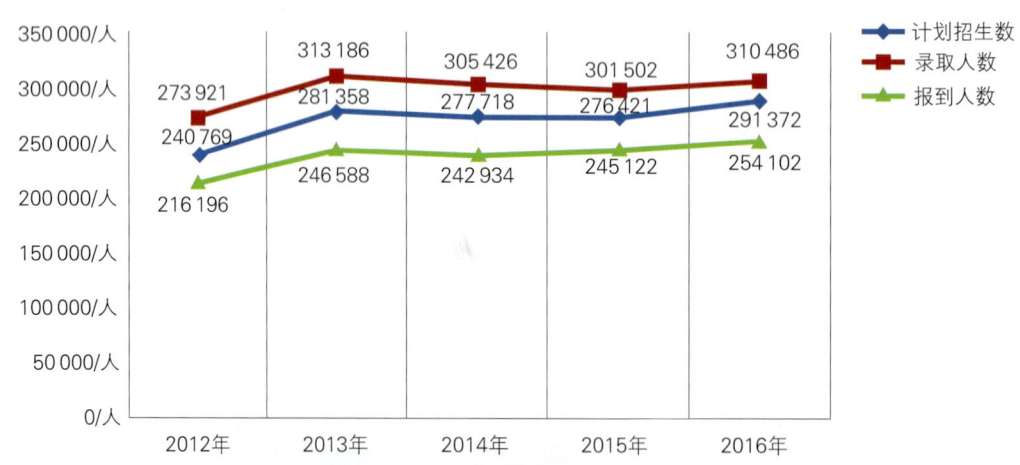

2012-2016年广东省高职院校计划招生、实际录取和报道人数

拓宽招生途径
过半数新生来自农村

2016年，广东省高职院校实际录取新生31.05万人，较2015年增加3%。高职院校主要以普通高考招生为主，还有对口招生（即中高职"三二分段"招生）、单独考试招生（即

高职自主招生）、中高职贯通招生（即五年一贯制）、技能拔尖人才免试招生及综合评价等多种形式。

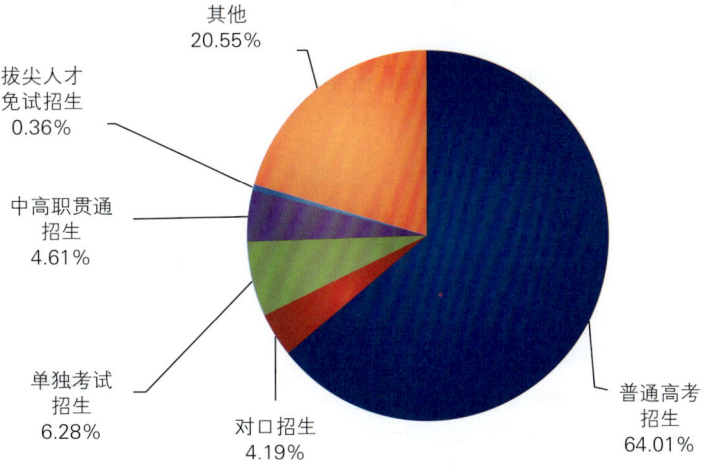

2016年广东省高职教育招生方式

高职院校为社会中低收入阶层青少年提供了接受高等教育的机会，相当一部分学生为粤东西北地区、农村、贫困地区、少数民族学生。

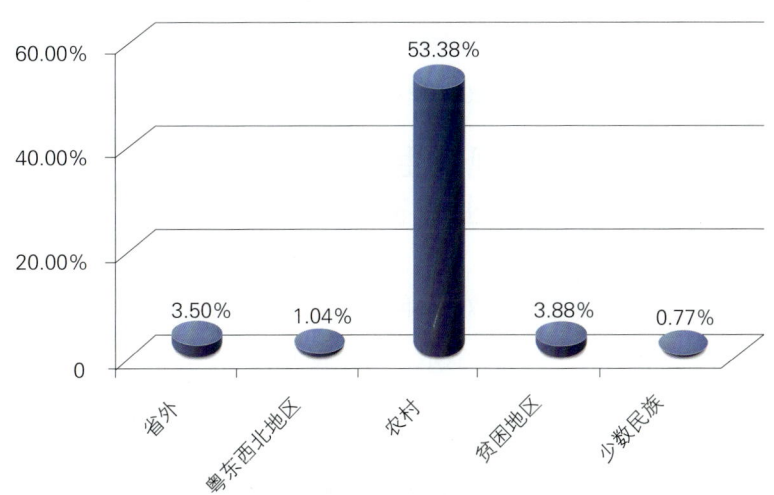

2016年广东省高职教育新生来源

2016年11月，广东省发布了《关于做好2017年高职院校分类考试招生工作的通知》，确定2017年广东所有高职院校全面实现分类考试招生，在继续进行面向中职学生"3+技能课程证书"考试、自主招生、中高职衔接"三二分段"、五年一贯制等分类考试招生改革的基础上，试行省内所有高职院校以普通高中学业水平考试成绩为主要依据进行分类招生录取的改革试点，为学生接受高等教育提供更多的入学形式，满足学生多样化的学习选择和高校多元化的人才选拔要求。

加大奖助覆盖面
奖助总人数增加

2016年全省奖助总人数达到35.6万人，占全日制在校生总数的49.24%，比2015年增长18.4%，奖助覆盖面进一步加大。

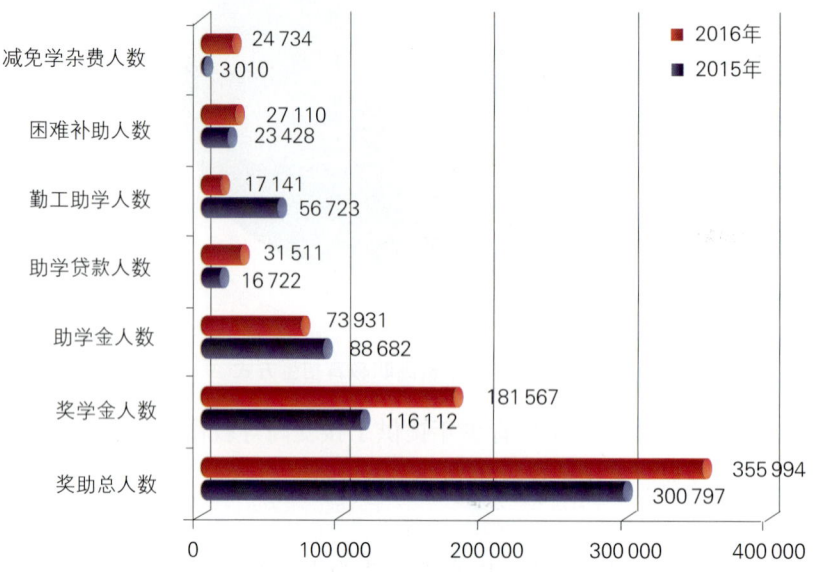

2015年、2016年广东省奖助人数对比

重视学生技能发展
学习就业立交桥纵横贯通

2016年，广东省高职院校获得双证书的应届毕业生占总数的比例为83.86%，比2015年增加13.86%，学生的"双证"获取率逐年提升。

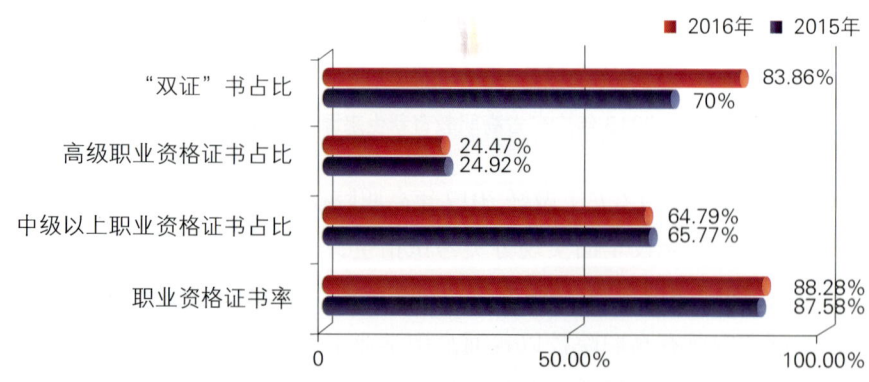

2015年、2016年广东高职学生职业资格证书获取比例

> 注　职业资格证书率是指获取职业资格证书的毕业生占毕业生总数的比例，双证书占比是指获取"职业资格证书＋毕业证书"的毕业生占毕业生总数的比例。

2016 年，广东省高职院校省级以上技能大赛获奖数为 4725 项，比 2015 年增长 23.8%；省级以上科技文化作品获奖数为 1413 项，比 2015 年增长了 39.9%。

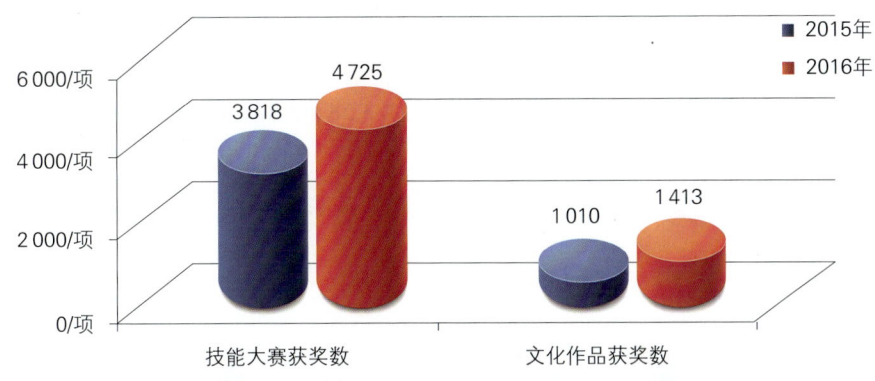

2015 年、2016 年广东高职院校省级以上技能和文化作品获奖

2016 年广东省高职院校毕业生以直接就业为主，直接就业学生数占 92.56%（不包括升学、留学、参军等的学生），除此之外，专升本学生数占 0.95%，留学学生数占 0.08%，参军学生数占 0.04%，创业学生数占 0.42%，其他占 5.95%，学习就业立交桥纵横贯通。

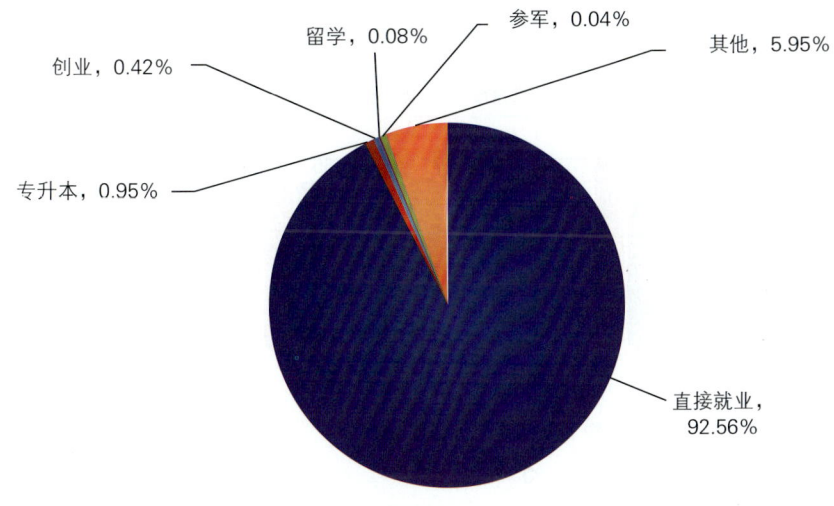

2016 年广东高职院校学生毕业去向

学生满意度逐年提高
雇主满意度维持较高水平

2016 年，广东省高职院校学生对高职院校总体满意度的加权平均值为 3.81，与 2014 年 3.69、2015 年 3.75 相比逐年提高，处于整体"比较满意"的范畴。

学生对公办高职院校的满意度为 3.82，对民办高职院校的满意度为 3.69。其中，学生对公办、民办高职院校课程学习体验的满意度均最高，对技能训练过程的满意度均最低；特别是在"校外顶岗实习岗位与专业基本对口，能满足我专业技能提高的需求"这一观测点上，公办高职院校与民办高职院校分别为 3.58、3.34，比 2015 年的 3.57、3.32 略有增长。

（数据来源：广东省高等职业教育人才培养质量跟踪系统——2016 年学生满意度调查。）

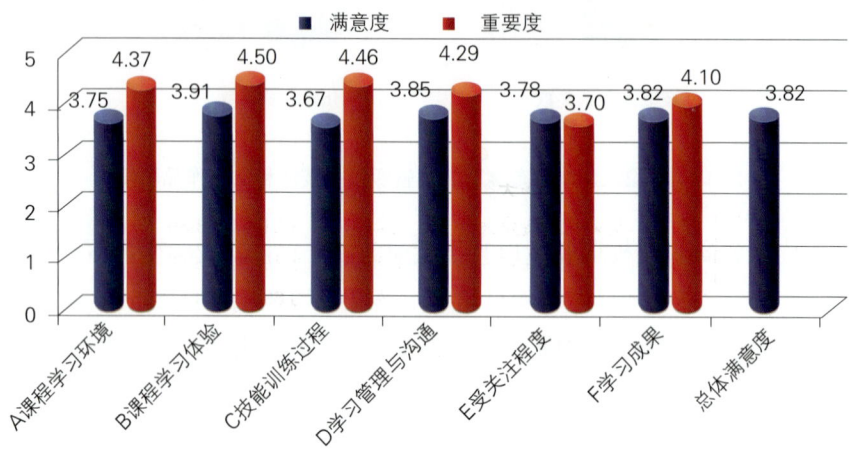

2016 年广东省公办高职院校学生满意度

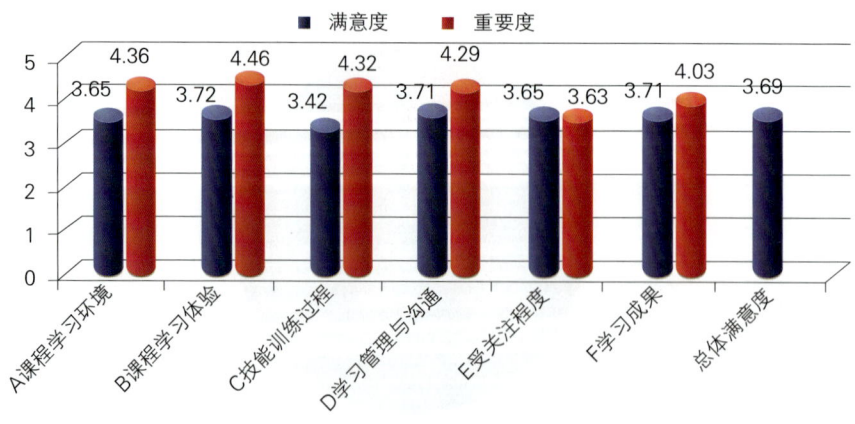

2016 年广东省民办高职院校学生满意度

2016 年，广东省高职院校所有专业大类的学生满意度均处于比较满意的范畴。其中，轻纺食品大类的学生满意度最高，法律大类的学生满意度相对较低；与 2014 年、2015 年相比，除农林牧渔、制造、法律大类的学生满意度呈现出下降趋势外，其他大类均处于上升趋势。

2014—2016 年广东省高职专业大类满意度排名

排名	专业大类名称	满意度 2014年	满意度 2015年	满意度 2016年
1	轻纺食品大类	3.63	3.79	4.14
2	公共事业大类	4.00	3.83	4.00
3	材料能源大类	—	3.87	3.99
4	交通运输大类	3.58	3.73	3.96
5	旅游大类	3.95	3.81	3.92
6	文化教育大类	3.78	3.75	3.90
7	生化与药品大类	—	3.78	3.86
8	财经大类	3.86	3.81	3.88
9	医药卫生大类	3.00	3.84	3.87
10	土建大类	3.35	3.65	3.86
11	环保气象与安全大类	3.84	3.78	3.82
12	资源开发与测绘大类	—	3.77	3.77
13	电子信息大类	3.75	3.68	3.71
14	农林牧渔大类	—	3.76	3.69
15	艺术设计传媒大类	3.40	3.61	3.69
16	制造大类	3.56	3.78	3.66
17	法律大类	—	3.63	3.44
18	水利大类	—	3.81	—

雇主对高职院校毕业生比较满意。2016 年雇主对广东省高职院校学生毕业半年后总体满意度的加权平均值为 3.66，属于比较满意的范畴，其中，雇主对高职院校毕业生职业道德的满意度最高。但是与 2015 年（3.69）、2014 年（3.81）相比有小幅减少。

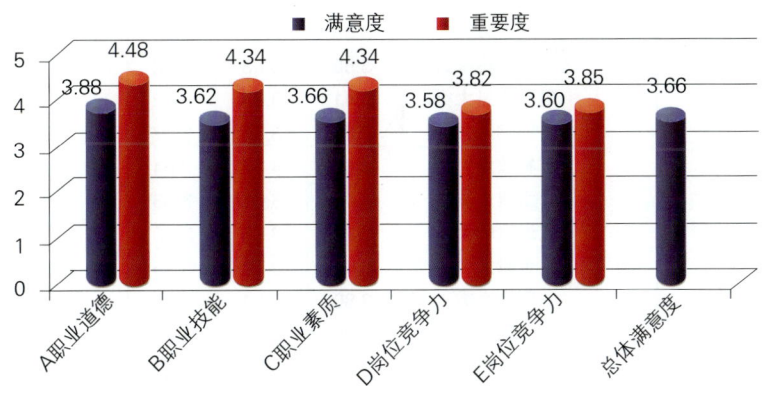

2016 年广东省雇主对高职毕业生分项及总体满意度

雇主对广东省高职毕业生职业道德、职业技能、职业素质的整体岗位表现力比较满意，为 3.78。其中，对毕业生的"诚实守信""服从管理""敬业勤奋"等方面的满意度比较高，但是对"解决问题""专业知识与技能""组织能力"等方面满意度相对较低，这与 2015 年的调查结果一致。

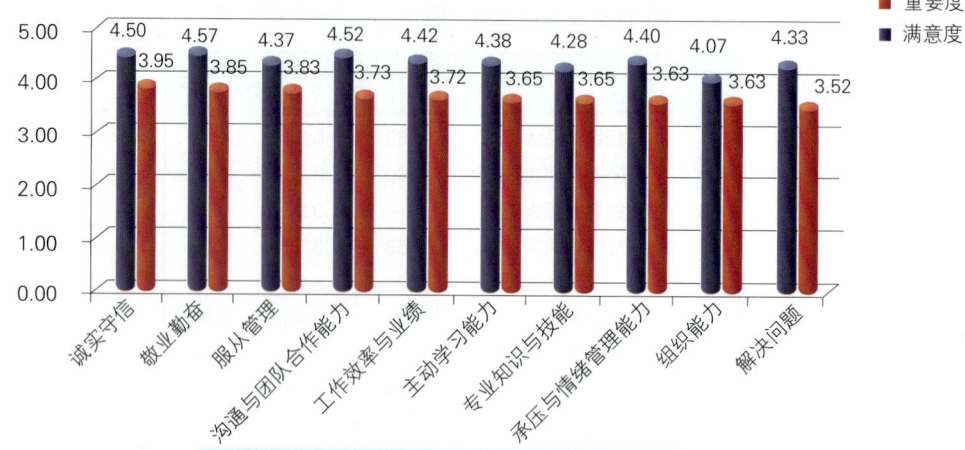

2016 年广东省高职毕业生岗位表现力满意度

对比 2015 年数据，共有 6 个专业大类满意度有所提升，提升最大的专业为轻纺食品（升 0.55 分）、旅游大类（升 0.49 分）、生化药品大类（升 0.32 分）。专业大类满意度值大多数基本与 2015 年持平或略有提升，个别专业大类排名下降但满意度有所提升，如生化药品大类（升 0.32 分）。总之，各行业大类的满意度差距在逐年降低，但专业对接广东省产业发展需求，特别是在制造业、金融业、医药卫生业、环保气象与安全业、公共事业等方面仍然任重而道远。

2014—2016 年专业大类满意度排名

排名	行业大类	满意度		
		2014年	2015年	2016年
1	轻纺食品大类	3.60	3.62	4.07
2	文化教育大类	4.35	3.85	3.95
3	旅游大类	3.89	3.45	3.94
4	艺术设计传媒大类	3.58	3.83	3.73
5	电子信息大类	3.41	3.83	3.72
6	材料能源大类	3.69	3.50	3.67
7	农林牧渔大类	3.65	4.37	3.64
8	土建大类	4.16	3.61	3.63
9	交通运输大类	3.28	3.75	3.58
10	金融大类	3.94	3.70	3.56
11	制造大类	3.80	3.64	3.51
12	生化药品大类	3.96	3.11	3.43
13	医药卫生大类	3.73	3.71	3.39
14	财经大类	3.28	3.50	3.33
15	公共事业大类	3.98	3.96	3.32
16	环保气象与安全大类	—	3.65	3.22
17	资源开发与测绘大类	4.89	3.72	—
18	水利大类	4.94	—	—

广东省高职院校的人才培养质量得到了一线管理人员的认同，雇主对高职院校的毕业生总体上比较满意。

一是在入职前（即招聘时），无论从雇主类型、规模还是职位的角度，高职生在招聘时都具有较强的竞争力，特别是影响学生招聘竞争力的关键因素——学习情况或职业资格证书（3.60）、与本科/中职学生相比薪酬性价比（3.60）均处于比较满意的范畴。

二是在入职半年后，影响学生岗位表现竞争力的要素均处于比较满意的范畴，如体现学校立德树人教育的学习成果三大指标：诚实守信、敬业勤奋、服从管理均在3.80分以上。

三是雇主认为学生亟须改进的三大核心要素是承压与情绪管理能力、组织能力、解决问题能力（3.52）。与2015年数据相比，2016年招聘竞争力满意度略有下降，降幅最大的项目为"学生专业实习或在校兼职经历"（3.45，降0.29）。

就业主要面向中小微企业
对口就业率稳步提升

2016年，广东省高职毕业生就业率达95.75%。其中，毕业生留在当地就业比例达60.76%，比2015年增加了1.66%；到中小微企业等基层服务比例达77.27%，比2015年增加了4.02%；到国家骨干企业就业比例达11.49%，比2015年增加了2.38%。这与高职院校重点服务于"中小微"企业的服务面向基本一致。

2016年，广东省高职院校就业学生数达21.92万人。其中，对口就业学生数达15.9万人，对口就业率72.54%。毕业生半年后月均收入水平2849元，比全国高职高专院校2016年平均起薪点（2247.88元/月）高出601.12元。各专业大类收入均有所提高。

2015—2016年广东省高职院校各专业大类毕业半年后月收入

专业大类名称	2015年	2016年
农林牧渔大类	2658元	2866元
交通运输大类	3065元	3352元
生化与药品大类	2787元	3047元
资源开发与测绘大类	2685元	3024元
材料与能源大类	2602元	2884元
土建大类	2592元	2694元
水利大类	2700元	2902元
制造大类	2803元	2937元
电子信息大类	2742元	2993元
环保、气象与安全大类	2919元	3278元
轻纺食品大类	2783元	2996元

（续上表）

专业大类名称	2015年	2016年
财经大类	2 562元	2 782元
医药卫生大类	2 433元	2 614元
旅游大类	2 507元	2 725元
公共事业大类	2 533元	2 659元
文化教育大类	2 565元	2 785元
艺术设计传媒大类	2 679元	2 826元
法律大类	2 633元	2 849元

> **注** 本报告数据，除特别注明外，均来自2013—2014学年、2014—2015学年、2015—2016学年高职院校人才培养状态数据平台及各校提交的质量年报相关数据，报告中"2014年"指"2013—2014学年"、"2015年"指"2014—2015学年"、"2016年"指"2015—2016学年"。其中2015—2016学年包括80所高职院校数据（不含公安边防部队高等专科学校），2014—2015学年包括79所高职院校数据，2013—2014学年包括77所高职院校数据。生均值计算采用的是对应学年的全日制高职在校生数。

图说深圳职业技术学院（2017）
高等职业教育质量年度报告

01 重要工作亮点

- ★ 综合竞争力在全国1 335所高职高专院校中位居第一
- ★ 荣获首批全国高校实践育人创新创业基地
- ★ 入选首批全国高校创新创业50强
- ★ 获评2015年高等职业院校服务贡献50强
- ★ 入选2016年高职院校创新创业示范校
- ★ 成功举办第十二届文博会深职院创意中心分会场

02 办学实力雄厚

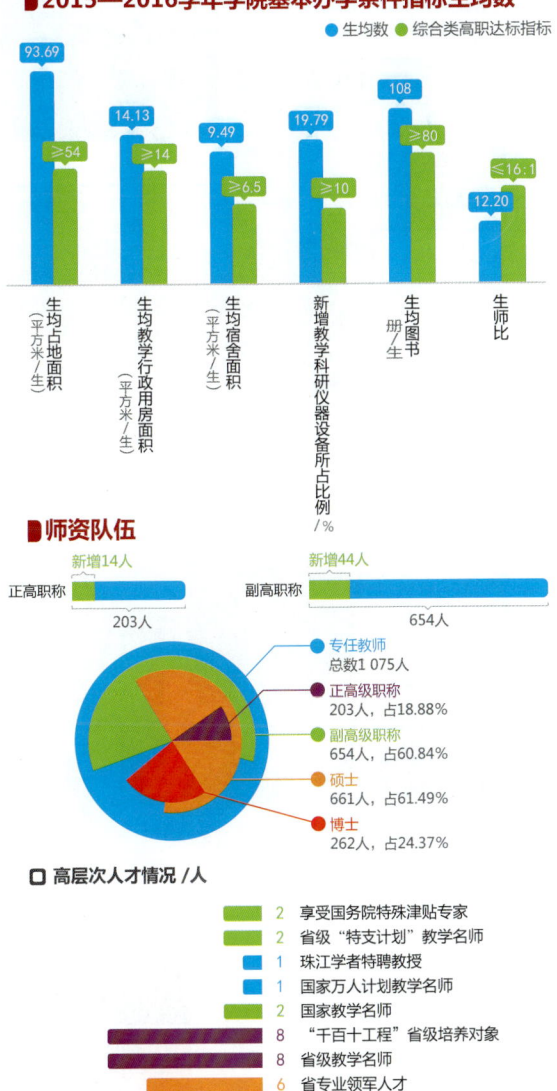

数字化教学资源建设

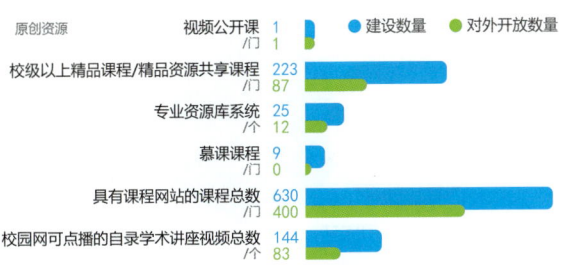

03 生源质量稳中有升

专业74个，覆盖17个专业大类，全日制在校生22 894人。

招生规模

2016年学院计划招生数、实际录取数及报到率

生源分布

2016年学院生源58.61%来自于深圳市，41.39%来自于深圳市外

本市生源 /人	市外省内生源 /人	省外生源 /人	协作省份生源 /人	民族地区生源 /人
4 871	2 822	618	346	236

生源质量

2015年、2016年第一志愿填报学院人数及所占比例

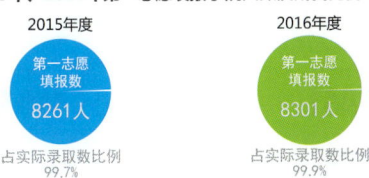

2015年、2016年普通高考生源成绩超过本科线的人数及比率

04 "三育人"系统改革全面深化

■ 文化育人举措与成效

□ 文化育人课程建设

立项

- "三育人"示范专业 **12个**
- 文化育人示范课程 **18门**
- 校级公共选修通识课程 **8门**

□ 丽湖大讲堂

举办丽湖大讲座53场,文化育人沙龙2场,其他各类学术报告讲座200余场。

□ 志愿者之校建设

- 在校学生 92.31%
- 学院注册义工 **21 883名**

- 活动次数 **2 881**次
- 服务人次 **34 979**人次
- 服务总时数 **145 988**小时

□ 书院建设

崇理、杏林、三尚、博达书院全面建成,专题辅导120余次,讲座65场。

□ 校园文化活动

举办文化品牌活动20余项。

□ 社会实践

375支团队、10 000余名学生深入开展"弘文励教·启明之行"支教、"志愿服务·义动鹏城"志愿服务、"文化传承·专业实践"活动。

□ "非遗"文化进校园

"非遗"社团15个,参加学生数3 000余人。

□ 文化素质课程和通识课建设

完成30门文化数字课程建设,新立项公共选修通识课24门,专业文化与通识课程教材完成编写15本,出版1本。

学生职业素养持续提升

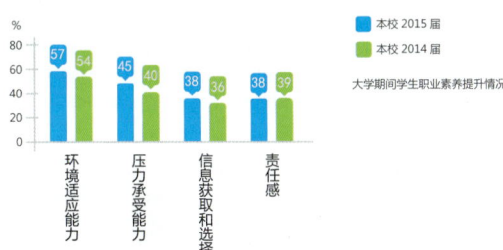

大学期间学生职业素养提升情况比较

新增7个省级重点建设专业

工程造价　通信技术　精细化学品生产技术　金融与证券
旅游管理　计算机信息管理　机电一体化技术

复合育人举措与成效

复合育人平台建设

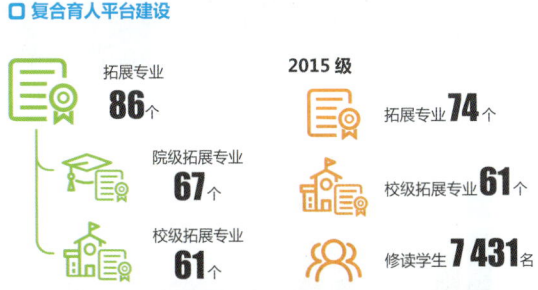

拓展专业 86 个
院级拓展专业 67 个
校级拓展专业 61 个

2015级
拓展专业 74 个
校级拓展专业 61 个
修读学生 7 431 名

第一批省品牌专业立项

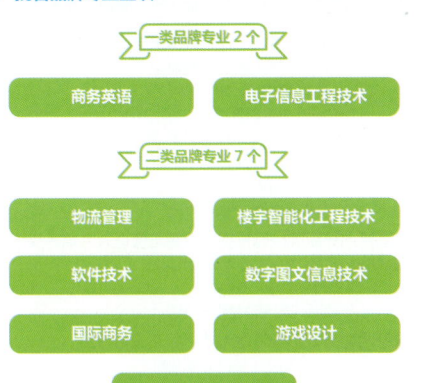

一类品牌专业 2 个：商务英语、电子信息工程技术
二类品牌专业 7 个：物流管理、楼宇智能化工程技术、软件技术、数字图文信息技术、国际商务、游戏设计、汽车电子技术

课程建设

省级精品资源共享课 新增 12 门
省级精品开放课程 总数达到 38 门
省级以上精品开放课程 总数达到 81 门

学院第二批慕课建设立项名单：

传感器应用技术　国际市场营销
物流运输技术与实务　信息安全技术
内科护理

教材建设

2015—2016 学年学院入选国家"十二五"规划教材总数达到 96 本。

协同育人举措与成效

协同育人平台建设

两个广东省协同育人平台：
信息通信技术协同育人平台
IT 国际化人才培养与技术服务协同育人平台

12 个校级协同创新中心

★ 校外实践教学基地 790 个
★ 产学合作企业 826 家
★ 与产学合作企业共同开发课程 116 门
★ 与产学合作企业共同开发教材 58 本

05 创新创业教育领跑全国

★ 荣获首批全国高校实践育人创新创业基地
★ 入选首批全国高校创新创业50强
★ 获评2015年高等职业院校服务贡献50强
★ 入选2016年高职院校创新创业示范校

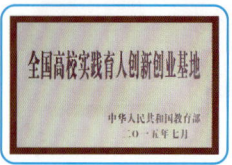
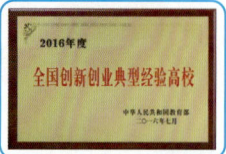

▎学院创业教育体系构成

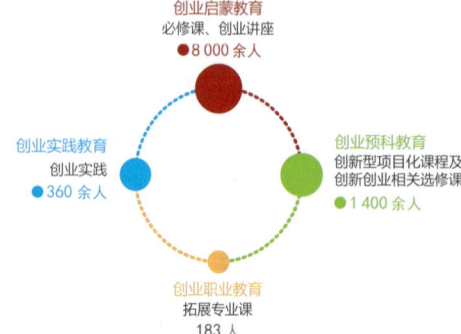

- 创业启蒙教育 必修课、创业讲座 ● 8 000 余人
- 创业预科教育 创新型项目化课程及创新创业相关选修课 ● 1 400 余人
- 创业职业教育 拓展专业课 183 人
- 创业实践教育 创业实践 ● 360 余人

▎大学生创意创业园

开园以来，已累计有 8 批共计 204 个项目先后入园，其中 1~6 期共147家企业已孵化出园，孵化期（2年）内存活率达62%，共91家，目前园区尚在孵化项目 45 个。

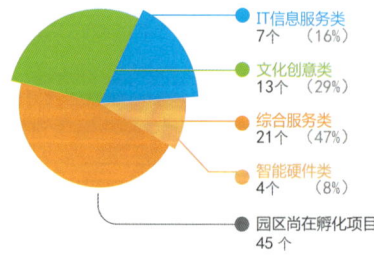

- IT信息服务类 7个（16%）
- 文化创意类 13个（29%）
- 综合服务类 21个（47%）
- 智能硬件类 4个（8%）
- 园区尚在孵化项目 45 个

▎微观装配实验室（创客中心）

2014 年 10 月筹建，投入资金 600 万元，2015 年 9 月建成。2016 年 1 月 16 日，全国创新教育大会·创客教育成果展在深圳实验学校中学部举行，我校学生创意创业园在孵企业智星空科技公司的 Smart PC 微型主机、体积小、能量大，是对传统电脑主机的创造性革新，在展会上"吸粉"无数。

▎学生社团

□ 2014—2016学年社团数量统计表/个

- 2014—2015学年
- 2015—2016学年

	学术创新	兴趣爱好	公益服务	体育联盟
2014—2015	72	55	18	20
2015—2016	61	75	21	22

06 对外合作交流不断深化

▎对外合作

学院与境外 23 个国家和地区的 131 所院校和机构建立了友好合作关系，近两年，与以色列理工大学、意大利都灵理工大学、保加利亚索菲亚科技大学、普罗夫迪夫大学、瑞士南方应用科技大学等世界一流大学建立了合作关系。

□ 参与港澳与内地高等学校师生交流计划（简称"万人计划"）项目

01 深港联合培养"电气工程"高级文凭
- 香港参与师生人数 27人（学生22，教师5）
- 项目类型 学习类
- 完成时间 2016年8月27日—2017年1月15日

02 21世纪深圳城市发展与环境保护调研
- 香港参与师生人数 44人（学生40，教师4）
- 项目类型 科研类
- 完成时间 2016年3月25—30日

03 深港两地高职院校园林树木保育与管理人才培养交流与合作
- 香港参与师生人数 53人（学生49，教师4）
- 项目类型 学习类
- 完成时间 2016年11月14—18日

04 深港两地高职院校环保人才培养交流与合作
- 香港参与师生人数 16人（学生14，教师4）
- 项目类型 学习类
- 完成时间 2016年10—12月

跨文化交流

9位国（境）外专家讲座

21位教师赴国（境）外参加国际会议

教师 499人次

学生 340人次

与境外合作院校互办夏（冬）令营、短期研修等各类短期跨文化交流活动，互访及交流人数教师合计499人次，学生合计340人次。

留学生情况一览表（2015—2016学年）

接收境外留学生225人，本校出国留学生104人。

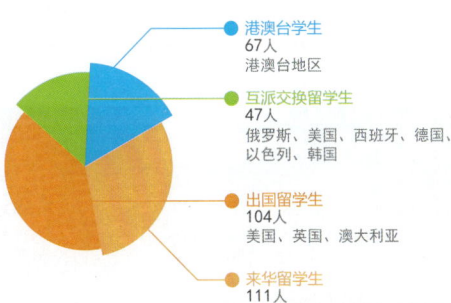

- 港澳台学生 67人 港澳台地区
- 互派交换留学生 47人 俄罗斯、美国、西班牙、德国、以色列、韩国
- 出国留学生 104人 美国、英国、澳大利亚
- 来华留学生 111人 阿塞拜疆、保加利亚、俄罗斯、德国、芬兰、格鲁吉亚、哥伦比亚、哈萨克斯坦、荷兰、韩国、拉脱维亚、立陶宛、美国、突尼斯、乌克兰、乌兹别克斯坦、西班牙、意大利、伊朗、印度、英国

中外合作办学项目2015—2016学年招生情况一览表

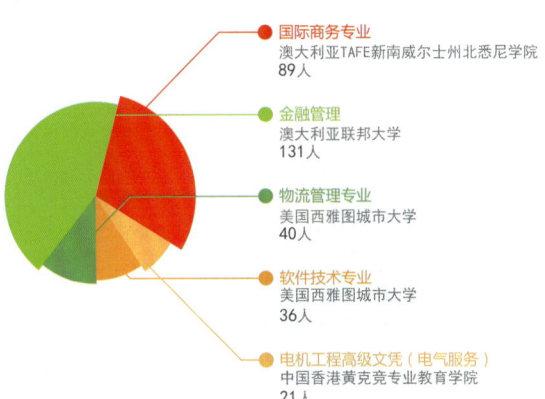

- 国际商务专业 澳大利亚TAFE新南威尔士州北悉尼学院 89人
- 金融管理 澳大利亚联邦大学 131人
- 物流管理专业 美国西雅图城市大学 40人
- 软件技术专业 美国西雅图城市大学 36人
- 电机工程高级文凭（电气服务） 中国香港黄克竞专业教育学院 21人

07 人才培养质量稳步提升

学生参赛屡获大奖

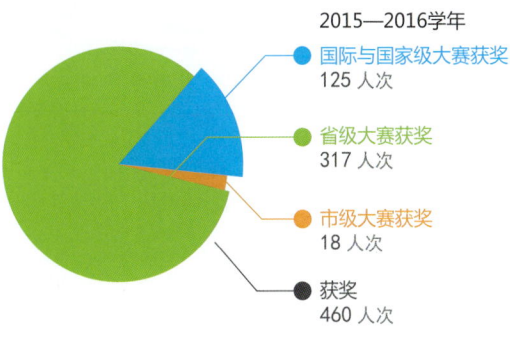

2015—2016学年
- 国际与国家级大赛获奖 125人次
- 省级大赛获奖 317人次
- 市级大赛获奖 18人次
- 获奖 460人次

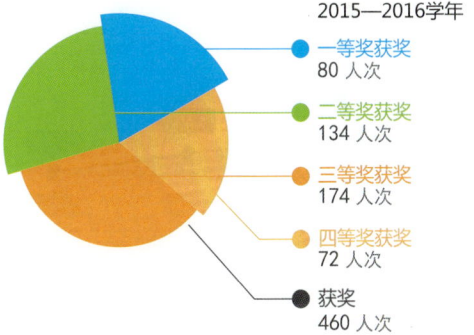

2015—2016学年
- 一等奖获奖 80人次
- 二等奖获奖 134人次
- 三等奖获奖 174人次
- 四等奖获奖 72人次
- 获奖 460人次

毕业生初次就业率

2014届	2015届	2016届
94.20%	97.30%	97.68%

• 毕业生在招聘会广受欢迎

月收入变化趋势

自主创业比例变化趋势

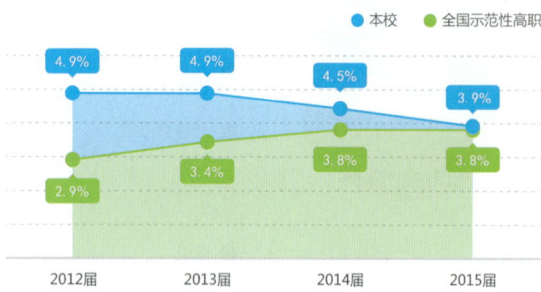

毕业生就业满意度

毕业生对母校的推荐度

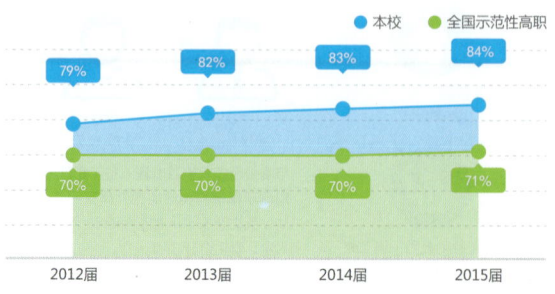

毕业生对母校的满意度

2015届毕业生对母校的总体满意度为96%，比全国示范性高职院校的93%高3个百分点。

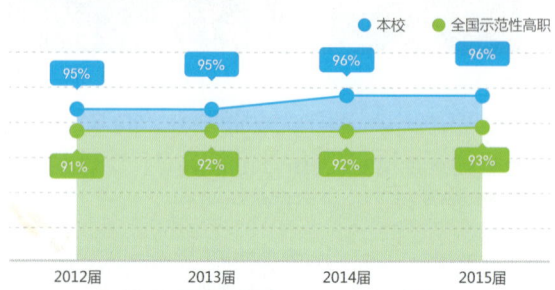

· 在华为专场招聘会上学生与企业高管互动交流

用人单位对本校应届毕业生的满意度

聘用过我校应届毕业生的用人单位对毕业生的总体满意度为95%。

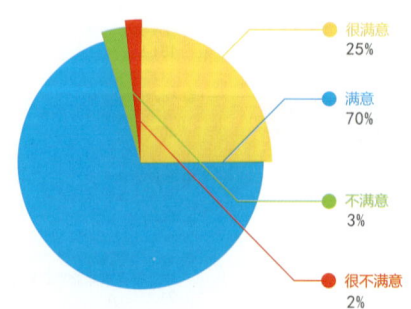

毕业生就业去向

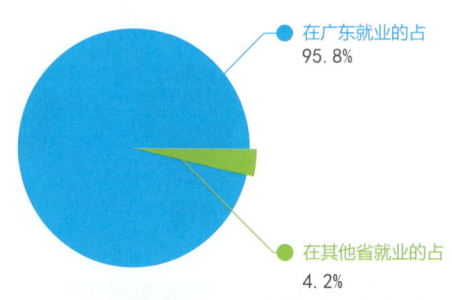

- 在广东就业的占 95.8%
- 在其他省就业的占 4.2%

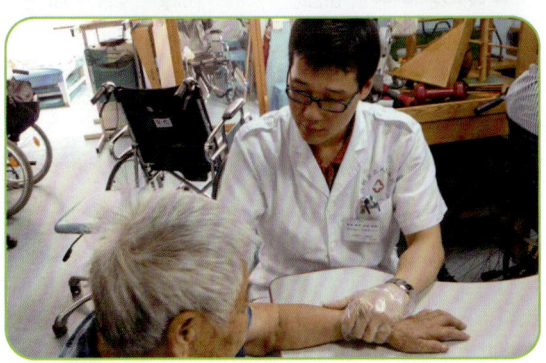

我校2015届毕业生的用人单位类型分布

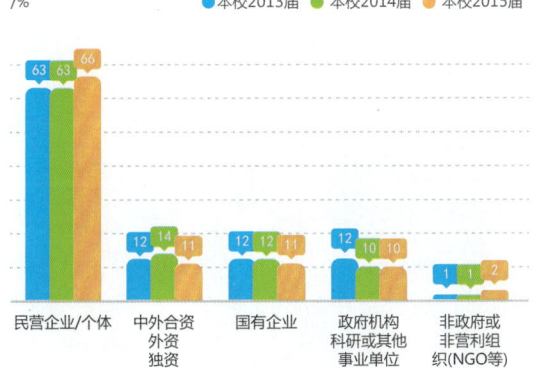

08 应用研发成效显著

本学年度学校科研共承担各类科研项目348项，到账经费6 388.54万元，其中纵向科研项目到账经费4 164.25万元，横向科研项目到账经费2 224.29万元，获得专利授权和软件著作权登记共276件，其中发明专利29件，实用新型专利144件，外观设计专利54件，软件著作权登记49件，发明专利授权数同比上一学年度增长3.57%，实用新型专利授权数同比上一学年度增长44.0%。

纵向科研项目

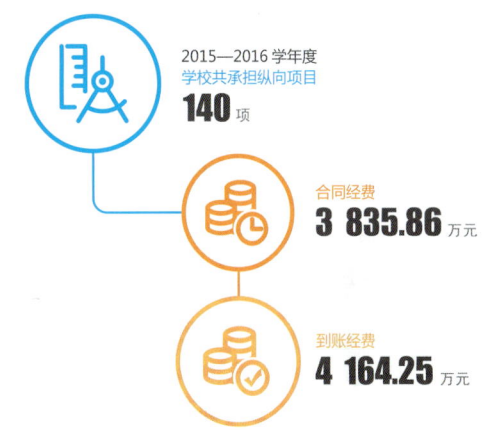

2015—2016 学年度
学校共承担纵向项目
140 项

合同经费 **3 835.86** 万元

到账经费 **4 164.25** 万元

横向研发项目

2015—2016 学年度
学校共承担横向项目
208 项

合同经费 **2 131.5** 万元

到账经费 **2 224.29** 万元

重点实验室与公共技术服务平台

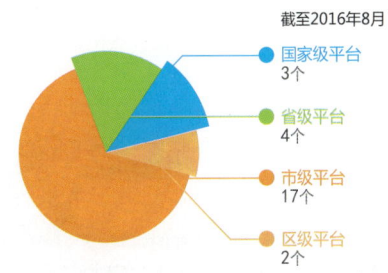

截至2016年8月

- 国家级平台 3个
- 省级平台 4个
- 市级平台 17个
- 区级平台 2个

专利授权及成果转让

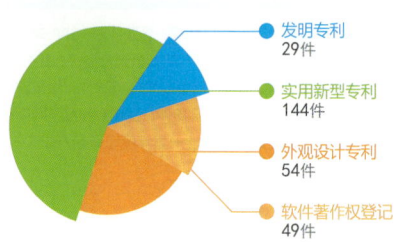

- 发明专利 29件
- 实用新型专利 144件
- 外观设计专利 54件
- 软件著作权登记 49件

 发明专利授权数同比上一学年度增长 3.57%

 实用新型专利授权数同比上一学年度增长 44.0%

深圳市博士后创新实践基地培养高水平研究人员

学校获批深圳市博士后创新实践基地。目前，已有5名博士后进入本基地开展科研工作。

09 服务社会贡献大

2015—2016学年学院对口支援情况

接受进修挂职	派出干部、教师指导	培训教师、干部
54人	45人	2 000人

2016年6月，以学院李永红教授为队长的工作队进驻和平县礼士镇下涧村，精准扶贫工作全面启动。

全国高职高专师资培训

☐ 2015—2016学年学院承担全国高职高专师资培训情况

办班数量	培训人数	涉及院校
12次	416人	86间

服务贡献表

	2016年
专科毕业生人数（合计）	6 390人
其中：就业人数（合计）	6 242人
毕业生就业去向（以下三类都填，总和不受100%约束）	
A类：留在当地就业比例	91.3%
B类：到中小微企业等基层服务比例	64.8%
C类：到国家骨干企业就业比例	25.2%
技术交易到款额	345.6万元
非学历培训到款额	1 634万元
公益性培训服务	370人·日

图说广州番禺职业技术学院（2017）
高等职业教育质量年度报告

 **基本情况**

学校是全国首批、广州市属第一所公办全日制普通高等职业院校。2009年建成首批国家示范性高职院校。先后获"广东省职业技术教育工作先进集体"称号，我国职业教育界最高奖——第四届黄炎培职业教育"优秀学校奖"，被教育部评为"全国毕业生就业典型经验高校50强"等。2016年成为广东省一流高职院校建设计划立项建设单位。

1.1 办学定位

以高等职业技术教育为主

主要教育形式是全日制专科学历教育，以办人民满意的高职教育为宗旨，以培养"一技之长+综合素质"的技术技能型人才为目标，坚持走以质量为核心的内涵式发展道路。同时根据国家和社会需要，适当开展其他形式和层次的办学活动。

1.2 发展规模

发展规模稳步增长

地处珠江三角洲腹地的广州市番禺区，占地2 067亩。2016年，有全日制学历教育在校生11 168人，生源地分布于全国14个省（区）；非全日制专科学历教育注册生3 334人，折合在校生12 168人，在校生规模保持稳定增长。

1.3 专业结构

专业结构持续优化

为适应产业转型升级需要，2016年将招生专业数由2015年的43个调整为40个。2016年新增工业机器人技术、国际贸易实务、环境艺术设计等3个专业，停办数控技术、玩具质量检验与管理、汽车技术服务与营销、文秘、信息安全技术、人物形象设计等6个市场需求不旺或考生报考率较低的专业。

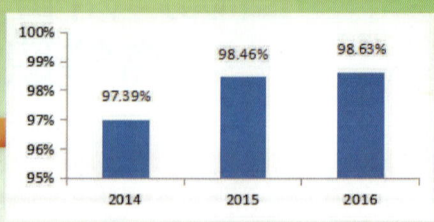

2 学生发展

2.1 就业质量

2014—2016届毕业生初次就业率

就业率持续保持较高态势

2014—2016年届毕业生初次就业率为98.46%、98.63%，呈稳步增长趋势。

薪资水平和职业期待吻合度稳中有升

近四届毕业生的月收入呈上升趋势；职业期待吻合度与全国示范性高职院校相比，优势有所扩大。

月收入变化趋势

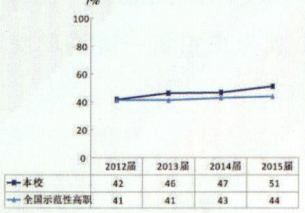

职业期待吻合度变化趋势

2.2 创新创业

多途径培养学生创新创业意识

【案例】
与沙湾镇人民政府共建沙湾文化艺术创意中心

2016年学校与沙湾人民政府共建沙湾文化艺术创意中心，通过充分整合和发挥沙湾丰富多彩的物质和非物质文化遗产资源以及学院创新创业人才的优势，以学院师生设计开发和展销古镇旅游纪念品以及与游客现场互动制作DIY手工艺品等形式，铸造具有沙湾古镇特色的校地合作品牌。

为创新创业提供平台与保障

【案例】
师生共创业

学校鼓励专业教师与学生结成创业伙伴，引导创新创业项目积极发挥教育服务功能。在创业园区的28支团队依托教师专业成果的市场化需求组建，教师与学生结成创业伙伴。

学生创新发明能力增强。学生将创新成果、方法和设计等申请专利保护，共获得专利授权56项。

2.3 职业发展

依托项目教学提升学生综合职业能力

【案例】
学生作品畅销广州国际鞋展

2016年秋季广交会期间,我校牵头,联合广东文艺职业学院、青岛职业技术学院、东莞职业技术学院、深圳职业技术学院共同主办时尚鞋服、箱包配饰五校联展。职业院校的设计作品直接与市场行业对接,培养学生的"作品—产品—商品"转化能力。三天展会期间学生创业工作室的手工皮具作品现场销售额过万元,更有国内外的品牌公司希望合作开发产品并接收学生就业等。

2.4 在校体验

以课外训练项目为载体提升学生综合素质

暑期"三下乡"社会实践活动曾连续6年获得国家级先进表彰,连续多年获得省级先进表彰。

以学生社团为载体提供文化育人平台

共有学生社团67个,其中理论研究型8个、公益服务型8个、兴趣爱好型21个、专业学习型30个。

2016年学生社团情况统计

序号	社团类别	数量/个	占比/%
1	理论研究型	8	11.94
2	公益服务型	8	11.94
3	兴趣爱好型	21	31.34
4	专业学习型	30	44.78

【案例】
培养学生做"讲师"

姓名	课程	
聂莹玲	电商,有哪些电商平台	
李贞城	淘宝开店流程	电
黄贺	店铺装修	子
王荣彬	宝贝类目属性	商
吴水敏	如何发布宝贝	务
徐丹纯	橱窗推荐,上下架布局	创
冯瑞丽	店铺活动	业
龙金珠	免费引流,付费引流	系
陈秋萍	直通车推广	列
曾瑞雪	微店微商	课
朱辉	微信公众号	程

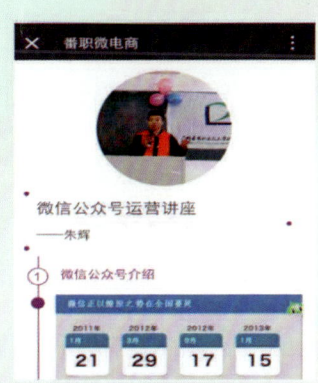

3 教学改革

3.1 专业建设

新增1个省级协同育人平台、6个高水平专业、2个省级一类品牌专业、6个省级二类品牌专业、4个市级重点专业、4个市级特色专业学院。

开展辅修专业试点，启动了10个专业的试点工作，已确定1 074名学生分成18个班级参加辅修专业学习。

3.2 教学资源

14门国家级精品资源共享课通过教育部验收，1门课程列入国家级精品视频公开课名单，新增4门省级精品资源共享课，4门课程获得省级精品在线开放课程立项。

3.3 实践教学

新增省级公共实训中心1个、省级高职教育实训基地2个、省级大学生校外实践教学基地4个。

3.4 师资建设

【案例】
构建教师全脱产下企业挂职锻炼的有效机制

2015年，学校制定了《广州番禺职业技术学院"双师型"教师队伍建设与管理办法》，提出"定企业、定岗位、定任务"的三定原则，明确了教师挂职申请程序、考勤管理、教学工作量计算办法、挂职考核与验收等方面的管理要求，建构了教师下企业挂职锻炼的有效机制。本学年全脱产半年下企业锻炼共有37人次，进一步落实了我校"专业教师下企业，能工巧匠进课堂"的"双师型"师资队伍建设思路。

3.5 产教融合

深化产学研合作

搭建各类研发平台共28个，学院广东高校珠宝首饰工程技术开发中心以优秀等级通过验收，中心被认定为2016年度的广东省珠宝首饰工程技术研究中心。

校企共建项目化课程

【案例】
以项目化课程为载体与企业合作

2015年9月，由亚洲博闻有限公司联合广州湖棠珠宝有限公司，校企合作进行课程教学。珠宝学院将上述设计元素和主题植入"首饰设计"课程，学生绘制出设计图稿。亚洲博闻有限公司和广州湖棠珠宝有限公司组织业内专家，从设计创意、工艺制作等方面进行评判，择优挑选出18件设计作品。2015年11月，在亚洲博闻主办的2015杭州国际珠宝首饰展中，免费提供展位，将校企合作完成的18件作品，独立设置展位展出，作品被搜狐、网易等多家主流和专业媒体报道。

校企资源优化组合

【案例】
与西门子（中国）有限公司共建"西门子先进技术示范中心（广东）"

双方共建的"西门子先进技术示范中心（广东）"由学校和西门子公司按照2:1共同投资，引进西门子先进技术及工程技术人员，对学校机械制造与自动化、工业机器人应用技术、电气自动化技术等专业进行整体提升，引入西门子先进标准，校企双方共同开发课程及教材、共同开展技术研发及推广，将基地建成西门子在广东乃至华南地区集"人才培养、技术服务、新产品发布及推广、职业技能竞赛"等功能为一体的先进技术示范中心。

完善现代学徒制培养

学校被评为"国家首批现代学徒制试点单位"，试点专业为市场营销、皮具艺术设计、市政工程技术、机械制造与自动化专业。

探索成立职教联盟

由百果园公司和学院牵头联合1家行业协会、3所本科院校、7所高职院校、2所中职院校共15个单位成立百果园职业教育联盟，初步形成互利共生机制。

4 对外合作

4.1 国际合作

广泛开展国际交流合作

已与英国、美国、意大利、荷兰、新加坡、日本等国外高等教育机构、建立了交流合作关系。

【案例】
我校在新加坡南洋理工学院设立海外研习基地

自2009年新加坡南洋理工学院在我校设立中国华南地区新加坡"学生海外研习基地"以来，已有近1 400名南洋理工学院师生来我校研习基地研习，研习学生获得我校颁发的课程结业证书及相应的学分。2015—2016学年度，有250名新加坡师生来我校完成研习任务。

2016年5月，广州番禺职业技术学院学生海外研习基地（新加坡）在新加坡南洋理工学院正式挂牌运行，成为中国大陆高校在新加坡南洋理工学院设立的第一个学生海外研习基地，我校每年派出两批约60名学生赴研习基地研修。

深入推进专业国际化建设

国际金融专业入选教育部教育国际交流协会"中美高端技能型、应用型人才联合培养百千万交流计划"中方项目院校；与美国德通环球资产投资有限公司共建实训基地"国际金融数据分析中心"，开发"教学企业项目——金融数据处理"课程。

4.2 港澳台合作

已与中国香港职业训练局以及中国台湾多所科技大学建立了交流合作关系。

【案例】
学生带队赴港参加研讨会

2016年亚太地区社工学生研讨会在香港大学开幕。广东代表团共有8名来自华南师范大学、广东工业大学、广东财经大学、广东白云学院和我校的学生参会。我校2014级社工班伍越同学被选为广东代表团团长。

5 服务贡献

5.1 服务产业

近三届均有八成以上毕业生为本省生源，本省生源毕业生几乎均在本省就业（2013—2015届分别为98.0%、98.7%、98.1%），非本省生源在本省就业的比例也较高，分别为71.3%、67.4%、71.1%，为区域经济发展建设培养了大量专业技术技能人才。

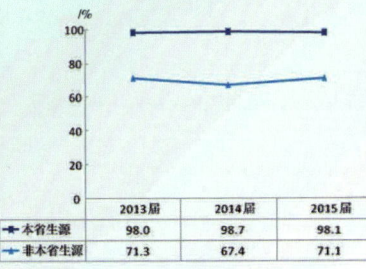

/%	2013届	2014届	2015届
本省生源	98.0	98.7	98.1
非本省生源	71.3	67.4	71.1

不同生源毕业生对本地人才贡献变化趋势

5.2 社会培训

组织国内著名职教专家与校内精英师资团队举办省、市师资培训及社会化培训项目171项、16 418人次，计61 247人·日，培训到款额425.03万元。

5.3 服务新型城镇化

重点打造3支精准扶贫调研团，包括支教、调研、助建等多种形式的实践项目，共35人赴梅州五华扶贫调研。

集中派遣4名学生以志愿服务的方式到西藏、青海、宁夏等地从事支教、技术保障和机关服务工作。

艺术设计学院2015届毕业生蔡杨烨在海拔3 100多米的西藏林芝参加志愿服务工作，被誉为"海拔最高番职女神"。

6 政策保障

财政投入持续增长

2016年广州市政府持续加大对学校的财政投入，学生人数较2015年增加73人，2016年的年生均财政拨款达到15 188元，比2015年的13 738元增加了1 450元，增长10.55%。其中，年生均财政专项经费投入由2015年的4 638元提高至2016年的6 142元，增加了1 504元。

形成专业培养诊改与预警机制

本学年度选取了14个专业进行专业年审自评试点，二级学院综合专业自评情况形成质量提升计划，学校针对质量改进诉求，在总体层面上对专业发展和质量提升提供支持与保障。

图说广州工程技术职业学院（2017）高等职业教育质量年度报告

 一 学院概况

发展目标	理念先进、内涵深厚、特色鲜明
战略思想	质量立校、特色兴校、人才强校
校训	立品、为学、禀艺、砺身
人才培养目标	立足广州、面向广东、辐射全国，直接服务于珠江三角洲区域经济社会建设，培养生产、建设、服务和管理第一线需要的高素质技术技能人才
专业建设思路	以特色求生存、以品牌谋发展
发展道路	一团三化——以"信息化、国际化、协同化"三化集成、三管齐下，走差异化、特色化、品牌化的道路

二、办学亮点

- 信息化管理全国领先，主持全国高职院校人才培养工作状态数据采集与管理平台开发建设工作。
- 教育部批准的第一批教育信息化试点学校。
- 国家首批"职业院校数字校园建设实验校"。
- 获批试办广东省示范性软件学院。
- 广东省首家AAAA级"标准化良好行为单位"。
- 2015年全国总工会系统高职院校办学综合实力排名第一。
- 2016届毕业生就业率100%。
- 用人单位对我院毕业生评价连续6年称职率达100%。
- 国家级品牌专业1个，省级品牌专业6个。
- 获广州市立项建设石油化工、先进制造、餐饮管理和国际商贸服务4个特色专业学院，在广州市属高职院校中位列第二。
- "石油化工协同育人中心"成功入选省协同育人平台。
- 商务英语专业被确立为2016年省高职教育专业教学资源库。
- 全国职业院校技能大赛化工生产技术赛项获国赛一等奖。
- 全国职业院校技能大赛西餐宴会服务赛项获国赛一等奖。
- 2016年全国职业院校技能大赛高职组广东省选拔赛烹饪大赛四项第一，医药类大赛四项第一。
- 中华茶艺技能竞赛获广东选拔赛第一名。
- 全国职业院校技能大赛报关技能赛项获广东省选拔赛一等奖。

三、办学条件

（一）管理水平持续提升

学院自1998年起，实施标准化管理，历经18年，先后通过ISO 9001质量管理体系、ISO 14001环境管理体系和OHSAS 18001职业健康管理体系认证，获广东省"高等职业教育管理与服务先进标准体系"试点项目，2015年，以高分通过"AAAA级标准化良好行为单位"确认评审。

（二）师资队伍不断优化

学校现有专任教师400人，具有高级职称教师数86人，比例为21.5%；具有硕士以上学位教师数203人，比例为50.8%；45岁以下教师数287人，比例为71.8%；"双师素质"教师数为187人，比例为46.8%。

(单位：人)

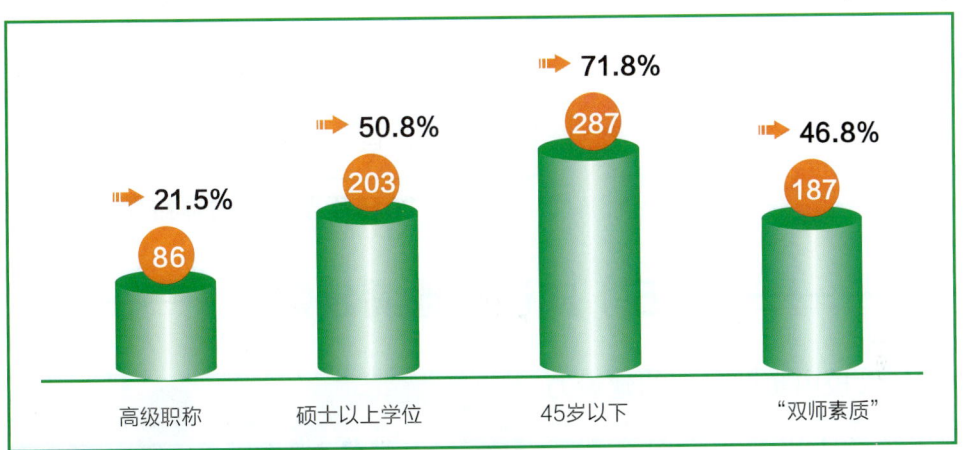

师资队伍结构图

（三）专业布局渐趋合理

学院根据社会经济发展需要，实施错位发展战略，不断调整专业布局。专业布局渐趋合理。

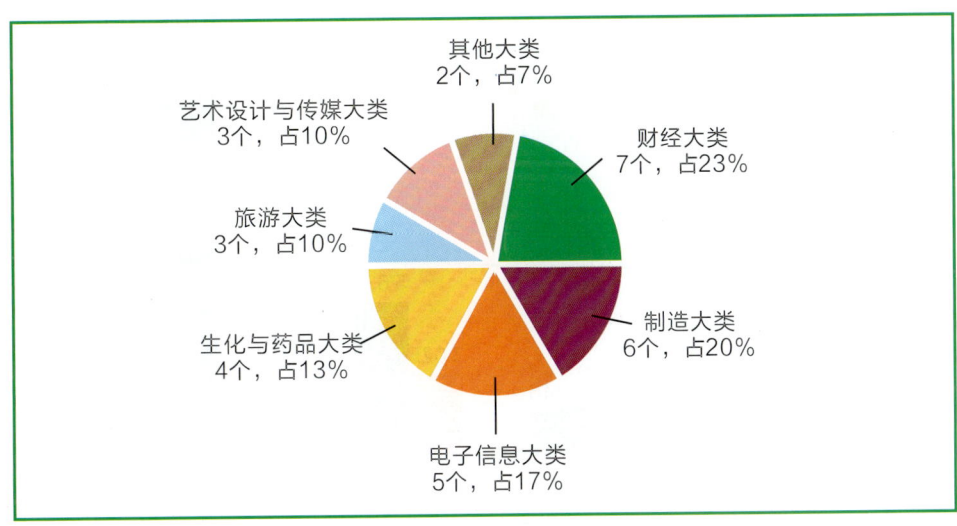

学院专业分布图

35

（四）办学经费大幅提升

2015年学校总收入14 324.98万元，比2014年增加1 400.43万元，增长10.84%，生均经费投入1.48万元，较上一年度增长6.4%。

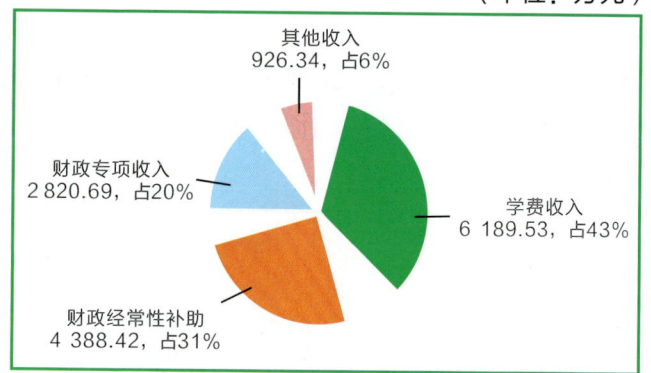

2015年度学院办学经费收入构成

（五）实训基地满足需求

学院加大校内实训基地的建设力度，已建成多个市级、省级实训基地。2016年，会计专业产教融合实训基地和商务英语专业职业教育实训基地同时获批为省级实训基地。目前，校内实训基地共有53个，省级及以上实训基地5个，校外实训（实习）基地202个，省级校外实训基地2个。

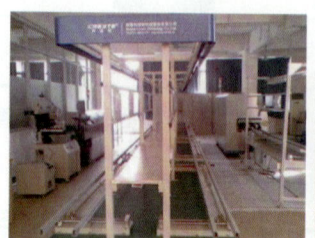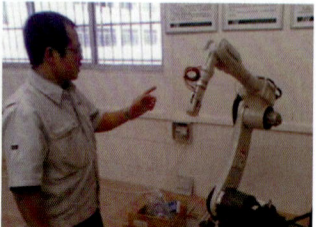

工业机器人实训室

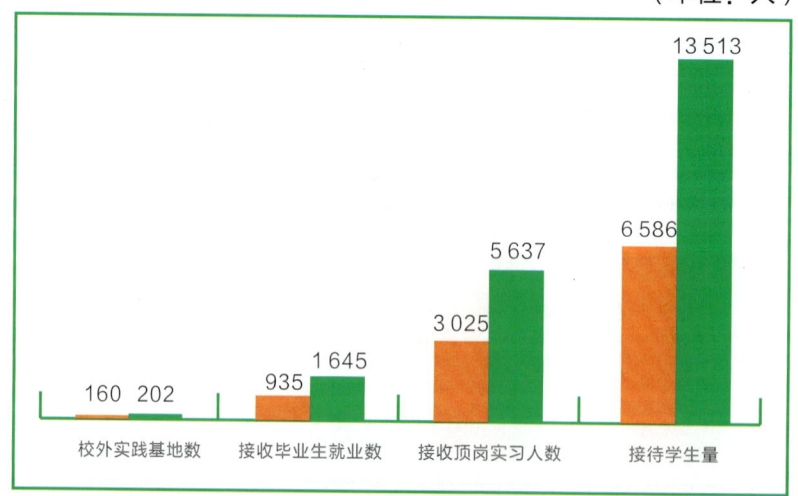

校外实践基地情况

四 教学改革

学校坚持"一院一品牌、一专一特色、一师一优课、一生一特长"的"四个一"教学方略，全面深化教育教学改革。

（一）培育特色专业

中央财政支持重点专业	数控技术、物流管理
省一类品牌专业	石油化工技术
省二类品牌专业	应用化工技术、工业机器人技术、汽车检测与维修技术、化工装备技术、会计和商务英语专业
省级重点专业立项	会计、石油化工技术、机电一体化
市级示范性专业和重点专业立项	石油化工技术、应用化工技术、数控技术、商务英语、会计、机电一体化
特色专业学院	广州餐饮特色学院、广州石油化工学院
市级特色专业学院立项	石油化工特色专业学院、国际商贸服务学院、先进制造技术学院、广州餐饮特色学院

（二）扶持培育精品课程

学院共有院级精品课程43门。"离心泵检修技术""商务英语口译"和"3dsmax三维造型与空间表现"等3门课程获批为2015年省级精品资源共享课，"油气储存与装卸"获批为2016年省高职教育精品在线开放课程建设项目，"财务会计实务"和"大学生就业指导与职业训练"2门省级精品资源共享课正在建设过程中。我院商务英语专业教学资源库在2016年获省级专业教学资源库立项。

商务英语专业教学资源库

财务会计实务精品资源共享课

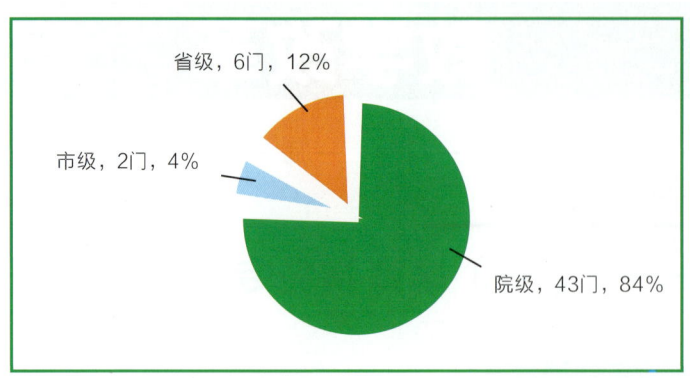

精品课程分布图

（三）精心组织技能竞赛

2015—2016学年，省级及以上技能竞赛学生获奖129人次，指导教师获奖96人次。取得省赛一等奖17项，二等奖11项，三等奖15项。代表广东省参加2016年全国职业院校技能大赛8项，共取得一等奖1项，二等奖2项，三等奖3项。

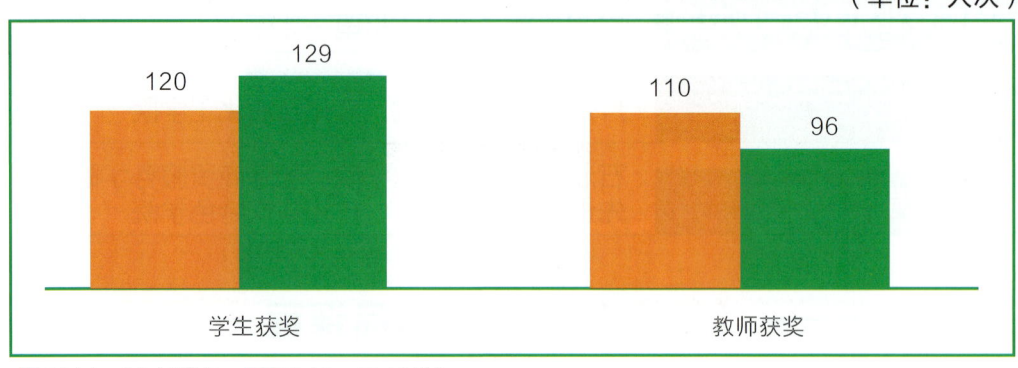

省级及以上学生和教师获奖情况

获奖作品《老时光》和国赛一等奖获奖选手黄晓阳

（四）稳步提升科研水平

2015—2016学年，教师在教研、科研和技术开发活动中成绩显著。学院教学改革和科研水平稳步提升。

（单位：项）

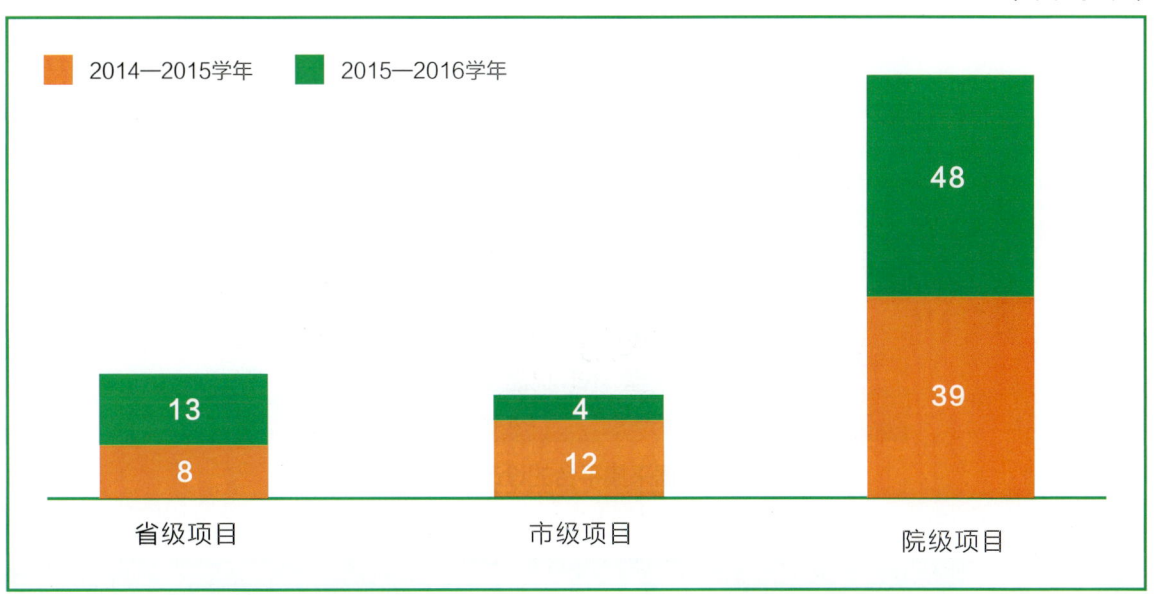

各级课题立项对比图

（五）全面推进强师工程

学院按照"稳定、培养、引进、借智"的人才队伍建设思路，以优化结构为重点，以优秀人才引进、教师在职培训和到企业顶岗实践等为主要方式，开展师资队伍素质提升建设工程。学校"双师素质"教师比例约为50%，高级职称占15.7%。市级教学名师1名，"千百十人才培养工程"省级培养对象1人。

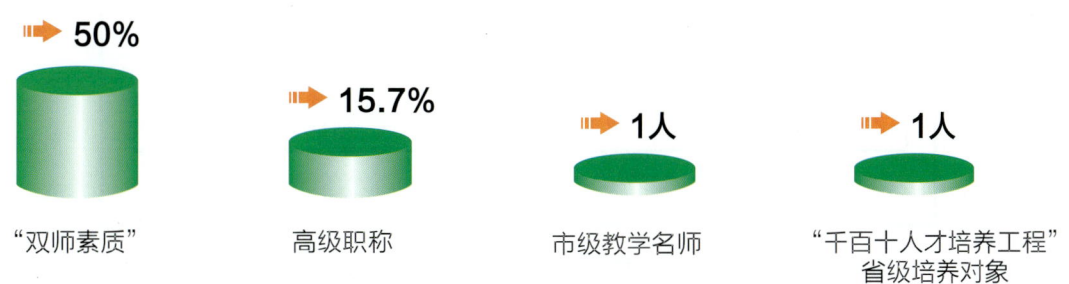

（六）扎实推进诊改工作

学院结合多年标准化管理经验，已从顶层构建内部质量保障体系，并将内部质量保障体系融入学院CRP管理建设框架，实现基于大数据的诊断与改进管理模式，以信息化管理手段落实诊改工作，实现诊改工作常态化、规范化和程序化管理。

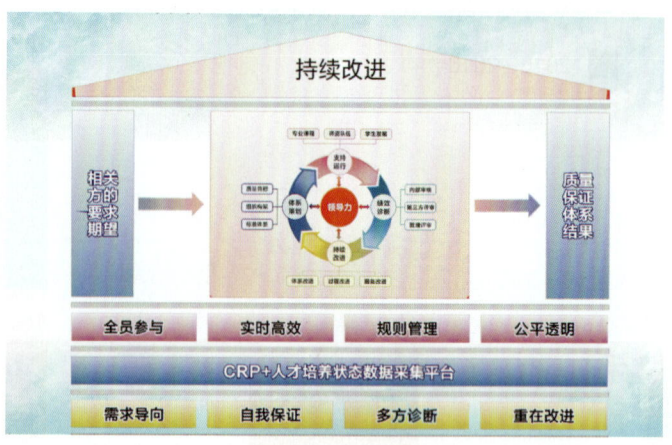

基于CRP+数据采集平台的诊改体系总体框架

 学生发展

（一）学生规模

近几年，学院在校生人数相对平稳，波动不大。2016年，学院全日制高职在校生7989人，比2015年增加613人。

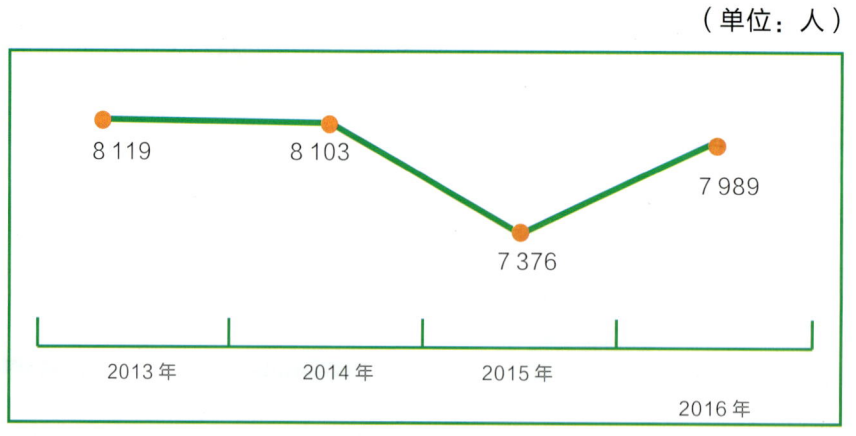

全日制高职在校生数

（二）学生发展全面良好

1. 学生党员发展情况

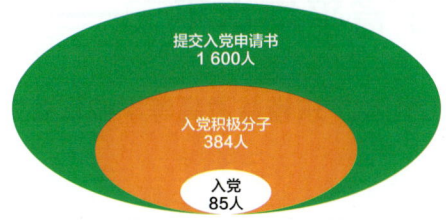

2. 学生学业状态

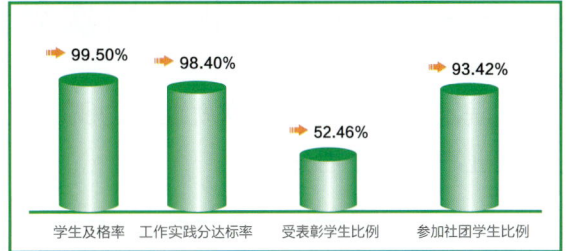

学生学业状态图

（三）社团育人效果显著

学院始终秉承以生为本的育人理念，深入挖掘我院特色校园文化底蕴和职业校园文化建设的有效载体，组建17个职业实践型学生社团，35个兴趣爱好型社团，促进专业教育与文化素质养成有机融合。"学生身边的守护神——校园110"荣获广东省2015年度精品学生工作项目、学院心理咨询室荣获2015年度广东省心里咨询先进集体、学院"三下乡"团队荣获"2016年广州市优秀'三下乡'团队"等荣誉。

青年学生中的"红色力量"为广大师生服务

95岁高龄的老党员卢滩如老先生与学生党员论当年激情不减

第五届主持人大赛获奖选手

地方党政领导与师生共唱《相亲相爱》

学院师生深入宝山村走访慰问帮扶对象

# 六 就业创业

（一）毕业生初次就业率高于省平均水平

学院2016届毕业生初次就业率为99.10%，高于2016年广东省普通高等学校毕业生初次就业率3.99个百分点。

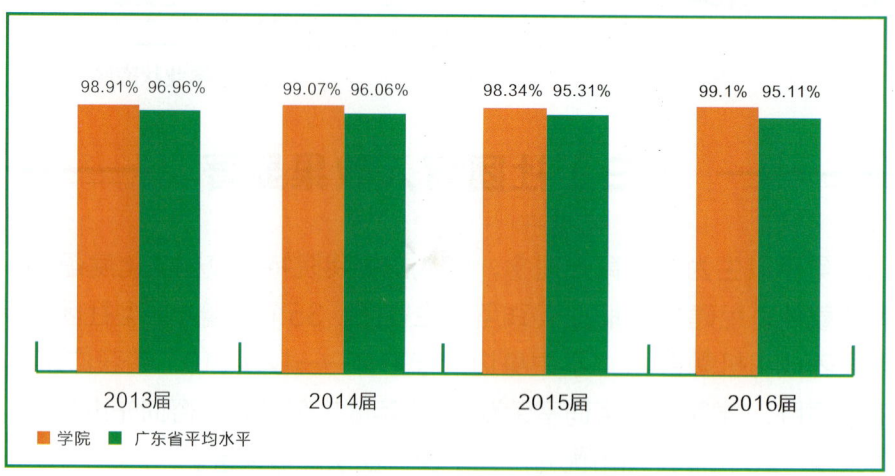

学院2013—2016届毕业生初次就业率情况

（二）毕业生第一份工作薪酬逐年提升

我院毕业生第一份工作薪酬主要集中在2 500～3 000元/月，收入呈持续上涨趋势。

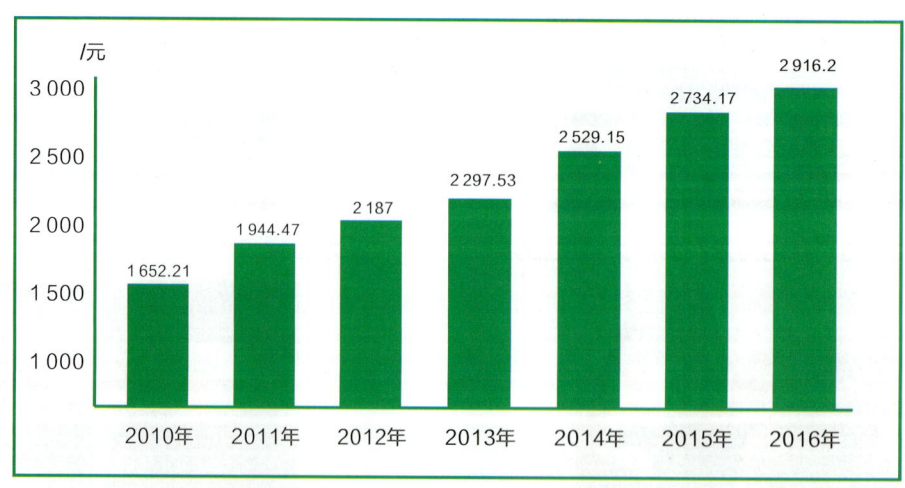

2010—2016年毕业生就业薪酬趋势一览图

（三）毕业生称职率100%

近五年毕业生称职状况对比

评价项	2016年	2015年	2014年	2013年	2012年
优秀率	67.00%	66.17%	64.35%	67.25%	69.70%
良好率	29.61%	30.45%	32.27%	28.86%	26.70%
称职率	3.39%	3.38%	3.38%	3.88%	3.70%
满意度	100%	100%	100%	100%	100%

七 对外合作

（一）双翼协同开创对外合作先河

学院汽车检测与维修专业和瑞典斯堪尼亚（SCANIA）等行业龙头企业，以培养具有国际竞争力的高端技术技能人才为主体，"国际合作"与"校企合作"双"翼"协同的人才培养模式，开创国际性校企合作先河。

教育部高职发展处领导考察专业建设

我院学生在SCANIA车间连接带EBL的刹车回路

（二）特色专业吸引国外学子访学

餐饮管理专业被誉为省内餐饮业的"黄埔军校""餐饮经理的摇篮"，广泛开展国际合作交流，以其办学特色和办学质量，吸引国外学子来校访学。

尼泊尔学生在我院学习食材雕刻

尼泊尔学生在我院学习中华茶艺

（三）外派师生学习提升职业技能

学院每年选派师生到我国香港职业训练局、香港理工大学、台湾育达科技大学、新加坡理工学院等院校进行学习。2015—2016学年，共外派师生60多人次。

我院教师在新加坡南洋理工学院参观学生作品

我院第八批赴台交换生抵达台湾育达科技大学学习

八、社会服务

（一）职业培训服务

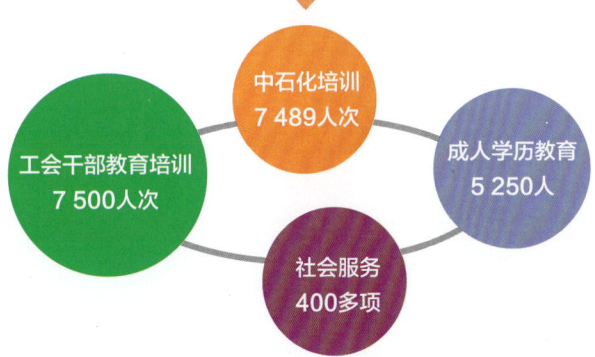

- 工会干部教育培训 7 500人次
- 中石化培训 7 489人次
- 成人学历教育 5 250人
- 社会服务 400多项

（二）技术推广服务

作为教育部批准的第一批教育信息化试点学校、教育部"高职院校人才培养工作状态数据采集与管理平台研制"课题组牵头单位，学院连续两年荣登教育部《中国高等职业教育质量年度报告》，在全国范围内引起了广泛关注。学院自主研发的校园资源计划系统（CRP）被全国60多所院校应用，来校实地考察CRP系统的有200多所院校。本学年，学院继续免费移植CRP系统的院校有10多所。

- 应用院校　60多所
- 实地考察院校　200多所

（三）精准扶贫服务

根据广州市委、市政府统一安排部署，立足宝山村实际，科学制定三年帮扶规划和年度计划，圆满完成三年精准帮扶宝山村的任务。

学院领导与兴宁市领导交流精准扶贫精准脱贫工作

学院领导向低保贫困户发放助学金

（四）志愿爱心服务

志愿者服务是加强大学生思想政治教育和服务社会的有效途径。本学年学院开展了一系列志愿者服务活动，在服务社会的活动中不仅提高了青年学生的道德情操与综合素养，更是在社会实践活动中提升了学院"实践育人"的理念实效性。

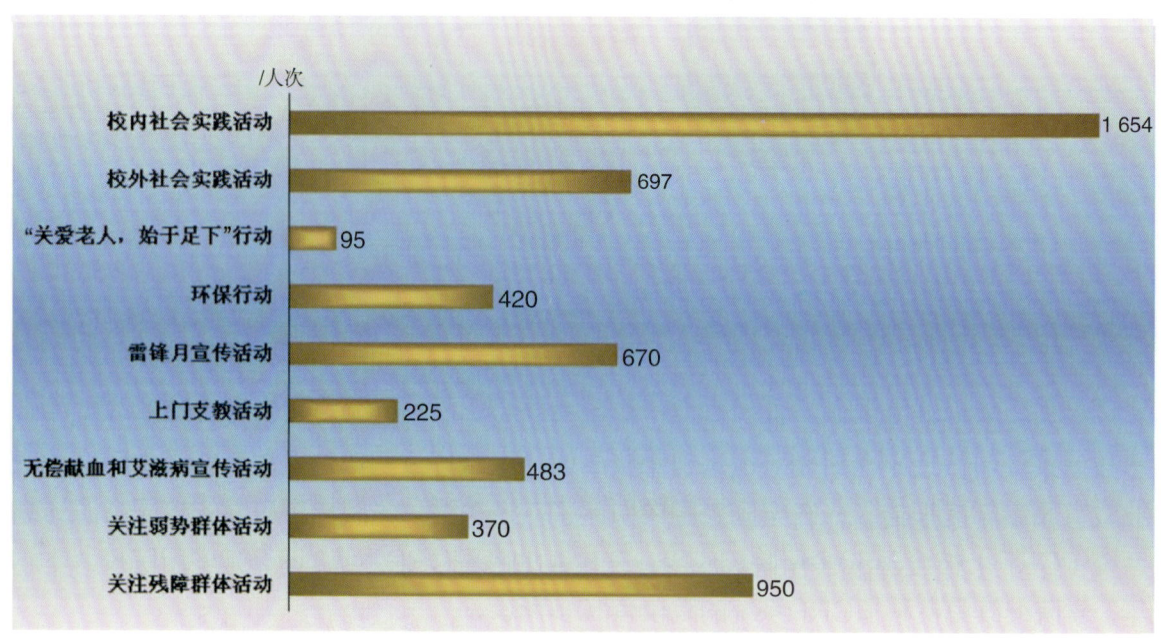

志愿者活动参加人次

志愿者在康复中心与小朋友们互动

志愿者深入海塱社区开展志愿服务活动

图说广东轻工职业技术学院（2017）高等职业教育质量年度报告

一、学校概况

学校前身是创建于1933年的"广东省立第一职业学校"。2006年，通过教育部高职高专院校人才培养工作水平优秀评估；2007年，成为广东省示范性高职；2008年，被列为国家示范性院校建设单位；2011年，以优秀等级通过教育部、财政部组织的国家示范性高职院校验收。

学校现有全日制普通高职在校学生21 490人，拥有广州、南海两个校区。学校立足轻工行业，面向现代生活产业，服务中小企业，积极为广东地方经济服务。

到2020年，学校将建成轻工特色鲜明、国内一流、国际知名的高水平高等职业院校。孕育"三大一强"治理模式（大管理、大教学、大保障、强督查），使学校成为高职院校治理的标准与典范，成为高素质技术技能型人才培养的典范。

2016年主要工作

1. 成为广东省一流高职院校建设单位，2016年共取得国际性成果2项、国家级成果38项、省级成果124项。
2. 实施"十三五创新强校工程"，冲刺国家优质高校。
3. 与南海区共建国家中小微企业知识产权培训基地，打造科技研发与转化平台。
4. 牵头成立南海职业教育政校行企协同创新联盟，签订26项校企合作项目。
5. 获得佛山市立项3个市级工程中心建设项目。
6. 成立白天鹅学院、瀚蓝环境学院、华为信息与网络技术学院、达意隆智造学院、雷诺钟表产业学院等一批产业学院。
7. 新增省级重点专业2个，新增二类品牌专业4个，新增省级精品在线课程4门。
8. 新增珠江学者3人，"广东省特支计划"教学名师1名，新增4名广东省高职专业领军人才培养对象。
9. 入选"2016高职院校创新创业示范校"50强。
10. 完善终身育人体系，2015—2016学年的社会培训规模达20 514人次。
11. 开展国际合作，在菲律宾举办菲律宾分校。
12. 成为中央电教馆第二批"职业院校数字校园建设实验校"。
13. 省级以上主流媒体报道学校80余次，校报4件作品获全国"好新闻"奖。获"广东省五四红旗团委"、寻访"中国大学生之星"优秀组织奖。
14. 全面启动广州、南海校区资源整合工作。充分利用区域产业资源，产教深度融合，南海校区"大工科"面向南海高端制造业，广州校区"大文艺"面向广州现代服务业。

二、学生发展

1. 生源结构呈现多元化

我校2015级生源来源情况一览表

招生类型	生源类别	录取数/人	报到数/人	报到率/%	在校生所占比例/%
普高招生	普高生	7 471	6 384	85.45	83.78
自主招生	普高生	807	788	97.65	10.34
自主招生	中职生	52	51	98.08	0.67
三二分段	中职生	269	193	71.75	2.53
3+证书	中职生	211	204	96.68	2.68
合计		8 810	7 620	86.49	100.00

2. 以人为本促学生终身发展

注重创新社团活动、社会实践活动、科研创新活动和志愿者活动，提升学生在校体验。成立58个学生社团，获得61项国家级、省级竞赛奖项。设置创业学院，创新创业教育促进学生职业能力发展。2016年，我校在校孵化项目22个，注册公司7个。

3. 培养结果质量

根据省教育厅发布数据显示，我校2015届毕业生初次就业率为95.54%，2016届毕业生初次就业率为98.43%，高出2015届毕业生近3个百分点，为历年初次就业率的最高水平。

佛山市青年创业大赛决赛银奖得主张祖奎同学在农村助力精准脱贫

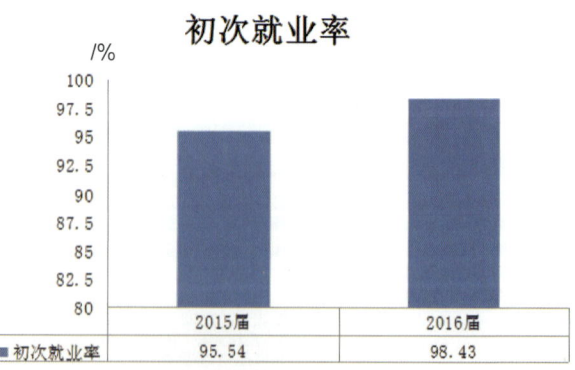

初次就业率（截至9月1日）

三、教学改革

1. 产教融合新模式

"纵向延伸、横向拓展"协同育人模式推进协同育人中心建设，构建校地协同育人模式

校地协同平台

- 广东轻工职业教育集团
- 广东轻工应用技术协同创新发展中心
- 广东轻工协同育人中心
- 南海职业教育政校行企协同创新联盟
- 国家中小微企业知识产权培训基地
- 广东酒店职业教育联盟

以校地协同平台为依托，调整和优化专业，实现"横向拓展，纵向延伸"的人才培养技能规格的提升，实践技术技能人才的协同培养模式改革，提升服务区域经济的能力。

2. 校企共建产业学院创新人才培养模式

共建产业学院

学校制定《广东轻工职业技术学院产业学院设置管理暂行办法》

- 瀚蓝环境学院
- 白天鹅学院
- 雷诺钟表产业学院
- 达意隆智造学院
- 华为信息与网络技术学院

3. 搭建产学研平台实施项目教学改革

建立国家中小微企业知识产权培训基地

由国家知识产权局批准设立，由南海区与学校共同建设

- 探索广东省专利管理专项职业能力分级管理试点并向职业标准过渡
- 开展知识产权继续教育和公民教育
- 开展南海区行业企业数据调查及分析
- 建立院校科研成果专利化和专利产业化的服务交流平台
- 广州市知识产权试点学校

建立技术服务与科技成果转化的评价与交易平台

- 引入第三方知识产权评价交易机构——广州知识产权交易中心
- 建立技术服务与科技成果转化的评价与交易平台
- 通过该平台使得校企科技信息交流顺畅
- 增强学校科研成果与市场信息互动的实效性
- 缩短成果发布与转化的过程
- 2016年1月11日，我校首次通过与第三方（广州知识产权交易中心）合作成功实现四项实用新型专利的转让

4. 校地协同现代学徒制 共育英才

实施校地协同现代学徒制

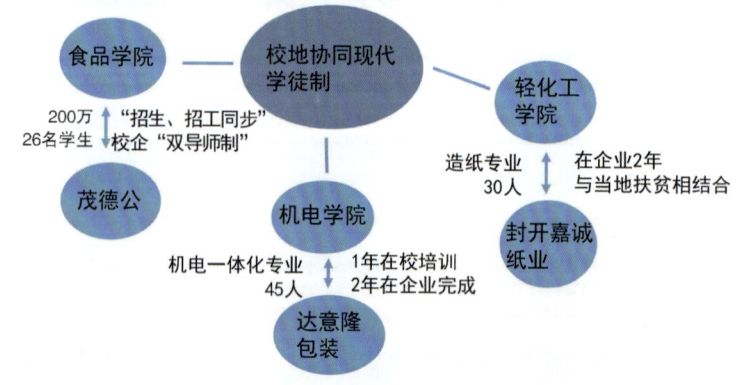

5.着力打造教研能力强的"双师型"骨干教师队伍

学校大力建设专兼结合的"双师型"教师队伍,并成立了教师发展中心,对教师的职业生涯实施全过程管理,促进教师专业化发展。打造名师,建立大师工作室,着重培养高层次人才。目前拥有珠江学者5人,其中被称为"新技术比肩麻省新发明"的徐百平教授是我校轻化工技术学院教授、珠江学者,其耗时6年发明的"同向非对称啮合型双螺杆挤出装备"被2016年美国塑料工程师协会举办的技术研讨会(ANTEC2016)评为"塑料机械装备领域的重大创新技术",该领域的另一创新技术是来自麻省大学艾默斯特校区的熔体混沌咀嚼装备。

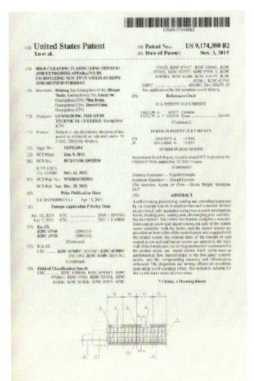

珠江学者徐百平教授及其获美国专利的发明产品

四、政策保障

学校经费投入充足,财务运行稳健,2015年,全校办学经费总收入为55 792.89万元,总支出42 303.14万元。在政策保障下,有效实施"中高本衔接"、协同育人中心建设等多项专项项目。

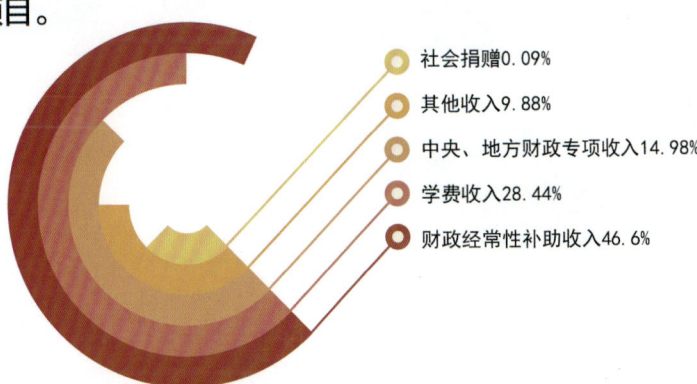

- 社会捐赠0.09%
- 其他收入9.88%
- 中央、地方财政专项收入14.98%
- 学费收入28.44%
- 财政经常性补助收入46.6%

2015年办学经费收入构成

五、服务贡献

1. 搭建多元化社会培训平台 建立终身教育体系

学校利用优质职教资源，为面向轻工业和现代服务业为主的广东省中小企业提供技术支持和企业员工职后培训服务，为广东中小企业持续发展提供服务。2015—2016学年社会培训规模达20 514人次，2016年社会服务总收入557.7万元。

2015－2016学年开展各级各类社会培训结构图

2. 立足行业与区域 开展社会技术服务助力中小微企业

依托南海职业教育政校行企协同创新联盟，与南海政府、中职学校、企业等对接，签订了26个合作项目。建立3个佛山市工程中心，助力中小微企业转型升级。

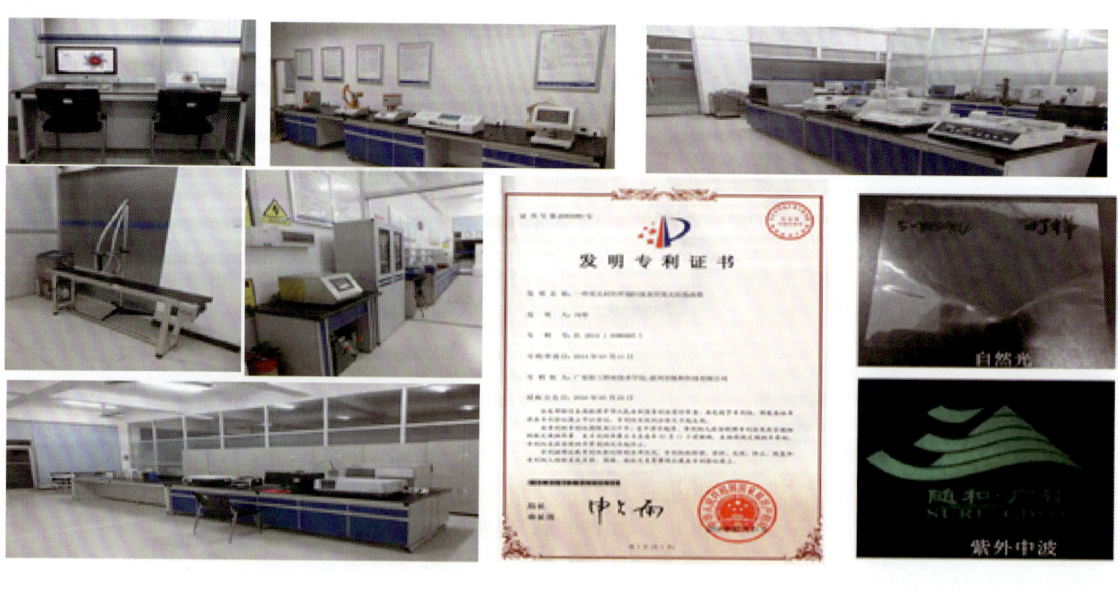

六、国际合作

1. 搭建跨国通道
开展办学合作

学校与澳大利亚北悉尼学院等合作办学，2016年三个中外合作办学项目在校生506人。我校艺术设计学院与新加坡南洋理工学院设计学院联合举办设计工作坊。

"城市印象——新加坡"设计交流工作坊

2. 探索国际办学新思路
服务"一带一路"国家战略

2016年，学校与菲律宾政府及行业合作，启动广东轻工职业技术学院菲律宾分校办学工作。分校的建设旨在落实中央"一带一路"行动计划，带领国内企业走向海外，转移广东轻工产能，扩大与菲律宾在职业教育领域的合作交流，推动菲律宾学生来华留学项目，为菲律宾培训教师和培养技能人才，实现中菲两国在职业教育领域共同发展。

中菲谅解备忘录签字仪式

图说广东建设职业技术学院（2017）高等职业教育质量年度报告

1 基本情况

广东建设职业技术学院是全日制（公办）高等职业技术学院，建筑特色鲜明。学院专业布局体现产业发展要求，共设有建筑类专业17个，跨7个二级门类，贯穿规划、设计、施工、运营、管理全建筑生命周期，覆盖建筑全产业链，是广东省职业教育建筑类人才培养培训的龙头。

1.1 办学定位

以专科层次的高等职业教育为主体，成人继续教育和多种形式的职业技能培训为两翼，融学历教育与非学历教育于一体。建成"国内知名、业内领先、服务广东、辐射中南"的建筑类高职院。

1.2 发展规模不断扩大

至2016年8月，学院占地面积1 000余亩（含广州校区和清远新校区），现有全日制高职校生7 000余人。学院专任教师共320人，具有"双师素质"专任教师约60%。

1.3 专业结构逐步优化

构建了以建筑类专业为主体，机电、市政、环保、艺术设计、电子信息、财经等专业协调发展的专业布局。现有中央财政支持建设专业2个、省级示范性专业1个、省级重点专业5个、省一类品牌专业1个、省二类品牌专业2个。

2 学生发展

2.1 就业质量

毕业生初次就业率和毕业后半年就业率高位稳定

应届毕业生初次就业率自2010年以来一直在90%以上，处于高位稳定状态，2016届毕业生初次就业率高达98.41%。毕业生就业率连续五届均高于全国高职院校平均水平。

就业率变化趋势

	2011届	2012届	2013届	2014届	2015届
本校	95.5	93.4	94.4	93.2	93.2
全国高职	89.6	90.4	90.9	91.5	91.2

毕业生半年后月收入逐年稳步上升

毕业生月收入水平总体呈上升趋势，连续高于全国高职院校平均水平。

月收入变化趋势

	2011届	2012届	2013届	2014届	2015届
本校	3 247	3 077	3 288	3 443	3 713
全国高职	2 482	2 731	2 940	3 200	3 409

2.2 在校体验

各专业愿意推荐母校比例与上年度大致持平

2015届毕业生愿意推荐母校的比例较之2014届大致持平，推荐母校意愿较高的专业是建筑设备工程技术。

学生对母校生活服务满意情况有所改善

2015届毕业生对母校的生活服务满意度为70%，比2014届（66%）高4个百分点。

毕业生就业对口率和就业现状满意度均较高

学院2016届毕业生就业对口率为82.5%，其中与建筑类相关专业的就业对口率达到90%以上。2016届毕业生的就业现状总体满意度为92.48%。

2.3 职业发展

工作与专业相关度远高于全国平均水平

学院2015届毕业生的工作与专业相关度为77%，比全国高职院校2015届（62%）高15个百分点，近五届毕业生的工作与专业相关度连续高于全国高职院校平均水平。

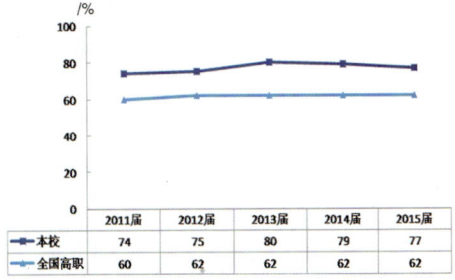

专业相关度变化趋势

	2011届	2012届	2013届	2014届	2015届
本校	74	75	80	79	77
全国高职	60	62	62	62	62

2.4 自主创业

课堂引入创新创业教育

面向全体大学生开设18学时1学分的"创新创业基础"公共必修课通识教育，将培养创新创业思维、方法和能力融入专业教学各个环节。在2016年度举办了三期SYB（创办你的企业）创业培训班，共培训了200多位有创业想法和意愿的大学生。

多渠道多方式扶持创新创业

学院因地制宜，为大学生创业实践提供支持，在有限的空间内，腾出场地为学生提供创业实践平台，并提供设备、技术与孵化支持。

课外导入创新创业竞赛

连续多年举办校园创业大赛，组织并选送优秀作品参加中国"互联网+"大学生创新创业大赛、2016广东"众创杯"大学生启航赛暨"赢在广州"第五届大学生创业大赛等各类大赛，提高学生的竞争意识。

师生参赛"挑战杯"

现有大学生创新创业项目一览表

序号	项目名称	系别	运营情况
1	广东建院勤工助学管理总公司	全校	良好
2	自助魔咖咖啡项目	全校	良好
3	鲁班客栈	全校	良好
4	枫尚建筑设备工作室	机电工程系	良好
5	凭捷电子智能产品有限公司	机电工程系	已注册公司
6	123艺术设计中心	建筑与艺术系	良好
7	草木营园艺工作室	建筑与艺术系	良好
8	LINK设计工作室	建筑与艺术系	良好
9	普莱斯眼镜体验店	现代商务与管理系	良好
10	诚美文具店	土木工程系	良好
11	格子铺	经济管理系	良好

3 教学改革

3.1 专业设置

构建了以建筑类专业为主体，机电、市政、环保、艺术设计、电子信息、财经等专业协调发展的专业布局。

3.2 产教融合

依托职教集团专业技术技能委员会，开展专业教学标准的研制工作

与行业企业专家共同研制专业教学标准，为集团内的职业院校相关专业的人才培养提供可借鉴的依据。

深入实践现代学徒制人才培养试点工作

具体做法：一是建立保障机制，确保现代学徒制工作良性发展。二是成立现代学徒制特色学院，推进校企双元育人。三是校企联合制定专业教学标准，科学规划学徒成长道路。四是实施"工学结合、岗位培养"，保证学徒（学生）职业能力提升。五是建设6A++现代学徒制信息服务平台，提高现代学徒制工作的信息化水平。

3.3 教学资源

深入推进人才强校战略和强师工程建设

引进和培养了一批在专业建设、人才培养和技术服务等方面发挥引领作用的高层次人才，建成了一支师德高尚、业务精湛、结构合理、能适应学院高职教育教学改革和发展需要的高素质教师队伍。

大力推动校外实训基地建设

学院拥有校外实习实训基地96个，2015—2016学年接待学生3 041人。建有5个省级大学生校外实践教学基地、5个省级高职教育实训基地。

4 对外合作

4.1 大力开展国际交换生交流

2016年国际交换生名单

序号	参与人员	系部班级	交换学习时间	国家/地区
1	陈*萍	经济管理系	一年	韩国
2	黄*婷	建筑信息系	一年	韩国
3	莫*敏	现代商务与管理系	一年	韩国
4	赵*贤	现代商务与管理系	一年	韩国
5	陈*琦	现代商务与管理系	一年	韩国
6	郑*璇	现代商务与管理系	一年	韩国
7	钟*文	现代商务与管理系	一年	韩国
8	罗*颖	现代商务与管理系	一年	韩国
9	吴*花	现代商务与管理系	一年	韩国

4.2 加快推进港澳台教育培训合作

我院积极开展与港澳地区的交流合作，与台湾景文科技大学建立双方互访机制，并与香港政府发展局及建造业协会建立了香港本土建筑技术技能人才来粤岗前培训和输出我省建筑技术技能人才的沟通与合作机制。

4.3 探索贯彻落实国家"一带一路"战略

积极响应国家"一带一路"战略，主动开展与"一带一路"沿线企业与院校的合作，形成了较强的对外交流合作及服务国家"一带一路"战略的能力。重点参与了全国首个有色金属行业职业教育"走出去"试点工作，服务中国企业"走出去"，取得了许多开拓性的进展。

典型案例：

建设支撑中国建筑产业走出去的"一带一路鲁班工坊"品牌项目

探索在非洲赞比亚（Zambia）建立能力建设学院，面向企业员工和赞比亚社会民众开展培训、举办学历教育。2016年11月，学院完成赴赞教师院内选拔、赴赞教师架子工培训及考试，并完成架子工教学中英文讲义编写。2016年12月，第一批赴赞教师已开展对外培训工作，标志着"一带一路鲁班工坊"品牌建设项目进入了实质性的操作阶段。

教育部首批服务国家"一带一路"战略高职院校（启动签约现场）

5 服务贡献

5.1 服务产业

学院毕业生从业领域主要在建筑类或与建筑类相关的企业，是服务广东建筑产业的龙头高校。

5.2 服务新型城镇化

学院是服务新型城镇化建设的重要力量，毕业生就业范围主要在城镇。据统计，2016届毕业生就业区域主要集中在广东省内，共2 033人，占96.04%。在珠江三角洲区域内工作的毕业生占82.52%。

5.3 服务农业现代化

2015—2016年面向全省开设"建筑施工企业法人和项目经理安全轮训""三类人员安全管理继续教育培训"，并为全省农村开展"广东省农村危房改造质量安全管理培训"等政校合作专项培训，共实现培训约31 000人次。

5.4 服务中小微企业

学院2015届毕业生就业单位类型主要集中在民营企业/个体（79%），与本校2014届（80%）基本持平；就业于中外合资/外资/独资的比例为6%，略低于2014届。

5.5 培训服务

典型案例：
BIM工程中心开展技术培训，积极服务社会

承办全国BIM技术师资培训班，到2016年底，共举办BIM（建筑信息模型）技术师资培训3期，涵盖结构、设备等专业，参训教师来自全国30多所高职院校，共155人次。

BIM技术三期师资培训班成员合影

6 政策保障

6.1 政策引导扶持

与广东省住房和城乡建设厅等100多个单位保持紧密合作关系，并牵头成立了广东建设职业教育集团，形成了有效的"政行企校"合作办学体制机制。

6.2 专项实施

加强外引内培
全面提升教师队伍素质

近5年来共引进人才120人，建立了11个院级教学团队，3个省级教学团队。聘请了近数百名了解行业产业发展趋势、熟练掌握最新技术的企业行业一线技术人员担任兼职教师，形成了实践技能课程主要由具有相应高技能水平的兼职教师讲授的机制。

强内涵铸精品
增强专业核心竞争力

建成省品牌专业1个，省特色专业2个，省级精品资源共享课程9门，国家教指委精品课程1门。建成省级协同育人基地1个。建成中央财政支持的实训基地建设项目2个，省级财政支持的实训基地建设项目3个，省级大学生校外实践教学基地6项，获得省级教学成果奖2项。

强化校企合作
助力产教融合与协同创新

以推进产教深度融合为目标，探索并构建了"校企互动"的"五共"（共享智力资源、共同育人、共建实训基地、共建创新平台、共同发展）模式。

6.3 强化质量保证体系建设

以引入ISO 9000族标准，建立全面质量管理体系为基础，以内部审核和外部审核为主要诊断手段，持续不断地组织全方位审视诊断教学质量的相关方面，通过督学、督教和督管等方式不断改进教学工作，持续不断地提高教学质量。

图说广东水利电力职业技术学院（2017）高等职业教育质量年度报告

1. 年度亮点

2016年，学院亮点多多，硕果累累

- ✠ 我院被确定为广东省一流高职院校建设计划立项建设单位
- ✠ 我院入选国家发改委、教育部、人力资源和社会保障部"'十三五'职业教育产教融合工程规划项目"建设单位
- ✠ 我院思政部教师当选为全国十大教书育人楷模
- ✠ 广东省政府批准设立广东水利电力职业技术学院杰克逊国际学院
- ✠ 我院连续两届当选为中国水利职业教育集团理事会秘书长单位
- ✠ 我院2个专业被认定为省高职教育一类品牌专业，5个专业被认定为省高职教育二类品牌专业
- ✠ 我院"土力学"和"企业文秘英语"两门课程获得第一批"国家级精品资源共享课"称号
- ✠ 我院在第十届全国水利高等职业院校技能大赛中获得综合团体总分第二名和最佳组织奖
- ✠ 我院团委喜获"广东省五四红旗团委"荣誉称号
- ✠ 我院学子荣获2016年"挑战杯——彩虹人生"全国职业学校创新创效创业大赛三等奖
- ✠ 我院学子创业项目喜获创投资金10万元
- ✠ 我院学子荣获"挑战杯·创青春"广东大学生创业大赛金奖
- ✠ ……

2. 学生发展

职业技能培养

✠ 2016年，我院学生共有 4 165 人次参加了不同层次和类型的技能竞赛，获得 国家级 三等奖以上奖项近 50 个、省级三等奖以上有 120 多人次。

✠ 2016年，我院应届毕业生获得 职业资格证书 的人数为 3 433 人。

我院在第十届全国水利高职院校技能大赛中获得综合团体总分第二名和最佳组织奖。其中，在单项团体项目中，水利工程CAD、水利工程造价项目分别获得第一、第二名；在个人赛项中，共获得特等奖3个、一等奖3个。

 **培养效果与毕业生发展**

- 学生对母校满意度逐年上升
- 毕业生就业率多年高于全国骨干校平均水平
- 毕业生半年后的月收入逐年上升
- 毕业生工作与专业相关度多年高于全国骨干校平均水平
- 毕业生职业期待吻合度连续四届高于全国骨干校平均水平
- 毕业生创新能力总体满足度呈上升趋势
- 毕业生基本工作能力与全国骨干校平均水平持平
- 毕业生核心知识总体满足度与全国骨干校平均水平持平

案例：依托"创客空间"和"创客工作室"打造创业舞台

我院依托"创客空间"和"创客工作室"等实践平台，为拥有创业激情的学生打造实现梦想的舞台。2016年，在由共青团广东省委员会主办，广东省青少年事业促进中心、广东橘香斋陈皮有限公司承办，广东省青年创业就业基金会协办的广东省"互联网+"青年创业大赛的总决赛中，学院的"广州烁猫创业团队"过关斩将，成功跻身决赛，撰写的创业计划书《基于互联网+模式下的土特产营销方案》喜获创投资金10万元。

3. 教学改革

3.1 推进"创新强校工程"建设

体制机制建设与科研平台培育成效显著

纵向科研立项数量大幅增加，项目金额较2015年增长**204%**

专利申报和授权数量取得新突破，共计申请专利数量达**103**项，已获得发明专利授权**2**项，实用新型专利授权**43**项，外观设计授权**16**项

3.2 加强内涵建设

申报一流高职院校立项获得成功

专业建设与课程建设
- 2016年，我院2个专业被认定为省高职教育一类品牌专业，5个专业被认定为省高职教育二类品牌专业。
- 目前，全校共建成3门国家级精品课程、11门省级精品课程、7门教指委精品课程、2门国家级精品资源共享课程、23门省级精品资源共享课程、80门校级精品课程。

校内外实训基地建设
- 校内实训基地37个，包含实训（验）室168个。
- 校外实习实训基地271个，其中有省级高职教育实训基地7个、省级大学生实践教学基地6个。

实施"强师工程"
- 我院现有中专任教师533人，具有高级职称教师205人，具有博士、硕士学位教师347人，"双师"素质教师占专任专业教师比例的8.04%，兼职教师819人。
- 2016年，我院引进有企业实践经历、副高以上职称以及硕士以上学位教师31人，柔性引进高水平的技术技能人才4人；申报省教育厅领军人才培养对象3人、省级教学名师1人；申报省最优秀教学团队3支。

推进教学工作诊断与改进制度
- 加强学习宣传，营造质量文化氛围
- 多元化多层次，开展教学诊断工作
- 采取有效措施，促进教学改进工作

案例1：探索"准现代学徒制＋小班教学"的模式

我院建筑与环境工程系与广东申菱环境系统股份有限公司按照"准现代学徒制＋小班教学"的模式，合作开展建筑设备工程技术专业订单班工作。该订单班的人才培养实现了与企业职业岗位的"零距离"对接，订单班项目为师生提供了良好的教学实践平台，解决了合作企业对高素质技术技能人才的需求问题。目前，建筑设备工程技术专业已形成专业与产业需求、专业课程内容与职业标准、教学过程与生产过程、学历证书与职业资格证书、职业教育与终身学习等方面的对接，开展的申菱现代学徒制班和安装预算订单班已经运行了两三届，为申菱公司培养了30多名毕业生，取得了良好的效果。

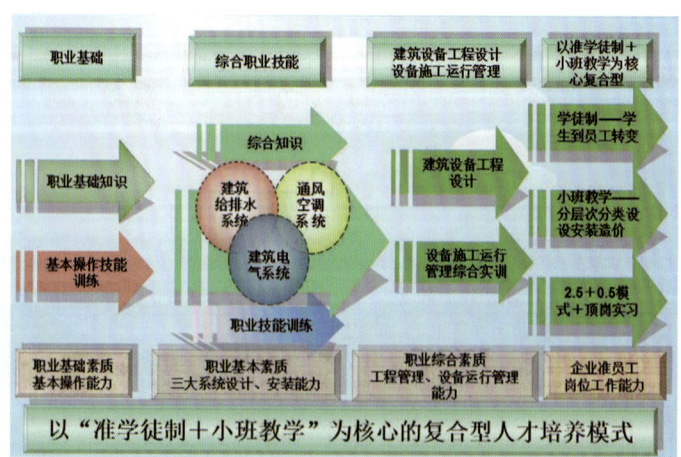

4. 服务贡献

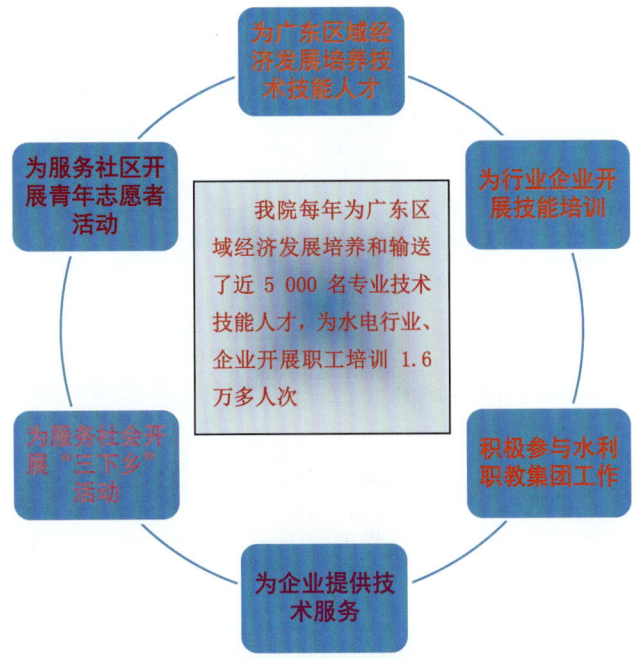

案例2：我院志愿服务项目荣获第三届全国志愿服务大赛银奖

在广东省水利厅团委的支持下，我院推送的特色志愿服务项目"广东水利电力职业技术学院'绿水良田小康梦'志愿服务行动"，以优异成绩进入全国总决赛，并荣获第三届全国志愿服务大赛银奖，成为我省获得此项荣誉的为数不多的高校之一。

5. 对外合作

多渠道开展中外合作项目

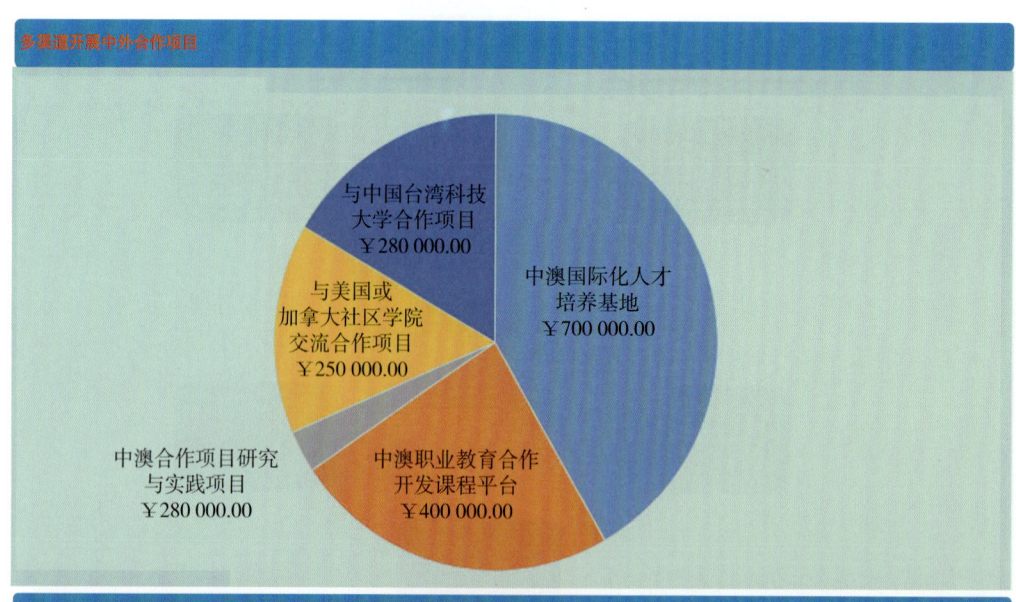

- 与中国台湾科技大学合作项目 ¥280 000.00
- 中澳国际化人才培养基地 ¥700 000.00
- 与美国或加拿大社区学院交流合作项目 ¥250 000.00
- 中澳合作项目研究与实践项目 ¥280 000.00
- 中澳职业教育合作开发课程平台 ¥400 000.00

中美合作办学取得新突破

大事记 Memorabilia

2015年5月	美国杰克逊学院副校长Rebekah Woods博士与文理学院院长Todd Butler博士开访了广东水利电力职业技术学院，两校签订合作备忘录（MOU）。
2015年9月	美国杰克逊学院与广东水利电力职业技术学院签订合作协议。
2015年9月底	美国广东水利电力职业技术学院向广东省教育厅提交设立广东水利电力职业技术学院杰克逊国际学院的申请。
2016年3月	广东水利电力职业技术学院杰克逊国际学院接受教育厅专家组进行实地考察评议。
2016年5月	广东省人民政府批准广东水利电力职业技术学院杰克逊国际学院的设立。
2016年10月	广东水利电力职业技术学院与美国杰克逊学院签署学分对接协议。

中澳合作办学成果显著

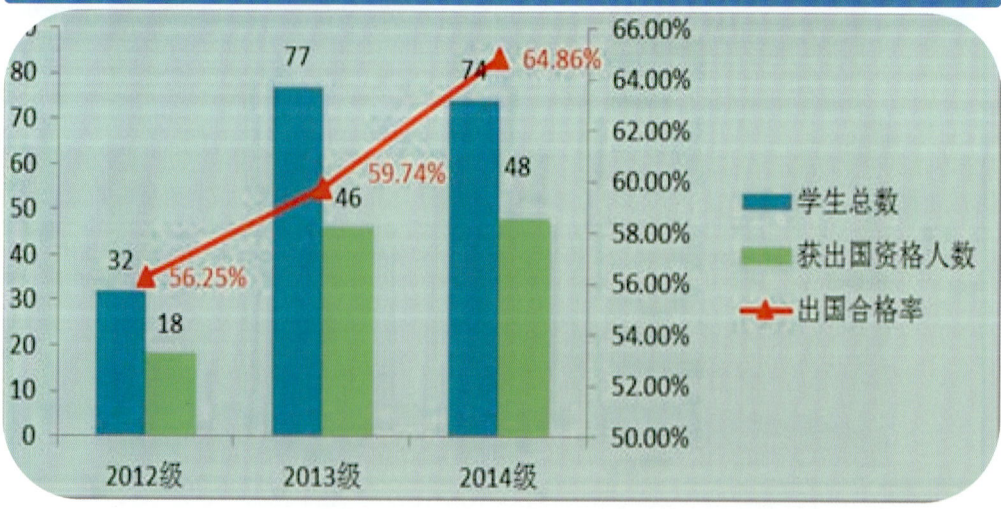

图说顺德职业技术学院（2017）
高等职业教育质量年度报告

1 学院概况 COLLEGE PROFILE

顺德职业技术学院是国家骨干高等职业院校、广东省示范性高等职业院校、广东省一流高职院校建设单位。学校环境优美、设施良好、制度健全、管理科学，是莘莘学子求学成才的理想之地。

办学理念

立足地方，以人为本，崇尚品位，办出特色

学校坚持"立足地方，以人为本，崇尚品位，办出特色"的办学理念，坚持"以贡献求支持，以服务求发展"，强化专业建设，加强队伍建设，大力推进协同创新，加快国际化、智慧化、市场化、法治化发展进程，努力把学校建设成为有国际影响、国内一流的高职院校。

发展规模

占地面积1.17平方千米。全日制在校生数15 714人

顺德职业技术学院坐落在珠江三角洲腹地佛山顺德，占地面积1.17平方千米（1 749亩）。2016年全日制在校生数15 714人。学校先后获得"全国职业教育先进单位""全国绿化模范单位""全国节能型公共机构示范单位"等荣誉称号或奖励。

获奖情况

2005—2016年学校建设部分获奖情况

级别	类别	获奖时间
国家级	优秀成绩通过教育部高职院校人才培养水平评估	2005
	全国职业教育先进单位	2008
	国家重点培育高职院校建设	2008—2010
	全国绿化模范单位	2010
	国家骨干高职院校建设（第一批）	2010—2013
	国家节约型公共机构示范单位	
省级	广东省高技能人才培养先进单位	2007
	广东示范性高等职业院校建设（第一批）	2009—2013
	广东省教育系统后勤工作先进集体	2014
	广东省安全文明校园	2015
	广东省节能型示范高校	2015
	广东省依法治校示范校	2015
	广东省创新创业教育示范学校	2016
	广东省一流高职院校建设单位	2016
其他标志性荣誉	首批全国职业院校文化素质教育基地建设单位	2016
	首批全国职业院校创新创业教育基地建设单位	2016
	高等职业院校服务贡献 50 强	2016

2 学院目标
COLLEGE GOAL

顺德职业技术学院将一流高职院校建设的目标定位为：建成国内一流、世界有影响的高职院校；成为中国高职院校走向国际的重要代表。

一流高职院校建设单位

根据广东省教育厅公示名单，学院被确定为18所立项建设单位之一，并且在18个单位中名列第三。

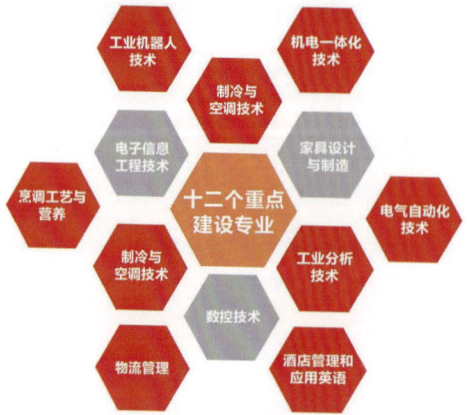

3 学院亮点（一）
COLLEGE POINT ONE

加强创新创业教育，教育教学改革和人才培养质量不断提高

（1）学校全面推进创新创业教育，学校入选首批全国职业院校创新创业教育基地建设单位，并被评为广东省创新创业教育示范学校。

（2）政校企行合作标志性成果初显

①与容桂总商会、容桂餐饮行业协会举行职业教育战略合作签约仪式，共建"厨艺与服务实训合作基地"。

②积极促进和推动与香港盈信富星地产集团有限公司的教学酒店校企合作项目。

③与中国联塑集团共建"顺大—联塑学院"。

④与顺德伍仲珮纪念医院就心理健康教育达成合作。

⑤与郑敬诒职业技术学校、佛山市顺德区珠宝首饰商会三方协同共建珠宝学院，并依托珠宝学院成功开办"首饰设计与工艺"专业，开展中高职衔接。

4 学院亮点（二）
COLLEGE POINT TWO

品牌专业建设

专业建设取得新突破。在广东省首批品牌专业申报中，学院申报的2个一类品牌专业和7个二类品牌专业均获立项。

我校首批获立项品牌专业

序号	所属二级学院名称	专业名称	项目类型	项目负责人
1	机电工程学院	制冷与空调技术	品牌专业	余华明
2	设计学院	雕刻艺术与家具设计	品牌专业	孙亮
3	机电工程学院	数控技术	特色专业	覃岭
4	电子与信息工程学院	工业机器人技术	特色专业	操建华
5	酒店与旅游管理学院	烹饪工艺与营养	特色专业	陈健
6	医药卫生学院	康复治疗技术	特色专业	张志明
7	应用化工技术学院	应用化工技术	特色专业	周强
8	电子与信息工程学院	电子信息工程技术	特色专业	宋玉宏
9	人文社科学院	社会工作	特色专业	凌远清

资源库建设

在广东省首批省级专业教学资源库申报中,学院家具设计与制造、工业分析技术和电子信息工程技术专业3个项目获得立项(全省仅立项10项)。

其中家具设计与制造专业还被广东省推荐申报国家级专业教学资源库,并最终成功获得国家级立项。

5 学院亮点（三）
COLLEGE POINT THREE

人才培养水平不断提高,学生在各级技能、文体竞赛中成绩优异。

我校同学多次获奖

在第十届全国高职高专"发明杯"大学生创新创业大赛中,学院的44件参赛作品在全国54所高职高专院校的1 319件作品中脱颖而出,取得了历史性佳绩,荣获全国一等奖5项,二等奖20项,三等奖19项,优秀指导老师10名,组织工作先进个人1名,并获全国"发明杯"优秀组织奖（10所学校）与"全国高职高专院校发明教育基地"荣誉称号（10所学校）。

在2016年"挑战杯——彩虹人生"广东职业学校创新创效创业大赛中,学院获特等奖2项、一等奖4项、二等奖8项、三等奖5项,并获全国总决赛一等奖1项。

在2016年"挑战杯——创青春"广东大学生创业大赛斩获3银11铜,获奖数量创历史新高。

在2015年广东省大学生田径锦标赛中,学院共获冠军15人次、亚军4人次、季军6人次。在单项比赛中,成功卫冕女子丙组总分第一、男子总分第一和团体总分第一。

在2016年广东省大学生游泳锦标赛中,学院游泳队蝉联总冠军。

学院2015—2016年度学生获奖情况

竞赛级别	竞赛名称	获奖级别
国家级	2015年第十届全国高职高专"发明杯"大学生创新创业大赛	一等奖
国家级	2016年"挑战杯——彩虹人生"广东职业学校创新创效创业大赛	一等奖
国家级	华夏术风采系列活动"圆梦中华艺术之星"北京站（决赛）	金奖
国家级	"美丽校园·亚洲青少年艺术盛典"北京总决赛	金奖
国家级	全国葫芦丝专业 邀请赛	金奖
国家级	圆梦中华·艺术之星国际艺术文化交流展演活动全国总决赛	金奖
国家级	2015年全国暑期"三下乡"社会实践活动	优秀团队
省部级	中国山东临沂第二届全国葫芦丝邀请赛	金奖
省部级	2016年"挑战杯——创青春"广东大学生创业大赛	铜奖
省部级	2016年"挑战杯——彩虹人生"广东职业学校创新创效创业大赛	特等奖
省部级	2016年"挑战杯——彩虹人生"广东职业学校创新创效创业大赛	一等奖
省部级	2016年"挑战杯——彩虹人生"广东职业学校创新创效创业大赛	二等奖
省部级	广东省第九届大中专文体艺术节校园舞蹈大赛第四赛区	二等奖
省部级	2016年"挑战杯——彩虹人生"广东职业学校创新创效创业大赛	三等奖
省部级	广东省第九届大中专文体艺术节之十大歌手大赛第四赛区	三等奖
省部级	广东省第四届大学生文化艺术展演艺术竞演类赛项	三等奖5项
省部级	广东省国际公开舞邀请赛	团体总分季军
省部级	香港荷花杯国际公开舞邀请赛	团体总分季军
市级	华夏术风采系列活动"圆梦中华艺术之星"广州站（初赛）	金奖
市级	2015年广州番禺职业技术学院高校街舞交流赛	亚军
市级	佛山市南海区桂城街舞邀请赛crew battle	亚军
市级	广东科学技术职业学院广州学院十大高校交流赛精舞门	4强
市级	广东科学技术职业学院广州学院十大高校交流赛精舞门	4强
市级	佛山市第八届校园文化节之街舞挑战赛	8强
市级	2015珠海轮入道高校街舞交流赛popping 1 on1	32强
市级	2015年番禺喜悦天地街舞争霸赛	32强
校级	南方医科大学Dance For Your Heart齐舞交流赛	第四名

6 学院亮点（四）
COLLEGE POINT FOUR

整体科研水平及社会服务能力再上新台阶

1. 高层次纵向项目收获颇丰

周彝馨老师获得2016年国家自然科学基金项目立项，吴治将、李改、唐本钦三位老师获2016年广东省自然科学基金项目立项，学院徐言生教授等与广东万和新电气股份有限公司联合申报的"多能复合热水系统优化节能关键技术及应用"获得国家火炬计划项目。

2. 科研成果成绩喜人

获得2015年广东省机械工业科学技术奖一等奖1项、三等奖1项。与企业合作获得2015年度广东省科技进步奖二等奖1项、三等奖1项。与企业合作获得2015年度国家轻工业联合会科技进步一等奖1项。

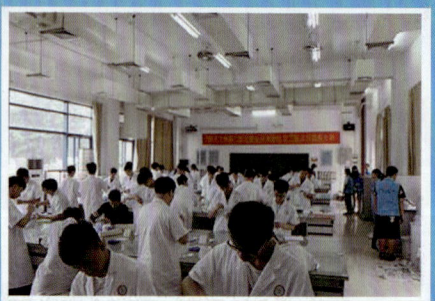

3. 服务地方社会能力增强

共获横向科研项目立项25项，其中10万元以上的项目5项，到账经费共146.62万元。"顺德区知识产权人才培育服务机构建设"等3个项目获佛山市科技创新科研平台立项，共获资助经费130万元。继顺大公司上半年完成各类职业培训11 596人次，为校内学生及社会人员2 533人提供了职业技能鉴定考试。

7 学院亮点（五）
COLLEGE POINT FIVE

对外合作的广度和深度得到拓展

围绕学校国际化发展战略，依据二级学院办学条件和专业发展需求，拓展了国际合作伙伴关系。与韩国庆北专门大学签订了校际友好合作协议，与加拿大卡纳多学院、英国奇彻斯特大学达成开展校际教育合作的意向。与英国Westminster Kingsway学院、曼谷吞武里大学亚洲艺术学院、新西兰维特利亚理工学院、泰国素林职业学院、加拿大NorQuest学院等国外高校达成了教育合作意向，与曼谷吞武里大学亚洲艺术学院签署友好协议。

与我国台湾南荣科技大学、台湾远东科技大学达成教育合作意向。

案例

学院学子在2015澳大利亚TAFE市场营销国际竞赛中喜获佳绩

2015年，中外合作办学TAFE项目获澳大利亚北悉尼学院组织的市场营销专业大赛第1名及第4名。

2015年澳大利亚TAFE市场营销方案国际竞赛中，合作办学专业学生在项目中获得了对他们未来职业发展具有长远影响的竞争优势：国际化的视野、良好的英语、专业的技能以及优良的职业素养。

本次获奖，展现了国际合作办学专业学生的实力，是在学校国际化发展方向指导下取得的又一成果。

图说广州民航职业技术学院（2017）
高等职业教育质量年度报告

学院概述

广州民航职业技术学院是民航内最早独立设置实施高等职业教育的全日制公办普通高等院校，有着30多年的办学积累和发展，与行业发展同舟共济、相生相伴。1994年被教育部确定为全国首批10所试办五年制高职教育的学校之一；1999年经教育部、民航局批准升格为广州民航职业技术学院；2007年被确定为国家示范性高等职业院校建设单位；2010年被教育部、财政部确定为国家示范性高等职业院校，进入全国高等职业院校领军行列，是全国100所、广东省4所之一以及民航唯一一所国家示范性高等职业院校；2013年成为民航局与广东省"省部共建"院校；2016年被广东省教育厅、财政厅确定为广东省一流高职院校建设计划立项建设单位。

机场路校区　　　白云机场校区

办学定位与特色

01 依托行业 谋发展

02 整合行业资源 校企共建共享 民航特有专业 公共实训平台

03 产教融合 培养具有国际视野的"双师"教学团队

04 将民航文化 行业作风 融入校园文化

学生发展

学子喜获佳绩

学院航模队2016年中国国际飞行器设计挑战赛暨全国航空航天模型公开赛中，使用自行设计和组装的模型飞机参加电动滑翔机和模拟空战两个项目的角逐，在模拟空战项目勇夺第四名。

重视专业教育

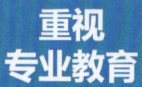

学院始终坚持职业教育类型的办学定位，在全国率先提出并实施了基于行业标准的技术技能人才培养模式，78%以上的毕业生在民航相关岗位就业，遍及全国各航空公司、机场和空管部门，深受民航企业欢迎。

优秀毕业生

2016年4月，学院优秀毕业生李辉，作为南航参加在美国举办的第九届国际飞机维修技能大赛的5位参赛选手之一，和队员们一起荣获了国际组总成绩第一名、商业航空组总成绩第三名和大赛总排名第四名的优异成绩，他个人荣获了两项冠军，同时获得大赛笔试和飞机导线制作两项单项成绩第一名的佳绩。

毕业生就业质量

2016年毕业生初次就业率达**92.83%**，专业对口率和平均起薪均有较好的表现。飞机机电设备维修、飞机结构修理、航空电子设备维修、航空地面设备维修、通用航空器维修等民航特有专业对口率均超过90%。

2015年全校毕业生平均起薪远高于广东省专科院校2 646元，甚至高于广东省本科院校3 439元。

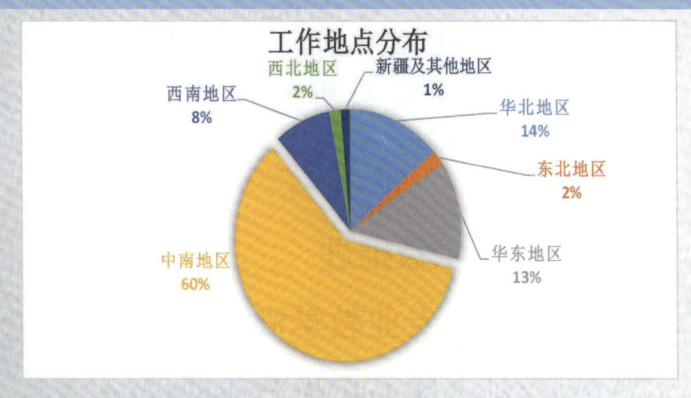

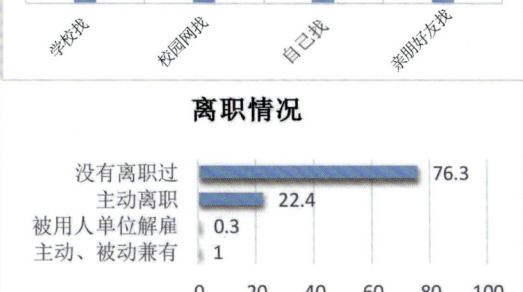

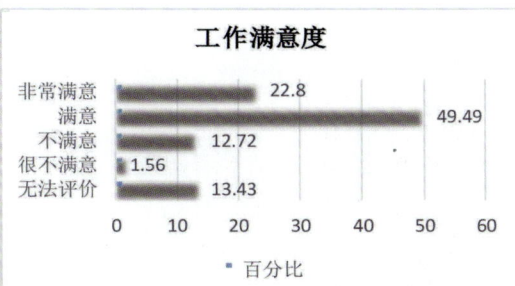

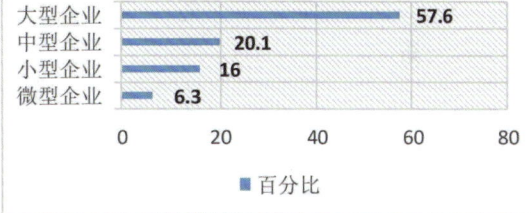

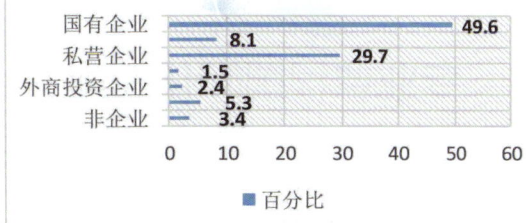

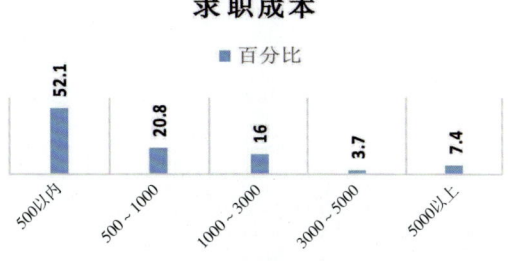

教学建设

产教融合

建成校内实践基地66个，校外实习实训基地205个，其中：中央财政支持实训基地2个，省级实训基地5个，省级公共实训中心1个，省级大学生校外实践教学基地6个。

学院成功实践"校中厂"，连续两年在全国职业技能大赛"飞机发动机拆装调试与维修"赛项中蝉联一等奖。

教学资源建设

积极推进
✓ 专业教学资源库建设
✓ 精品在线开放课程
✓ 精品资源共享课建设

专业课程国际化

借助国际合作项目，加强专业内涵建设和师资队伍建设；聘请了9名外教来校授课，实施"双语"教学，建设国际品牌专业。

积极探索与国外通航企业的协同合作，培养具有国际竞争力的通航维修技术技能人才。

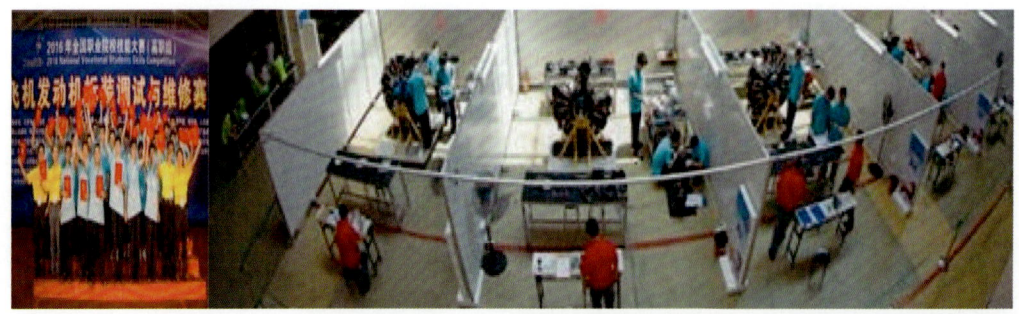

专业建设成效

- 在全国率先制定飞机电子设备维修民航特有专业教学标准
- 已建成261门校级网络课程
- 2门课程进入国家级精品资源共享课立项项目
- 10门课程通过遴选获得省级精品资源共享课立项
- 2016年广东省高职教育专业教学资源库建设项目：飞机机电设备维修专业教学资源库
- 2016年广东省高职教育精品在线开放课程建设项目：空气动力学基础与飞行原理
- 2016年广东省高职教育公共实训中心项目：民用航空器维修公共实训中心
- 2016年广东省二类品牌专业建设项目：飞机结构修理
- 2016年广东省一类品牌专业建设项目：飞机机电设备维修

对外合作

国际合作办专业

学院现有国际合作办学专业6个，在校生人数近5 000人。

- 2016年，有29名学生赴加拿大合作院校深造学习。

培养国际化人才

建立国际化师资队伍

加强境外文化交流

搭建职业教育"立交桥"

学院与美国西敏学院签署了机场运行与管理专业"3+2"本科教育合作协议。根据双方互认学分的协议，如果学生的托福成绩达到80分及以上，在美国西敏学院再修两年的课程即可获得由国际航空课程认证委员会认证的航空管理学士学位。在西敏学院毕业后，既可在航空界就业，也可继续申读管理类硕士研究生。

注重老师培训交流

2016年，选派了6批次12名教师赴国（境）外学习交流，邀请外国专家到学校开设培训班。

2016年10月，刘文兰老师前往加拿大蒙特利尔执行1～2年的派驻任务，借调岗位为行政局语言部同声传译/笔译。

响应国家"一带一路"战略

学院与斯方院校的合作教育项目是斯方院校首个留学中国项目，也是斯里兰卡教育机构中少有的成功案例。

2011年至今，斯里兰卡53名毕业生分别就业于斯里兰卡航空公司、卡塔尔航空公司、马累航空公司、斯里兰卡空军等。

A 打造行业品牌培训

学校以拥有的飞机维修、服务礼仪、安全检查为主的民航特色专业为基础，开发符合受训方需求的特色课程模块，拓宽继续教育品牌培训项目，增强社会服务的辐射力。

B 提升科技服务能力

围绕行业和社会的需求，开展技术研发和技术服务。2016年共获得19项纵横向项目，项目经费达39.2万元，其中获得2项广东省自然科学基金项目。2016年获国家授权发明专利3项，发表论文218篇，其中核心期刊44篇。

01 专项实施

- "飞机发动机拆装调试与维修"赛项经费**100万元**
- 危险品航空运输实训中心建设经费**746万元**

02 质量监控与评价

- 做好常规教学质量评价
- 开展民航运输专业第三方诊断

03 经费投入

2016年生均拨款标准达到8 800元/（人·年），学校已申请2017年按12 000元/（人·年）的标准核拨财政拨款并获上级财政部门同意。

图说广州铁路职业技术学院（2017）高等职业教育质量年度报告

学院概况

学院以培养轨道交通、铁路等特有专业人才为特色。2016年通过验收成为国家骨干高等职业院校，成为广东省一流高职院校立项建设单位。

学院先后获"全国职业院校就业竞争力示范校""全国德育管理先进学校""广东省普通高校毕业生就业工作先进集体""广州市依法治校示范校""广州志愿服务先进集体"等荣誉。

1.1 办学定位

坚持发挥广州市政府办学和轨道交通行业背景的双重优势，立足广州，服务华南，辐射全国，依托轨道交通行业，为区域经济社会发展、产业结构调整与升级培养高素质技术技能人才。

1.2 发展规模

设有轨道交通学院、机械与电子学院、运输物流管理学院、经济管理系、信息工程系、应用外语系等9个二级教学单位，开设城市轨道交通车辆、电气化铁道技术、城市轨道交通运营管理等34个专业。现有全日制在校生7 798人，专任教师359人，高级职称占30.36%。至2020年，办学规模达12 000人；对接轨道交通产业链集约建设6～8个专业群，轨道交通类专业达45%以上。

学生发展

2.1 生源结构及质量

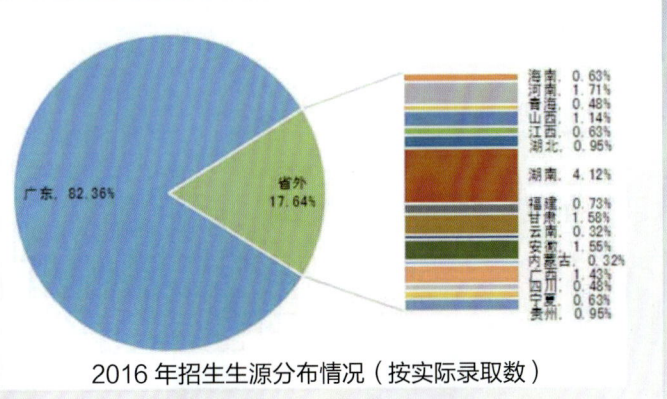

2016年招生生源分布情况（按实际录取数）

2.2 毕业生就业质量

2016届毕业生为3 004人，毕业生初次就业率达99.27%，高出全省本专科毕业生初次就业率4个百分点。其中有2 137名毕业生实行订单培养，占毕业生总数的71%。毕业生91.2%在广东省就业，88.9%在珠江三角洲区域就业，56.7%在广州市就业。

毕业生就业竞争力显著增强，毕业生月收入水平连续4年上涨，且持续高于全国骨干校平均水平。

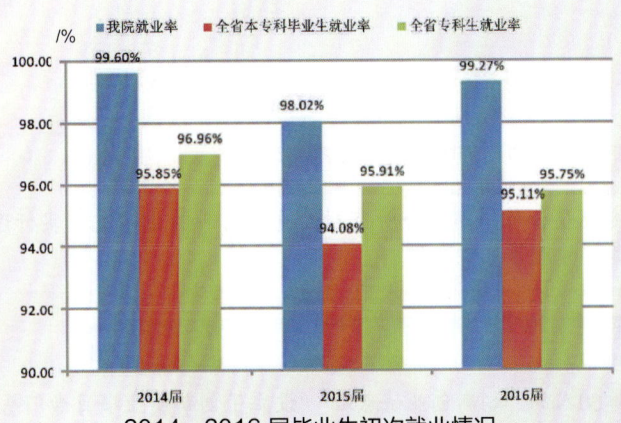

2014—2016届毕业生初次就业情况

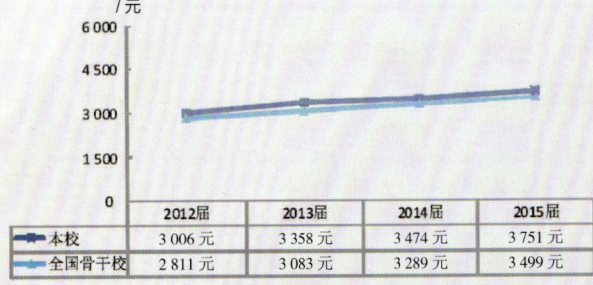

月收入变化趋势

数据来源：麦可思《广州铁路职业技术学院应届毕业生培养质量评估报告》（2016）

2.3 学生在校体验

参加春运志愿服务，锻造学生职业素养

2016年3 500多名学生参与春运，遍及全国10条运行线路，为广州地区实现平安有序春运做出了突出贡献。

学生誓师参加2016年广州春运志愿服务

创新学生社团活动，提升社会实践能力

案例：优秀毕业生弘扬"工匠精神"，践行精益求精校风

学院2014年"全国五一劳动奖章"获得者徐志标等毕业生代表，深入校园开展"工匠精神"进校园主题系列教育宣传活动，充分发挥了校园文化的育人功能，传承弘扬了"工匠精神"。

"全国五一劳动奖章"获得者徐志标在实训现场给同学们上课

2.4 自主创业和创新发展

成立创新创业学院，培养创新创业师资

学院校企合作组建混合所有制性质的创新创业学院，实行理事会管理制，统筹负责创新创业教育教学、实践、服务、管理等日常工作。

组班开展自主创业，创新创业大赛创佳绩

组建30人的"创新创业试点班"设立了创新创业项目专门基金和创新创业奖学金；在全国"发明杯"大学生创新创业大赛、"挑战杯·创青春"广东大学生创业大赛等获国家级奖项16项、省部级奖项38项。

案例："五四"机制建设"学·赛·研·培"一体"双师工作室"

学院依托专业实训室，深化由学院名师与企业能人姓名联合冠名的31个"双师工作室"建设，逐步完善管理办法，每年设立专项建设经费开展专项考核激发工作室建设动力，形成工作室建设的"五四"长效机制（见图6），开辟了人才培养"学·赛·研·培"四位一体的新道路。

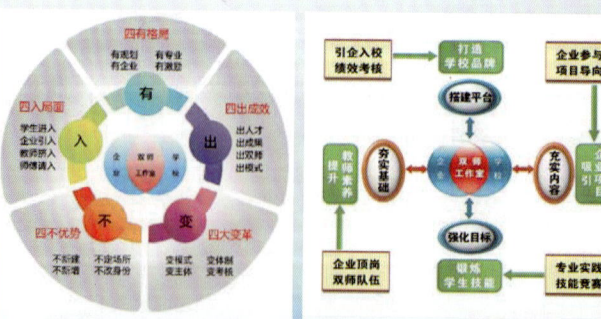

"五四"长效机制图

教学改革

3.1 优化专业结构，深化人才培养模式改革

打造品牌专业，提炼专业特色

重点打造铁道供电技术等7个省一流高水平建设专业，以及城市轨道交通运营管理等6个省级品牌专业。

校企深度融合，推进现代学徒制试点改革

学院作为国家首批现代学徒制试点单位，5个专业与合作企业开展"现代学徒制"人才培养试点改革，形成的成果在教育部首批现代学徒制试点工作经验交流活动上，向全国的兄弟院校展示和推广。

现代学徒制试点专业基本情况一览表

专业名称	合作企业	招生类别	试点级别
计算机应用技术	国家数字家庭应用示范产业基地	自主招生 中职/高中	教育部
铁道供电技术	通号（长沙）轨道交通控制技术有限公司	自主招生 高中	教育部
机电设备维修与管理	广州南车城市轨道装备有限公司	自主招生 中职	省教育厅
旅游管理	正佳万豪酒店	自主招生 中职/高中	省教育厅
应用电子技术	天马微电子有限公司	自主招生 中职	省教育厅

案例：政校行企四方联动共推现代学徒制

学院承办教育部首批现代学徒制试点工作交流活动并推广经验

3.2 企业牵头成立学院理事会，依法治理促进产教深度融合

率先成立的广州市属高校首个理事会学院理事会，取得了一系列成果：牵头成立了广东省轨道交通技术协同育人中心；中兴通讯ICT行业创新基地获教育部立项；新增合作企业12家，共同建设产学研用平台8个，与广州城市轨道交通培训学院、广州地铁集团有限公司等企业签订了设备捐赠、人才共育、平台建设三类七项校企合作协议，培育广州市轨道交通产学研协同创新平台及科研团队，推进政、校、行、企合作办学合作育人。

3.3 加强"双师"队伍建设，提升人才培养质量

借力高层次人才引进新政策，引进高水平教师

2016年获得广州市政府提供高层次人才引进专项资金250万元，借力广州市高层次人才引进新政策，共引进高水平专任教师15人。学院与合作企业成立了轨道交通装备研究所等8个研究机构，促进教师科研能力的提升。

深化校企合作，打造高水平兼职教师队伍

广州市政府提供兼职教师队伍专项建设资金250万元，聘请167名兼职教师来校任教，兼职教师讲授专业课比例达到21.26%。

3.4 加强信息化资源建设，提高信息化管理水平

学院满足各校区高速共享本部数字资源的需求，实现了校务管理的信息化和智能化，数字化学习资源中心平台日均点击量过万次。

3.5 夯实实训基地建设，注重服务技能提升

学院先后与226家企业签订合作协议，建成校内实训基地（室）165个，校外实习实训基地106个。校内实训场地面积72 678.49平方米，教学、科研仪器设备固定资产总值16 807.24万元，教学仪器设备总数12 216台/套。合作企业接收顶岗实习学生6 885人次，接收应届毕业生就业2 024人。

对外交流合作

4.1 对外交流合作多方位

先后有5个来自芬兰、日本、老挝和中国台湾的来访组。教师出访了芬兰、瑞典、新西兰、韩国、以色列和俄罗斯等国家。

4.2 港澳台交流合作对轨道

为香港铁路有限公司开设20名在职职工的铁路接触网中级培训班，组织7名学生赴台湾佛光大学交换学习。

服务贡献

5.1 打造技术开发平台，提升四技服务能力

学院联合企业申报了广州轨道交通系统装备安全与智能技术重点实验室，获得广州市首期资助200万元。全年共为珠江三角洲区域内行业企业提供技术开发、技术转让、技术咨询和技术应用项目7项，服务到账经费总数29.97万元，获得国家专利授权68项。学院开展纵向科研项目36项，到账经费331.13万元，为合作企业培训员工23 641人次。

5.2 面向轨道交通行业，实施技能培训与鉴定

学院2016年组织企业培训班122个，培训7 889人次，新开发培训项目9个，培训总收入710多万元，比2015年增长36.54%。

5.3 对接轨道行业高校，开展成人学历教育

学院与广州铁路（集团）公司、广州市地下铁道总公司等单位联合开展成人学历教育，目前，学院成人大专在校生人数2 053人，比2015年增长104.6%。

经费投入

2015年度学院教育经费总收入达22 099.54万元，比上一年度增长10.35%。

广州市政府支持学院用于高等职业发展的经费共计达11 939.82万元，年生均财政拨款达到1.53万元，比2014年增长0.07万元，增幅4.8%。

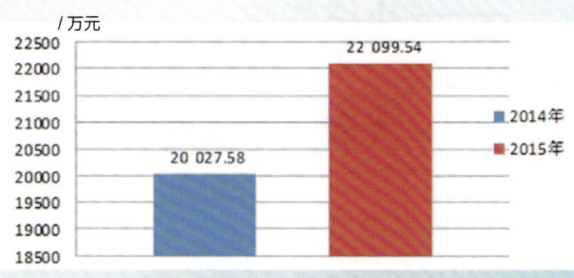

年度收入对比图

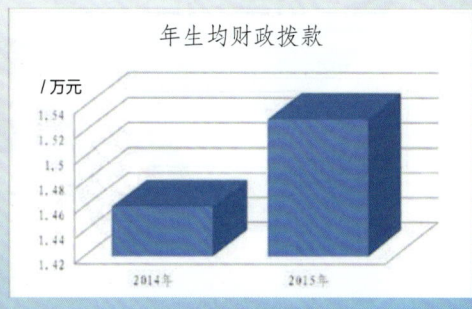

年生均财政拨款增长图

图说中山职业技术学院（2017）
高等职业教育质量年度报告

[1 办学特色]

1.1 专业镇产业学院

学校、专业镇政府和企业三方合作创办了5所专业镇产业学院，分别是：古镇灯饰学院、小榄学院、沙溪纺织服装学院、南区电梯学院、大涌红木家居学院，还成立了中山市首个"互联网+"产业学院——艺术设计学院家造网学院。产业学院根植于产业园区，专业产业无缝对接，大大提升专业服务产业能力。

1.2　多类型工作室制

多类型工作室制人才培养模式出成果。学校成立了大师工作室、教师工作室、企业工作室和学生工作室等多种类型的工作室。目前拥有5间大师工作室、62间教师工作室、16间企业工作室、10间学生工作室

5间	62间	16间	10间
大师工作室	教师工作室	企业工作室	学生工作室

1.3　一镇一品一专业

学校于2006年6月正式挂牌成立，2013年11月被确定为广东省示范性职业院校建设单位，2016年11月被确定为广东省一流高职院校建设单位。学校紧贴中山经济结构特点，实施"一镇一品一专业"专业布局，建成5大专业群。

区镇名	产业	专业
古镇镇	灯饰	灯具设计及工艺
南区	电梯	电梯维护与管理
港口镇	游戏游艺	动漫设计与制作
民众镇	物流运输	物流管理
南头镇	家电	电子信息工程技术
东凤镇	小家电	电子信息工程技术
火炬区	电子信息	电子信息工程技术
火炬区	装备制造	数控技术
火炬区	健康医药	精细化学产品生产技术
大涌镇	红木家具	雕刻艺术与家具设计
沙溪镇	服装	服装设计
黄圃镇	食品	工业分析与检验
阜沙镇	精细化工	精细化学产品生产技术
南朗镇	旅游	旅游管理
小榄镇	五金	模具设计与制造

中山市"一镇一品"产业与学校专业布局

[2 学生发展]

2.1 就业质量

2015年学校毕业生就业率高达99.53%，位居全省高职院校第一，2016年毕业生就业率名列全省第三。 毕业生初次就业月收入、理工农医类专业相关度、母校满意度和雇主满意度稳步提升，毕业生基本工作能力高于全国高职平均水平。

2015年就业率
99.53%
全省高校第一

2016年就业率
名列全省第三

2.2 在校体验

学校2015届毕业生对母校各项工作的满意度均有提升，其中学生工作满意度、教学工作满意度和生活服务满意度也较高。毕业生知识满足度均高于全国高职平均水平。2013—2015届毕业生创新能力总体满足度呈现上升趋势。

李善美同学获2016年全国职业院校技能大赛一等奖

2.3 职业发展能力

2013—2015届学生毕业三年后月收入呈增长趋势，六成毕业生实现了职位晋升，两成左右毕业生实现了学历提升，呈现出较为强劲的职业发展能力。

2.4 自主创业

本校2014—2015届毕业生半年后自主创业的比例保持稳定。**2012—2013届毕业生三年后自主创业率分别达到6.4%、5.3%**，学校毕业生自主创业发展趋势后劲十足。毕业生抱团创业，年营业额超亿元。

学校吴建新校长看望张湧明创业团队

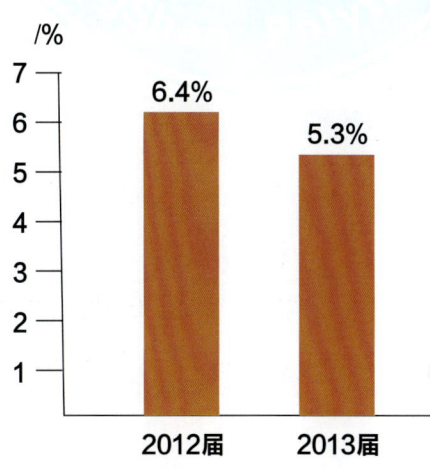

毕业生三年后自主创业率

[3] 教学改革

3.1 专业建设成效显著

根植地方经济，专业嵌入产业。**学校拥有35个专业。其中，省级以上重点建设专业15个，学校省级以上重点建设专业占比达44%。**中外合作办学专业2个，专升本联合培养专业2个。拥有古镇灯饰学院、沙溪服装学院等2个省级协同育人平台。

3.2　人才培养模式创新结硕果

学校成立了大师工作室、教师工作室、企业工作室和学生工作室等多种类型的工作室，大力践行工学结合的人才培养模式，培养出不少技术过硬的高职学生，在各种省级、国家级的职业技能大赛中斩获多项大奖。**2016年获得省赛一等奖8项、二等奖17项，三等奖16项；国赛一等奖1项、二等奖3项；还培养出一位"广东十佳服装设计师"。**

王荣老师荣获"广东十佳服装设计师"称号

省级、国家级的职业技能大赛斩获多项大奖

- 8项 省赛一等奖
- 17项 省赛二等奖
- 16项 省赛三等奖
- 1项 国赛一等奖
- 3项 国赛二等奖

3.3　课程改革深入推进

领衔国家教学资源库

2016年由电梯工程技术专业牵头，联合广东交通职院、广东菱电电梯公司等，共同开发建设的教学资源库获得教育部立项，并获500万元经费支持。

着力实训基地建设

学校建有196个校内实训基地，涵盖了校内所有专业。2016年学校新增3个校内实训基地获省教育厅质量工程建设项目立项。目前，学校与154家企业建立稳定的合作关系，建设了293个校外实践教学基地。

学生教学满意度高

据麦可思调查数据显示，2015届毕业生对母校教学满意的人数占比为88%，该数据已连续4年保持在88%以上，高于全国高职平均水平。

3.4 师资队伍德艺双馨

学校大力实施"能工巧匠落户工程""教学名师培养工程""专业骨干培优工程""教师转型提升工程"引进大师名师、职教专家、企业技术骨干等，构建了一支专兼结合、素质优良、结构合理的教学团队。学校素质教育中心曹峰副教授入选2015年度"广东省培养高层次人才特殊支持计划"青年文化英才，学校成为本年度20家入选单位中唯一一所高职院校。

4 社会服务

学校根据中山市的社会经济发展需求，从多方面服务中山市的产业升级、新型城镇化建设和中小微企业发展。

4.1 毕业人才服务

2016年学校毕业生生源地比重最高的是中山市，占36.62%。其中，已就业毕业生中，回生源地就业人数1 292人，回生源地比重47%；其中中山市回生源地928人，回生源地比重92.06%。

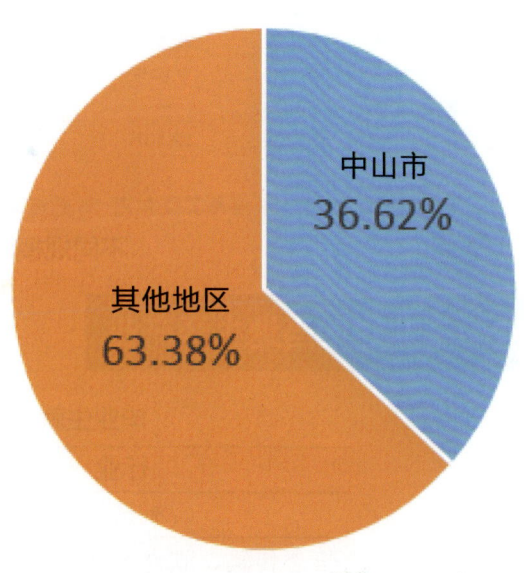

毕业生生源地区占比情况图

毕业生就业首选当地

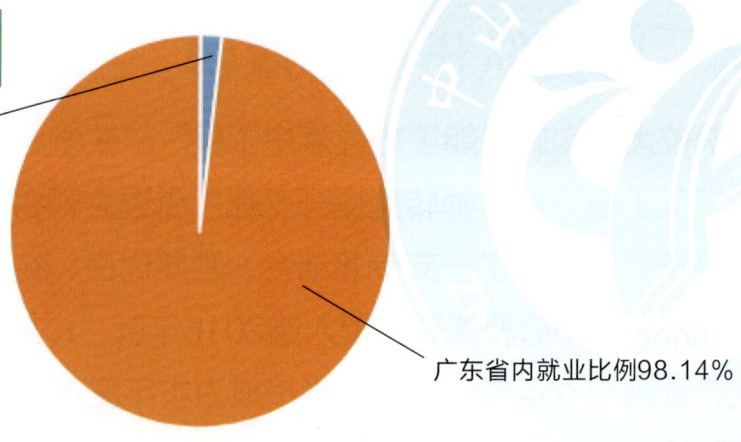

毕业生就业首选当地分布图

毕业生就业面向中小微企业

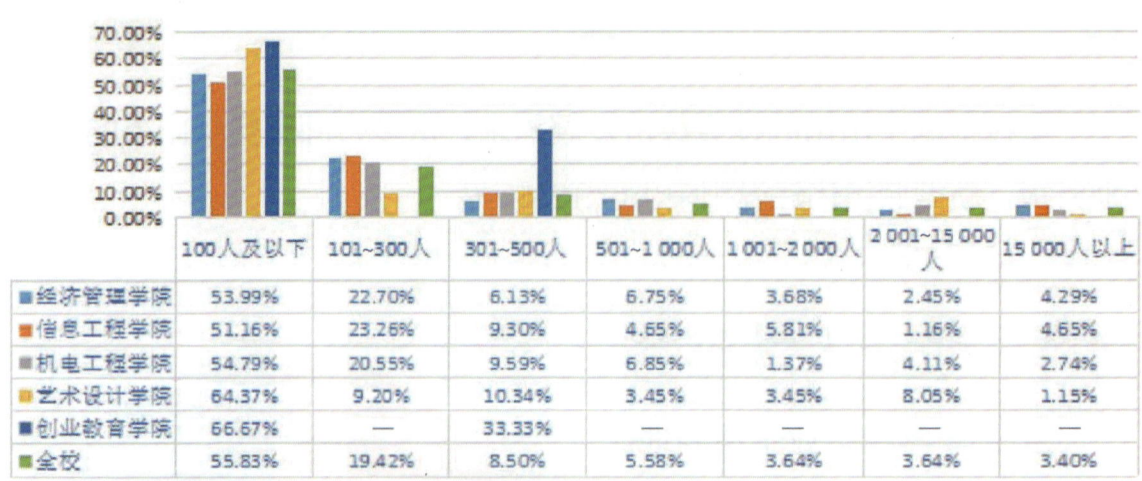

不同规模用人单位占比情况

毕业生就业对接当地主要产业

毕业生就业单位行业分布表

行业	人数/人	比重/%
制造业	985	35.83
信息传输、软件和信息技术服务业	345	12.55
批发和零售业	309	11.24
租赁和商务服务业	242	8.80
文化、体育和娱乐业	113	4.11
居民服务、修理和其他服务业	112	4.07

4.2 应用技术服务

学校搭建政、校、企高效协作的"产学研园"。产学研园拥有技术研发与服务、产教合作、创新创业孵化三大功能平台，依托1个市级研究院、4个重点大学研究院和7个市级研究所(中心)，引进数个企业研发中心。与广东硕泰智能装备有限公司等共建中山市智能制造协同创新中心。

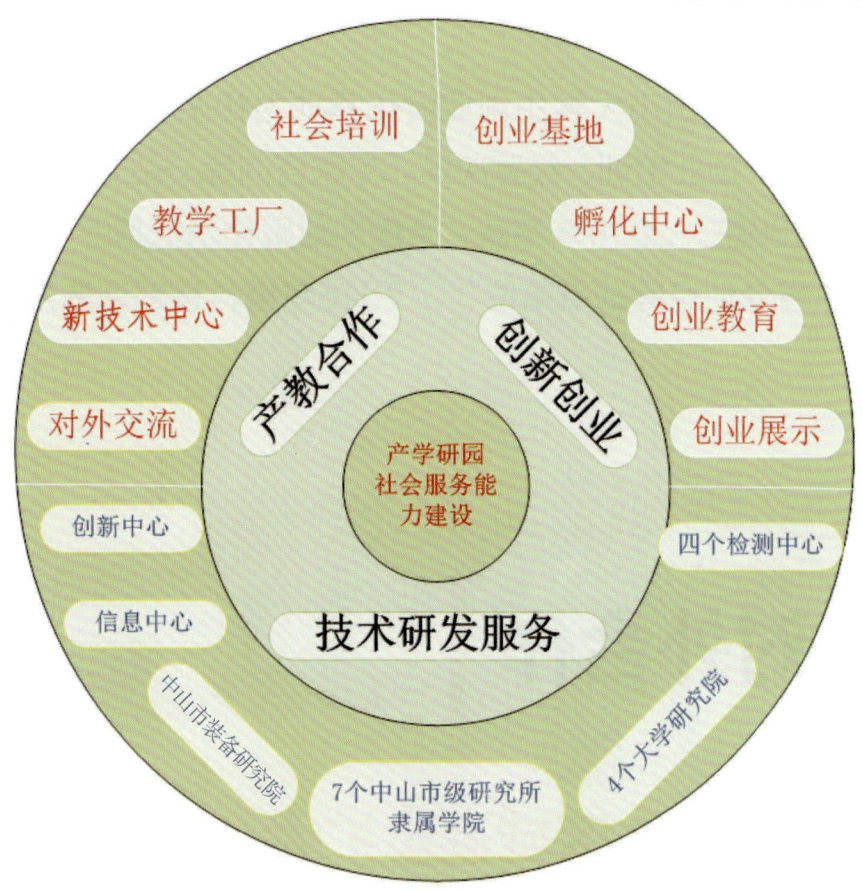

产学研园服务平台示意图

4.3 科技研发服务

学校建立科研分配激励机制，为企业技术改造、管理咨询等提供服务。2016年横向和纵向技术服务到款额1 148.8万元，技术交易到款额为566.28万元。学校专任教师专利申请、授权共计65项，其中专利转让共计3项。

4.4　社会培训

学校2016年非学历培训到款额465万元，公益性培训服务达30 566人。

4.5　企业孵化服务

学校承建的中山市大学生创业孵化基地为初始创业者提供项目策划、开业指导、创业培训、经营决策、专家咨询等一站式综合服务。目前在孵企业136家。**2014年荣获"全国创业孵化示范基地"，2015年荣获"广东省众创空间试点单位"，2016年被科技部评选为"国家级众创空间"。**

5　对外合作

5.1　对外合作区域逐步扩大

学校积极开展国（境）外合作，由东南亚附近地区逐渐扩展到澳洲、欧洲、美洲等11个国家和地区。通过对外的交流与合作，引进国际先进教育理念，在国际化教学方法、国际化师资队伍建设、国际化教育管理水平等方面做出努力，提高学校综合办学水平。

5.2 对外合作办学成效明显

对外合作办学规模逐年提升。学校与澳大利亚堪培门政府理工学院、威廉·安格理斯学院合作开办双文凭项目，分别开办市场营销、旅游管理专业高等专科教育项目。**目前国际学历教育已培养学生358人，国（境）外专升本人数为28人，2016年对外合作办学招生规模达到155人。**

对外合作办学毕业生获得社会认可。2016年对外合作办学项目共有67位项目学生毕业，学生具备较高的英语水平和专业素养，得到用人单位的高度认可。2016年6月首批36名毕业生顺利毕业，获得双学历证书。

2016届中澳国际班学生领取双学历证书

5.3 师资国际化水平进一步提升

学校积极为师资队伍国（境）外培训创造机会。2016年国（境）外合作项目为学校带来26个海外免费培训名额，为促进学校师资队伍国际化水平搭建平台。

图说广东科学技术学院（2017）
高等职业教育质量年度报告

1.学院概况

广东科学技术职业学院(广东省科技干部学院)是广东省人民政府批准设立、教育部备案的全日制公办普通高等学校，正厅级建制。学校现有珠海和广州两个校区，校园面积2 012亩，建筑面积50多万平方米；设有12个二级院（系），3个教学部；招生专业63个，全日制在校生21 000多名，是在校生规模最大的省属高职院校之一。

● 办学荣誉和成就

★ 国家示范性骨干高职院校
★ 一流高职院校建设计划立项建设单位
★ 全国成人高等教育评估优秀学校
★ 国家职业技能鉴定所
★ 教育部、财政部网络教育数字化学习资源中心
★ 教育部首批现代学徒制试点单位
★ 大陆专科（高职）学生赴台攻读二年制学士班首批试点院校
★ 2015年全国高等职业院校服务贡献50强
★ 2016全国高职院校创新创业示范校
★ 广东省职业技术教育工作先进集体
★ 广东省"互联网+"创新创业示范校
★ 广东科技人才基地
★ 广东成人高等教育先进学校
★ 广东省成人高等教育示范学校
★ 广东省示范性软件学院
★ 广东省首批中高职"三二分段"自主招生试点院校
★ OSTA 计算机信息技术考试站
★ 珠海市职教集团理事长单位

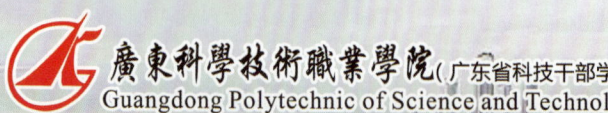

2. 学生发展

2.1 生源结构

学校现每年面向全国 18 个省（直辖市、自治区）招收全日制在校生 8 000 人左右，每年招收成人教育学生 2 000 人以上。学校积极开展"中职与高职衔接""三二分段""现代学徒制"等多形式自主招生及"本专科协同育人"试点招生工作。

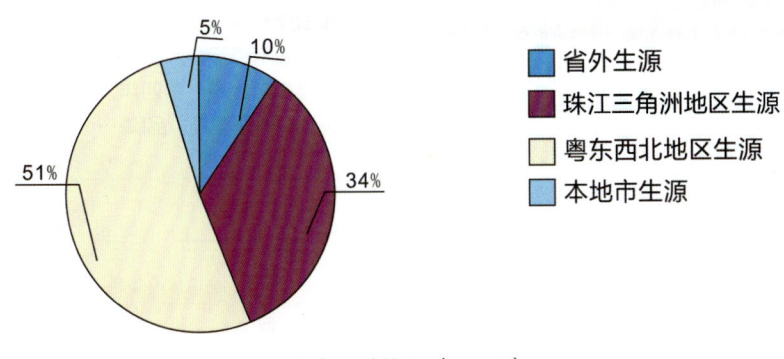

学校生源结构图（2016）

2.2 就业质量

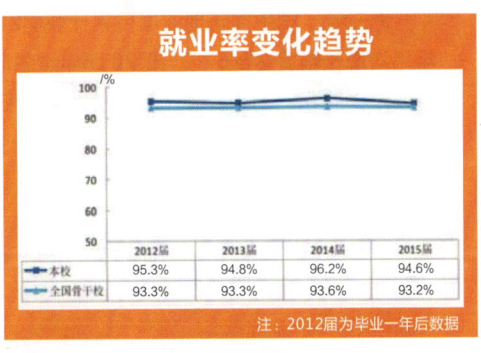

"十二五"期间毕业生总体就业率均达 98% 以上。麦可思报告显示，学校 2012—2016 届毕业生在毕业半年后的就业率、月收入、校友满意度等指标均高于全国骨干校平均水平。

2.3 学生在校体验

麦可思调查显示，学校2015届毕业生对母校各项工作的满意度、对核心课程有效性的评价以及社团活动参与度均比上届要高，与任课教师课下交流程度与上届持平。

素养提升

科技活动做引领　IT学子强技能

学校计算机工程技术学院IT技能文化节经过八年的探索与实践，现已形成以计算机技术为载体，以对在校生全面开展学风建设、创新意识、IT技能、科技文化等方面的教育为主线的系列IT技能文化活动；同时兼顾对珠海企业和市民开展的IT技能服务、科普文化宣传、科技体验、电脑家电维修等的大型社会实践活动。

职业发展

优秀毕业生首创互联网早餐自营品牌，获百万融资

许志航，广东科学技术学院2013届工商管理专业毕业生。毕业第一年，他创立广州星众点文化发展有限公司；第二年，他创立"益百分"品牌—全国首个互联网早餐自营品牌；第三年，他获天使轮融资100万，入围中国创新创业大赛全国总决赛等相关比赛；第四年，他与广州科技金融中心创立"科创咖啡"品牌……

创新创业

构建"2+2"模式的创新创业校园文化二维培养体系

学校以"科技"为办学特色，以"培育创新创业校园文化，促进大学生成长成才"为目标，构建了基于"2+2"模式的创新创业校园文化二维培养体系。

近三年，学生创新创业项目累计获奖200多项，年平均增长幅度达到62%，仅2016年学生以技术创新成果参加8个国家、省、市级比赛，获得金、银、铜奖共16个奖项。

素质教育

"十二五"期间，学校学生获得省级以上技能竞赛奖项658项

其中：2013—2015年全国职业院校技能大赛高职组"计算机网络应用项目"连续三年一等奖；

2015年全国职业院校学生技术技能创新成果交流赛一等奖；

2014年"博导前程杯"电子商务运营技能竞赛一等奖；

2014TEMI单晶片创意暨认证技能国际竞赛团体第二名；

2015年第十七届全国机器人锦标赛暨第六届国际仿人机器人奥林匹克大赛两项亚军；

第13届中国大学生广告艺术节学院奖金奖；等等。

3. 师资队伍

学校大力实施人才强校战略，推进师资队伍建设"三大工程"及校企"互聘共培""双岗双薪"的师资培养、聘用制度建设，校企共建高水平"双师"素质专任教师队伍。学校现在教师总数（折算）1 176人，生师比为18.38，比上一学年（18.48）有所改善。2015—2016学年，学校专任教师1 045人，其中正高职称61人、副高职称263人，博士54人、硕士627人，"双师"素质专任教师940人，占专任教师的89.95%。

学校管理科学与工程、机械工程、计算机科学与技术三个学科获副教授评审权

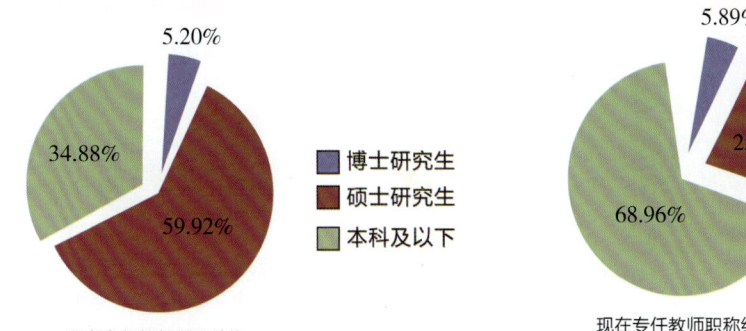

现有专任教师学历结构

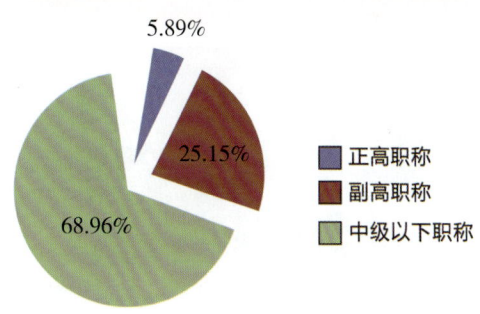

现在专任教师职称结构

学校师资队伍建设标志性成果一览表

类别	数量
全国教育系统先进集体	1个
享受国务院特殊津贴专家	1个
珠江学者岗位	1个
省级教学团队	6个
省级教学名师	1人
南粤优秀教师	7人
"千百十工程"省级培养对象	5人
省高等职业教育专业领军人才培养对象	2人
省优秀青年教师培养对象	7人
珠海市特聘学者	1人

珠江学者岗位软件技术专业

4. 教学改革

4.1 产教融合

学校产教融合、校企合作持续向纵深发展，合作单位及合作模式更加多元化。2015—2016学年，学校产学合作企业达1 257家，共同开发课程45门，共同开发教材9本。产学合作企业接收顶岗实习学生3 483人，接收毕业生就业1 915人，订单培养1 098人。2015—2016学年，学校为产学合作企业年培训员工5 174人·天，技术服务年收入324.198万元。

专业对接产业，服务特区高端旅游服务

旅游类专业学生在珠海长隆横琴湾酒店和企鹅酒店顶岗实践

对接珠海现代旅游服务业和横琴自贸区发展需求，外国语学院连续不断向区域内旅游企业提供智力与人力资源。

产教融合，打造软件技术广东省高职教育一类品牌专业

学生参加第五届"中国软件杯"大学生软件设计大赛

2016年3月，软件技术专业成为广东省高职教育一类品牌立项建设专业。软件技术专业深化校企合作，产教融合，校企共建协同创新与育人平台，实施"教融于产，产促进研"的校企融合人才培养模式改革。

依托"阿里巴巴"，校企共建粤西区域B2B跨境电商服务中心

2016年5月20日，学校艺术设计学院与阿里巴巴（中国）网络技术有限公司共建粤西区域B2B跨境电商服务中心暨艺术设计学院创新创业实训基地，与阿里巴巴开始了以电商视觉设计人才培养为主的创新创业人才培养合作。

目前，已有不同年级共41位同学先后获得阿里巴巴认证讲师，已为粤西及珠江三角洲等地区共40多家企业品牌提供电商视觉设计、平台运营及培训分享等服务，设计产品逾500款。

基地师生团队"启辰"2016年获广东众创杯创业创新大赛铜奖

4.2 教改成效

2015—2016学年，学校获得省级以上教学成果奖5项，建成5个国家骨干校重点建设专业、2个央财支持建设专业、5个省级示范性专业、6个省级重点专业以及30门省级精品资源共享课程，拥有1个央财支持实训基地、6个省级实训基地、6个省级大学生校外实践教学基地。

2016年，作为国家教育部现代学徒制招生试点的首批院校，学校继续深入推进现代学徒制改革，设有5个试点专业与6个本土企业开展现代学徒制人才培养，试点规模165人。

"校企协同，工学交替" 践行现代学徒制人才培养

机电学院应用电子技术、汽车车身维修技术及汽车营销与服务专业，自2014年开始，分别与珠海市鑫润达电子有限公司、珠海迈科智能科技有限公司、珠海迪威欧亚汽车技术有限公司合作，遵循"校企协同，工学交替，创新人才"培养机制；学生拥有双身份，"双师训教，服务区域经济发展"的理念，积极进行校企协同育人的现代学徒制人才培养改革探索。

广东省首批现代学徒制学员毕业典礼

紧跟行业发展设置课程 校企合作开展项目化教学

企业项目指导教师给学生授课

学校电子商务专业紧跟移动互联网发展趋势，动态调整课程，开设了"移动电子商务"课程。本课程旨在培养学生对于移动电子商务的认知以及社交媒体电子商务运营能力，通过三年的教学探索与改革实践，已经形成了校企深度融合的项目化教学与实践方式，课程成果也得到了社会和企业的认同。

5. 国际合作

学校不断加强国（境）内外合作交流，与新加坡南洋理工学院、新西兰维特利亚理工学院、台湾朝阳科技大学、南台科技大学、台湾昆山科技大学等高校校际合作，开展了"赴德国F+U实习培训""赴美带薪实习""赴台研修及专升本"等项目，2013年被教育部确定为大陆专科（高职）学生赴台攻读两年制学士班首批试点院校。

海外带薪实习项目陆续启动　商务日语专业人才培养成效显著

大学生寒暑假赴日社会实践项目是学校外国语学院商务日语专业与中国对外友好服务中心(简称"中外服")合作开展的国际交流与社会实践项目。该项目以双方签署合作协议为前提，自2015年暑假起开始正式实施，至今已开展4期，共计输送了31名优秀在校生赴日本参加了为期3个月的社会实践活动。

日本企业为我校商务日语专业赴日社会实践学生进行新员工培训

6. 服务贡献

6.1 服务地方与产业

学校加强产学研合作，开展适应经济社会发展需要的"立地式"应用性科技服务。在全国高职高专校长联席会议发布的《2016中国高等职业教育质量年度报告》中，学校获评"2015年全国高等职业院校服务贡献50强"。

主动服务地方产业需求　引领构建珠海现代职教体系

在广东省教育厅、珠海市委市政府的大力支持下，由广东科学技术职业学院牵头组建了珠海市政府主导的"珠海市职教集团"，吸纳政、校、行、企共160多家单位加盟。

广东科学技术职业学院牵头成立珠海市职教集团

6.2 人才支撑

学校设立63个招生专业,为珠海及珠江三角洲地区行业企业提供高素质技术技人才支撑。从毕业生就业去向来看,学校96.87%的毕业生留在当地就业,83.36%的毕业生到中小微企业等基层服务,4.2%的毕业生就业于国家骨干企业。

6.3 科技服务

2015—2016学年,学校承担纵向项目56项(省部级以上项目7项),账经费175.23万元;深度参与企业技术改造与更新,开展横向项目48项,技术服务到账经费341.84万元。学校获授权发明专利7项、实用新型专利32项、外观设计专利21项,取得软件著作权10项。

6.4 社会培训

2015—2016学年,学校共开展各类社会培训37 119人·天,其中,与专业相关的社会技术培训6 178人·天,面向社会开展的师资培训12 409人·天,公益性培训服务 732人·天,非学历培训到款额478.29万元。

> 学校按照"质量立校、特色兴校、创新强校"的办学思路,正在创建人才培养质量社会满意度更高、社会服务能力更强、示范带动作用更显著的全国一流、国际知名的高水平高职院校!

图说广东女子技术学院（2017）
高等职业教育质量年度报告

1 学校基本情况

1.1 办学定位

学校坚持"提高女性素质、培养高技能女性人才、促进社会和谐发展"的办学宗旨，坚持"面向珠三角地区，立足现代服务业，培养女性专门人才"的办学定位，践行"以服务发展为宗旨，以促进就业为导向，发挥性别优势，创建女校品牌"的办学理念，秉持"励志、笃学、求实、尚美"的校训精神，努力建设特色鲜明、质量优良的一流女子学院。

1.2 系部与专业设置

学校设有五系（应用设计系、应用外语系、经贸系、管理系、文化艺术）、二部（思政部、体育部）及继续教育学院和两个研究中心（女性研究中心、高职研究所）。2015—2016学年，学校全日制在校生数为6 273人。

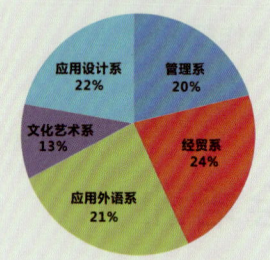

学校各系学生分布情况

1.3 基本办学条件

校园占地面积143 939平方米，建筑面积15万多平方米。现有校内实训室126个，建成了15个实训基地，其中2个中央财政支持的高职教育实训基地，7个广东省高职教育实训基地，校外实训基地149个。

学校校园网目前已实现校内主干达到万兆带宽，广域网出口达到1G，校园网络访问效果全面提升。学校通过与中国联通公司进行校企合作，由企业投入资金完成全面无线网络覆盖建设。信息化教学基础设施方面，率先在全省高职院校中将云计算桌面虚拟化技术应用于公共机房实训室管理。

1.4 管理服务

伴随示范校建设，我校管理工作的规范化和科学化水平得到大幅度提升。学校被广东省教育厅认定为2015年广东省依法治校示范校；2016年又被确定为第二批国家数字校园实验校。

2 学生发展

2.1 生源情况

2016年，学校共有25个招生专业（含方向），实际录取了2 239人，完成计划的101.77%，报到率为90.40%，报到率保持较高水平且稳定。

2.2 在校生发展

学校推行双证书制度，毕业生双证书率、计算机证书、英语证书、专业技能证书通过率较高。2015年我校毕业生在校期间职业资格证书获得率达到82.98%，其中动漫设计与制作、服装设计、青少年工作与管理（学前教育方向）等9个专业证书获得率达100%。

2015—2016学年学生参与专业技能比赛达3 681人次，其中获省级以上比赛奖励为280人次。

2015年全校学生体质测试达标率为97.20%。学校有校级社团33个，体育队伍13个，系级社团58个。2015—2016学年，全校参与科技、文化、体育、社会实践等各类活动人数达14 000人次，参与率达100%。学生对社团活动满意度整体较高（68%~91%）。

2.3 毕业生发展

1.毕业生就业情况

学校2012—2015届毕业生的就业率分别为95.0%、96.5%、93.0%、94.6%，连续4届均高于全国高职院校平均水平（分别为90.4%、90.9%、91.5%、91.2%）。

毕业生就业率对比

2.毕业半年后的月收入

学校毕业生月收入水平整体呈上升的趋势。

	2012届	2013届	2014届	2015届
本校	2 839元	3 149元	3 168元	3 326元
全国高职	2 731元	2 940元	3 200元	3 409元
全国高职女生	2 455元	2 649元	2 866元	3 121元

学校毕业生月收入变化趋势

3. 毕业生对就业现状满意度

本届学校毕业生对就业现状满意度已与全国高职院校平均水平基本持平。

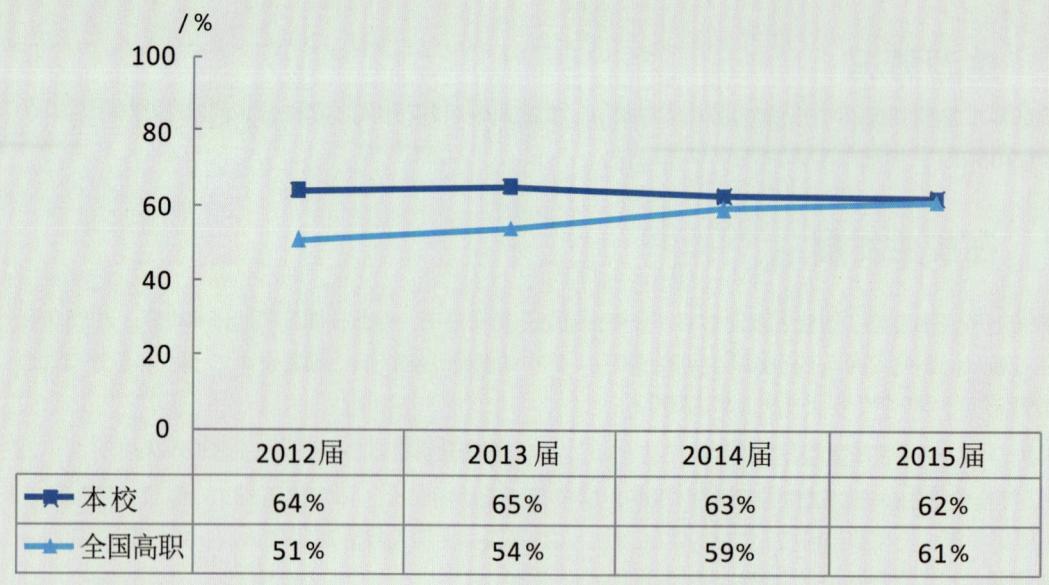

就业现状满意度变化趋势

4. 毕业生对母校的总体满意度和推荐度

学校毕业生对母校的整体评价持续较高，校友推荐度、满意度与全国高职院校平均水平相比均具有优势。

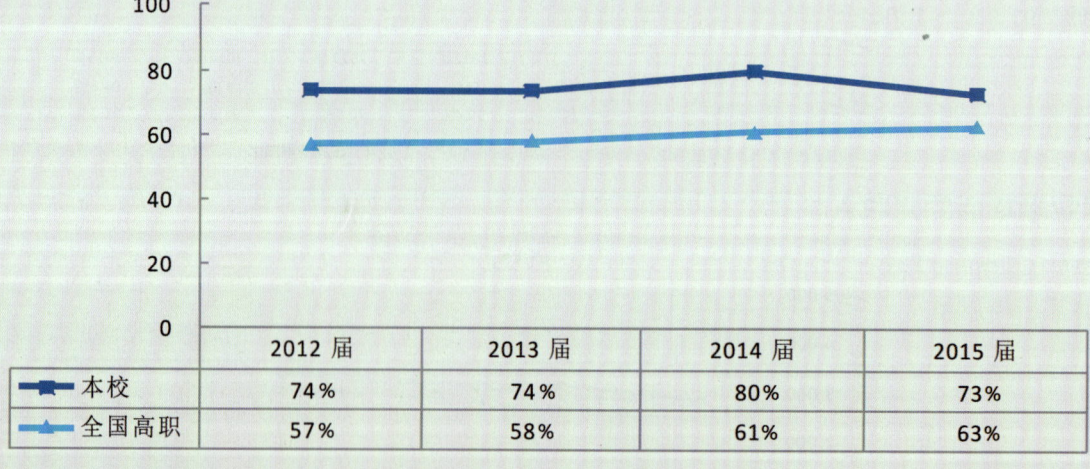

应届毕业生对母校推荐度变化趋势

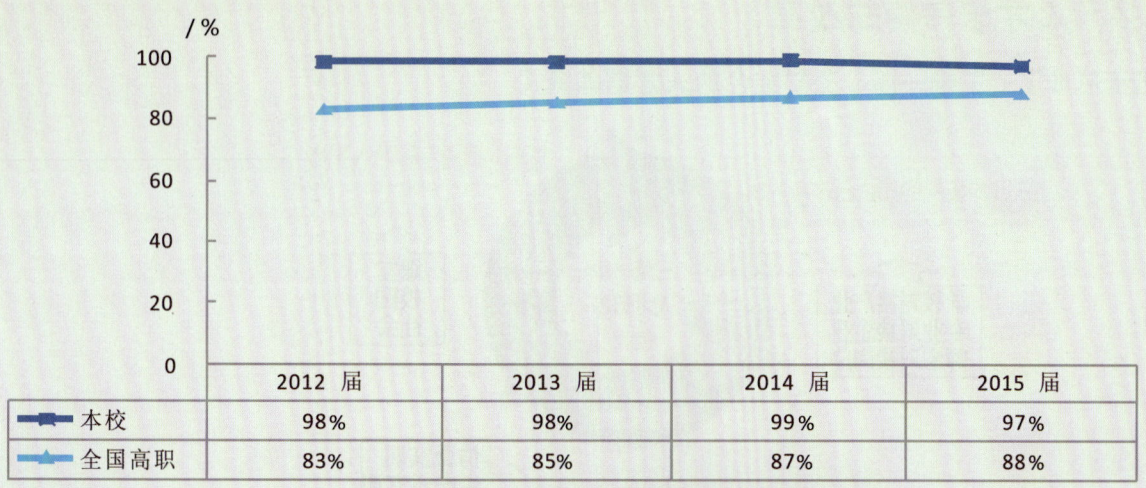

应届毕业生对母校满意度变化趋势

5. 用人单位满意度

总的来看,用人单位对学校毕业生的总体评价较高,认为毕业生有着较好的敬业精神、团队精神和基本素质。

3 教学改革

3.1 专业建设

以人为本,全面发展,修订和完善专业人才培养方案

进一步明确了"三高一创"的人才培养目标,即把学生培养成为具有高尚品德、高雅气质和高新技能的创新型女性专门人才。在试点的基础上全面构建了"4+1"模块化课程体系;将创新创业教育融入到专业人才培养方案中,将创新创业教育课程全面融入"4+1"模块化课程体系之中,实现了创新创业教育与专业教育的有机融合。

开展专业教学标准建设,提升专业管理水平

先后承担了广东省"高职教育电子商务专业标准"和广东省"中高职衔接电子商务专业教学标准"研制项目,并形成了广东省高职电子商务专业教学标准、广东省中高职衔接电子商务专业教学标准以及专业核心课程标准,撰写出版了一部专著《高职电子商务专业教学标准构建研究》。

深化校企协同育人推进人才培养模式改革

依托广东女性职业教育集团,通过"引企入校",创新校企合作育人的途径和方式。多个专业与企业合作建立了"校中厂",深化了教育教学改革。

开展专业诊断试点强化教学管理

2015年学校制定了《专业诊断与改进工作实施方案(试行)》,并先后在8个专业中进行了专业诊断与改进工作试点。

2016年学校在原有2个省级示范性专业的基础上新增了1个省级重点专业、4个省级重点建设专业和2个省级品牌建设专业,获批了1个珠江三角洲旅游服务人才省级协同育人平台建设项目。

3.2 人才培养模式改革

1.初步形成了"三维一体"工学结合的人才培养模式

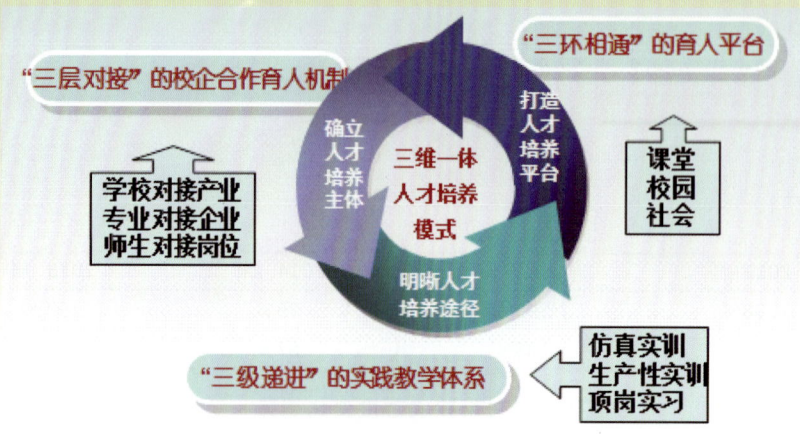

"三维一体"工学结合人才培养模式示意图

2.全面构建了"4+1"模块化课程体系

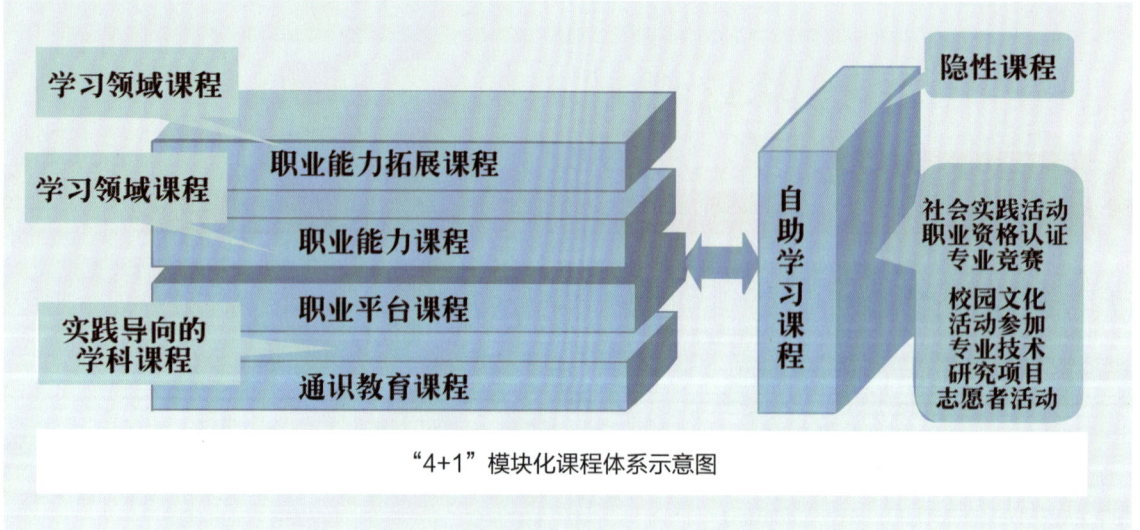

"4+1"模块化课程体系示意图

3.3 产教融合

学校以协同育人中心建设、公共实训中心建设为重点，进一步推进协同育人改革创新。2016年学校珠江三角洲旅游服务人才协同育人中心获批为广东省协同育人平台建设项目，广东服装产业公共实训中心和广东镇街社区公共管理与服务公共实训中心获批为广东省高职教育公共实训中心建设项目。

3.4 师资队伍建设

2016年学校生师比为17.43:1，具有硕士及以上学位的教师数占专任教师数的71.62%；高级专业技术职称教师数占专任教师数的39.30%。"双师"素质专任教师占72.49%，重点专业"双师"素质教师比例达到83.5%。2016年学校有34名企业兼职教师被广东省教育厅认定为高职院校高层次技能型兼职教师。

3.5 创新创业教育

学校在创新创业教育中坚持实行"四个结合"，即学校与政府部门及行业企业相结合、创新创业教育与专业教育相结合、校内专职教师与企业兼职导师相结合、服务学校与服务社会相结合，构建起协同推进的创新创业教育工作机制，打造了校、省两级创新创业实践平台，形成了多层次、立体化的创新创业教育教学体系，组建了专兼结合的教师队伍，同时开展了面向学校和社会的创业培训，开创了创新创业教育新局面，在培养具有高尚品德、高雅气质和高新技能的创新型女性专门人才中发挥了重要作用。2016年学校被广东省教育厅认定为省创新创业教育示范校。

3.6 教学资源

1.实训基地建设形成规模

目前，全校共有15个实训基地，建成校内实训室126个；2个公共实训中心；各专业都有代表性的校内专业实训室和校外实训基地，极大改善了实习实训条件，基本上满足了教育教学的需要。

2. 校内生产性实训室得到拓展

学校大力引入企业共建"校中厂"校内生产性实训室，为学生在真实环境下开展实训实习创造更好的条件。目前，学校有16个校内生产性实训室，它们在实践教学中发挥了重要作用。

3.教师工作室推进了产教融合

学校建立了5个校级教师工作室和多个系级教师工作室，建立了1个大师工作室。教师工作室重点承担"技术与咨询服务、生产性实训、大赛培育"等三项任务。

4.公共实训中心建设开辟了新的发展空间

2016年学校先后获省教育厅立项建设服装产业公共实训中心和广东镇街社区公共管理与服务公共实训中心。

3.7 内部质量保障体系建设

1.制定"十三五"内部人才培养质量保证体系建设规划

规划构建了"34551"的学校内部质量保证体系框架结构，注重三个环节，即注重输入质量、过程质量和输出质量三个环节；抓住四个阶段，即抓住计划—执行—检查—处理（PDCA）等四个动态循环阶段；围绕五个层面，即围绕学校、专业、课程、教师队伍、学生发展等五个层面建立完整且相对独立的自我质量保证机制；构建五个系统，即决策指挥系统、教育教学系统、资源建设系统、支持服务系统、监督控制系统；建设一个平台，即人才培养状态数据管理系统平台，形成全要素网络化的内部质量保证体系。

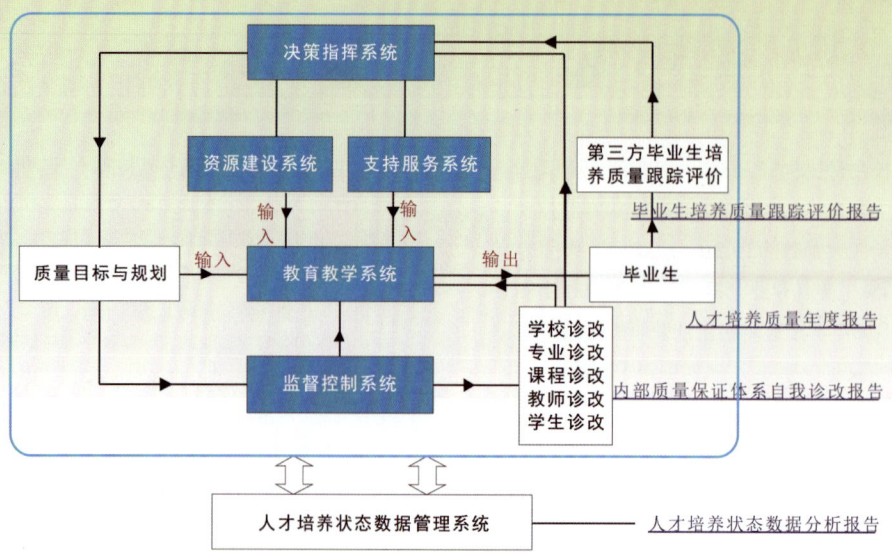

学校人才培养质量保证体系框架结构示意图

2.加强质量保证体系的组织建设

本学年成立了学校质量保证工作委员会，建立了学校质量管理办公室，全面负责内部质量保证体系规划的制定和实施。

3.开展管理制度标准建设行动

在制定学校章程的基础上，本学年全面梳理了学院各项管理制度、流程，重点审查、修改、完善了教学管理文件，通过制定、修订、废止等方式，完善了管理制度体系，部分管理文件已重新汇编成册。

4.试行学校内部专业诊断与改进工作

学校制定了"专业诊断与改进工作实施方案（试行）"，从2015年下半年开始，利用2年时间分四批对学校所有专业进行一次校内专业诊断与改进。在2015—2016学年分两批对8个专业进行了专业诊断与改进工作。

对外合作

学校与澳大利亚阳光海岸大学联合培养的旅游管理和人力资源管理专业进展顺利。目前两个专业三个年级在校生总人数达到127人，其中2014级旅游管理专业有8名学生已于2016年7月开始在阳光海岸大学续读三年级专业课程。在扩大教师到国外合作高校访学规模的同时，学校利用比邻港澳台地区的优势，有计划有步骤地选派部分专业学生到港澳台地区进行研修、实习和比赛。2015年10月，学校分别选派社区管理专业33名学生到香港协青社和相关社区实习一周，使学生对香港先进的社区工作管理有了亲身体验。2015年11月，学校又选派35名由艺术表演专业学生组成的学校"凤凰花女子合唱团"赴澳门参加了亚洲地区高规格的合唱比赛。2016年2月，学校派出12名艺术设计类专业学生到台湾昆山科技大学进行了为期5个月的研修学习，昆山科技大学为学校每位研修学生均配备了学习导师，相同的文化背景，不同的教学理念、方法和手段让研修学生对设计增加了别样的体验和感受。

5 服务贡献

1 人才贡献

2016年学校为社会输送1 965名毕业生，其中97%以上在广东省就业，较好地服务了地方经济发展。

2 社会培训

学校"十二五"期间为广东省各级机关、企业和事业单位举办短期妇女干部培训班43期，培训妇女干部达到8 000人次；为广东、湖南和广西等省、自治区基层组织开展婚姻与家庭、女性礼仪、巾帼创业、妇女合法权益保护等10多个专题的培训和讲座，开展专题讲座超过300场，累计派出教师100多人次，参训女村官和各级女干部12 000多人次。面向社会开展职业技能培训、鉴定为一体的高职教育社会服务，2016年学校培训企业员工数6 626人·日，为经济社会服务的其他培训总量8 660人次。学校承接家庭教育培训师培训项目，2016年初，学校获批成为全国妇联家庭教育培训广州基地。

2015年底，学校承接家庭教育培训师培训项目，2016年初，学校获批成为全国妇联家庭教育培训广州基地。

3 科技服务

2016年学校为合作企业技术服务创造年收入156.4万元，年横向技术服务到款额208.72万元。

4 志愿服务

多年来，我校面向城镇社区、农村，面向妇女儿童、老人和残障人士，开发了多个志愿服务项目，包括面向长者和残障康复服务的心灵关怀服务项目、面向留守儿童的乡村儿童校外教育志愿服务项目、面向妇女的"邻里守望·姐妹相助"巾帼志愿服务主题活动项目等。学校"凤凰花社工志愿者服务队"充分发挥"社工+志愿者+艺术"的服务特色，长期深入社区、学校、家庭综合服务中心以及青少年校外教育培训机构开展志愿服务，并成功牵手全国首家乡村儿童活动中心，获得了社会的广泛认可。

图说广州华商职业学院（2017）
高等职业教育质量年度报告

学院基本情况

广州华商职业学院是在2009年由太阳城集团投资、经省政府批准、报国家教育部备案而成立的一所全日制民办高职院校。学院依据太阳城集团雄厚的资金和丰富的办学资源，实施创新驱动发展战略，走校企融合、工学一体的发展道路，办学规模稳健发展，人才培养质量不断提高。

校训　厚德　励志　博学　创新
校风　诚信　谦爱　求实　奋进
教风　修身　敬业　表率　仁爱

在校生规模

分类	年级	人数	占在校生人数比例/%
普通高职	一年级	3 118	30.73
	二年级	3 390	33.41
	三年级	3 492	34.42
成人高职(折合人数)		146	1.44
折合在校生合计/人		10 146	……

部门设置

教学部门设置：目前学院设有**7个教学系**，3个二级学院，公共基础课程和思想政治理论课**2个教学部**，1个实训中心，共设31个专业。

院系与专业设置

1. 工商管理系
2. 国际经济与贸易系
3. 会计系
4. 建筑工程系
5. 机电工程系
6. 信息工程系
7. 金融系
8. 思想政治部
9. 基础教学部
10. 旅游与酒店管理学院
11. 汽车工程学院
12. 电子商务学院

工商管理系	物流管理	建筑工程系	建筑工程管理
	工商企业管理		工程造价
	市场营销		建筑装饰工程技术
	行政管理		建筑工程技术
金融系	金融管理	机电工程系	应用电子技术
	投资与理财		供用电技术
	证券与期货		工业机器人技术
会计系	会计	信息工程系	计算机网络技术
	财务管理		移动通信技术
电子商务学院（国贸系）	国际商务		艺术设计
	电子商务		数字媒体应用技术
	商务英语	汽车工程学院	汽车营销与服务
酒店管理学院	酒店管理		汽车运用与维修技术
	旅游管理		汽车电子技术
	烹调工艺与营养		新能源汽车技术
	幼儿发展与健康管理		

学院基本情况

教师队伍

师资队伍2015－2016学年学院教师568人，专任教师415人、外聘教师153人，其中，高级职称128人、中级职称107人、"双师型"教师159人、硕士及以上教师110人，已基本形成一支学历、职称、年龄结构合理的专兼职教师队伍。

教学情况

1. 认真抓好人才培养方案修订工作

围绕培养目标、专业特色、课程设置三个焦点，以创新创业教育改革为引领，以课程设置为支撑，以凝炼特色为重点，全面优化专业人才培养方案。

2. 完善制度，规范管理

科学规范的管理制度是保障专业人才培养方案顺利实施、教学秩序正常运行的基石。2016年在广泛调研基础上，修订了26个已有规章制度。

3. 着力加强专业建设和课程建设，夯实人才培养质量基础

加强专业建设，丰富专业内涵；加强课程建设，创新教学模式；校本网络课程6门，开放网络课程达100门，开拓学生视野，提高学生素质，促进学生个性化学习方式的形成。学院现有省级重点专业1个，省级特色专业1个，校级重点专业8个，校级精品课程10门，校级重点课程21门。

4. 夯实实践教学环节，强化专业技能培训

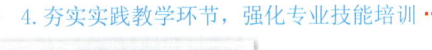

◀ 汽车专业实训教学

电子商务课堂 ▶

5. 校企合作，产教融合育人工作取得明显成效

汽车工程学院

酒店管理学院

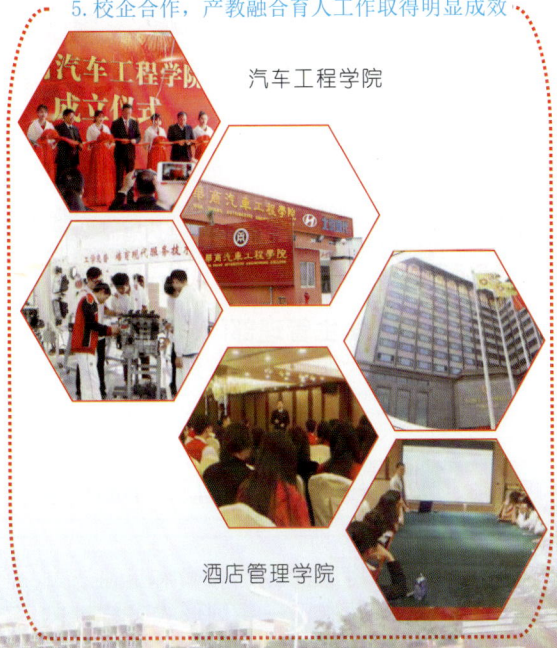

6. 重视督导工作，加强教学质量监控，完善内部质量保证体系

专业指导委员会年会 ▶

◀ 聘任学生信息员

办学特色

创新人才培养模式

学院结合自身专业实际，与合作企业共同创新实践，确定了具有校本特色的"双导向四融入一驱动"人才培养模式。

双导向（办学模式和教学模式）	四融入（人才培养内容与过程）				一驱动（人才培养方式）
在办学模式上坚持以"**校企合作共同育人**"为导向	职业标准**融入**教学标准	岗位任务**融入**学习领域	企业智力**融入**教学过程	企业文化**融入**专业文化	以生为本，注重个性发展，以校企双方全程参与的**专业导师制**为驱动
在教学模式上坚持以"**工作过程系统化**"为导向					

校企合作更加紧密

学院和企业、行业本着共同发展的原则，通过人才培养和科技服务两条途径，开展了合作办校、合作办系、合作办专业三个层次的校企合作创新实践。学院近两年投入1 380万元建设校内实训基地，积极探索"校中厂""厂中校"等合作模式，先后组建"汽车工程学院（与伟加合作）"和"酒店管理学院（与大阳城酒店合作）"两所校企双主体二级学院。

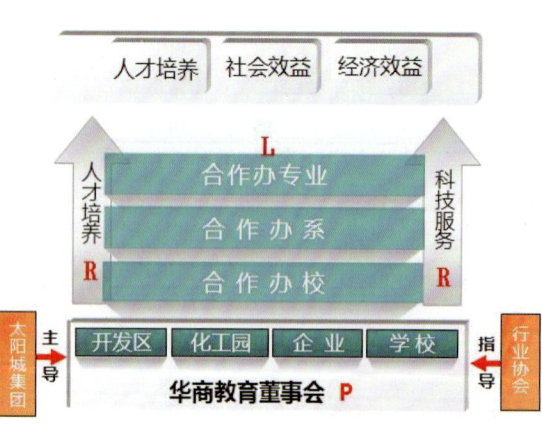

落实"三举并重"增强管理效益

1. 学生管理部门以促进学生"**成长、成才**"为工作宗旨，全面推进育人"**六大服务体系**"建设，提高学生管理工作成效。

2. 学院注重加强学工队伍建设，通过培训、交流等方式，**提升班主任和辅导员的能力和素质**，不断增强学生工作的科学性和合理性。

3. 将**思想政治教育和专业技能提升**寓于各种校园文化和专业文化活动之中，开展了一系列形式多样、内容丰富的科技文化活动。

对外合作办学

学院于2013年成立了对外联络处,其主要职责是加强与国际知名高校联系,搭建对外交流与合作育人平台。2016年度对外联络处本着"沟通交流、传承发展、优质服务、务求实效"的工作方针,努力开创广州华商职业学院对外交流与合作工作的新局面。

序号	活动内容	涉及国家及地区
1	接待台湾"建国科技大学"陈繁兴校长一行	中国台湾
2	接待澳洲昆士兰科技大学国际交流处冯处长一行	澳洲
3	组织20名学生赴澳洲国际商学院参加青年商业精英游学活动	澳洲
4	组织3名学生赴马来西亚开展为期一年的实习活动	马来西亚
5	组织10名学生赴台湾"建国科技大学"研修一学期	中国台湾
6	接待台湾"建国科技大学"交流中心主任林资雄一行	中国台湾
7	接待加拿大布兰登大学戴维先生一行,和国际班学生交流互动	加拿大
8	开展了澳洲堪培拉大学和学院专升本的合作交流项目	澳洲
9	举行了赴美短期学习的推广会	美国
10	举行泰国博仁大学专硕连读的推广会	泰国

服务贡献

服务国家发展战略,为区域经济做出更大的贡献,是广州华商职业学院办学的出发点和归宿。随着学院的发展和内涵建设的丰富,服务社会的责任意识更强、更重、更明确。

教师赴企业开展岗前培训

与广州中星信息技术服务股份有限公司联合培养精英人才

图说广东农工商职业技术学院（2017）高等职业教育质量年度报告

学校坚持"以人为本、特色强校、求实创新、和谐发展"的办学理念，坚持"依托农垦、面向广东、服务社会"的服务定位，以"农"为主导，带动"工商"两翼，三者协调发展、融合发展，凸显行业办学优势，彰显南亚热带农业特色，打造海外中国职教品牌，形成助力产业转型升级的高水准涉农人才培养培训基地、实用技术研发和推广基地，带动和引领我国热带农业高职教育和东南亚职业教育共同发展，成为行业办学地位的领先者、中国职业教育跟随产业"走出去"办学经验的探索者、高职教育内部管理改革的攻坚者，致力于建成"全国一流、东南亚知名、国际有影响，具有南亚热带产业特色"的优质高职院校，走出一条享誉国内外的高水平特色农业高职教育办学之路。

一、办学成效

学校层面

- 通过了广东省示范性高职院校建设项目验收。
- 确定为广东省一流高职院校建设计划立项建设单位。
- 再次确定为广东省依法治校示范校。
- 获评为广东省食品安全示范学校食堂。
- 再次获评广东省文明单位。
- 确定为物联网（广东）产教融合职教集团常务理事单位。
- 确定为第二届全国职业院校农业培训工作协作委员会主任单位。
- 成为中国现代农业职业教育集团副理事长单位。
- 成为中国农垦教育培训联盟首届副主任单位。

教学改革

- 立项省级一类品牌专业2个、二类品牌专业10个。
- 参与亚太经济合作组织（APEC）"职业技能系统开发绿色技能"项目。
- 牵头制定了全国《中高职衔接市场营销专业教学标准》。
- 畜牧兽医专业省级高职教育现代学徒制试点通过检查。
- 联合广东省农垦科技中心申报的"低成本和低功耗的大棚综合信息系统研究与推广应用"项目荣获2014—2016年度全国农牧渔业丰收奖三等奖。
- 2016年全国职业院校信息化教学大赛荣获教学设计比赛一等奖，荣获课堂教学比赛三等奖。

学生发展

学校普高招生范围覆盖了广东、湖南、云南、江西、广西、河南、海南、安徽、贵州、甘肃、山西等11个省区，报到率为89.90%，录取专业52个，其中广州市生源新生占全校新生12.53%，本省生源新生占全校新生98.47%，西部地区生源占全校新生0.53%。

学校2016届毕业生初次就业率99.05%，连续多年位居省内高校前列。

学校2015届毕业生毕业半年就业率高于全国高职平均水平，人才培养和就业工作落实充分；毕业生月收入水平以及对自身就业现状的满意度高，与全国高职平均水平相比具有优势；毕业生对母校的整体满意度高，与全国高职平均水平持平，培养结果综合评价如图所示。

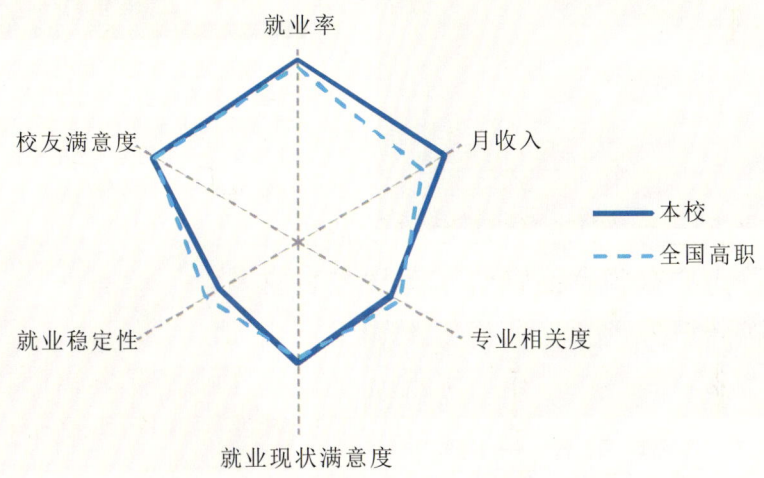

数据来源：麦可思——广东农工商职业技术学院社会需求与培养质量年度报告（2016）

- 学生参加各级各类技能竞赛取得省部级及以上技能大赛获奖数235项，取得省部级及以上科技文化作品获奖数278项，其中，参加2016年全国职业技能大赛获得一等奖1项、二等奖1项、三等奖1项的佳绩。
- 绿色环保协会荣获第四届"绿色离校，绿色感恩"全国大型公益环保项目优秀社团。
- "三下乡"项目团队获得2016年"全国三下乡优秀团队"称号。
- 学生入选广东省百名励志成长成才典型人物。

二、创新特色

学生发展

01　提升艺术修养，打造品牌青年艺术沙龙

艺术团着力打造"农工商青年艺术沙龙"系列活动，为校园营造出浓厚的艺术氛围，较好地提高了大学生的艺术修养。

学校艺术团专场音乐汇报演出

02　让同学们的"文学梦"扬帆启航

启航文学社在"深阅读 看名著"——首届"志利杯《落泪是金》读后感征文大赛中"获得由广州市青年作家协会颁发的"最佳组织奖"。在校内，启航文学社荣获学生十佳社团以及最使会员满意社团，广州市青年作家协会授予启航文学社成员吴冰新"特约校园写手"称号。

广州市青年作家协会主席汤炎忠为文学社颁发"最佳组织奖"证书

03　不经历风雨，怎能见彩虹

学校游泳运动成绩在高职高专院校中名列前茅，在历年的广东省大学生游泳锦标赛中，12次打破大学生运动会游泳记录，获得23枚金牌、60枚银牌和铜牌。

参加第九届广东省大学生运动会

04　继承传统，弘扬国粹，打造以棋会友的平台

棋艺协会举办了第七届增城高校杯中国象棋围棋大赛，赛事吸引了中山大学、广东水利电力职业技术学院等10所高校的棋艺爱好者参加，为周边高校学生搭建了一个切磋棋艺的平台。

第七届增城高校杯中国象棋围棋大赛棋手博弈现场

05　打造高校书画展品牌，凸显区域引领作用

映墨池书画社通过高校书画展活动来提升全体社团成员的书画技能以及组织协调能力，多年来，该社团已经形成了具有影响力的"增城高校书画展"社团品牌活动，吸引了来自全省高校的书画爱好者前来观摩和参与。

书法爱好者观摩评论书画作品

06 践行社会主义核心价值观，唱响助力"精准扶贫"之歌

"三下乡"团队前往扶贫点湛江雷州市企水镇博袍村开展"三下乡"活动，唱响助力"精准脱贫"之歌，雷州市网、校园网、大学生生活网、冰点暖闻等新闻频道均对活动进行关注和报道，该项目获得2016年全国"三下乡"优秀团队称号。

志愿者指导一年级学生写作业

07 新生教育读书月，让大学从阅读开始

图书馆举办了第一届秋季读书节暨新生入馆教育活动，两校区共约5 000名新生读者参与互动学习，好书共享和微信公众号互动吸引了大量读者关注与留言，形成了师生互动、共享读书喜悦的良好氛围。

我看过和我想看的好书共享　　微信公众号吸引学生围观互动

08 构建协同育人平台，促专业职业能力提升

旅游英语与金马国际旅行社建立了紧密型校企协同育人平台，每年招聘40名学生开展为期两个月的顶岗实习，开展岗前培训、岗中指导、岗后评价为内容的职业能力指导，形成培训总监、培训经理、指导小组组长、校内教师协同管理的实践教学运行模式。

学生在广州塔做导游服务

09 "至土至洋"铸匠魂，"一带一路"展风采

"至土至洋"铸匠魂，"一带一路"展风采，是学校在大思政框架下深化大学生"三观"教育系列活动的主题。作为涉"农"院校，"第三课堂"教学主要是放在农场和农厂进行，学生要深入田间地头、走进畜栏禽舍、步入荒野胶林……他们沾染了"土气"、接近了地气、去除了躁气，因而能够脚踏实地、吃苦耐劳；柬埔寨、泰国、缅甸、印尼……已有越来越多的学生在国外越来越多的地方实习、就业。因此，在教育和培养学生时，还着力拓展了他们的国际化视野，让他们"洋气"起来。

学生在泰国与当地工人合影

教学改革

01 适应区域经济转型升级，打造三大特色专业群

主动对接广东区域经济转型升级和广东农垦产业发展需求，进行专业优化与调整，停招了投资与理财、汽车电子技术、国际商务、移动互联应用技术、数字媒体艺术设计、公共文化服务与管理、社会工作7个专业，以作物生产技术、农产品加工与质量检测、市场营销、电子信息工程技术、软件技术和旅游英语6个高水平建设专业为龙头，带动审计、会计、国际金融、通信技术、汽车营销与服务、电子商务、酒店管理、数字媒体应用技术、商务英语、环境艺术设计、文秘、物流管理等16个相关专业，计划4年投入1亿元，打造成特色型"农"类专业、智能型"工"类专业和高端型"商"类专业群，涉及10个专业大类、23个专业类，招生专业保持在45个左右。

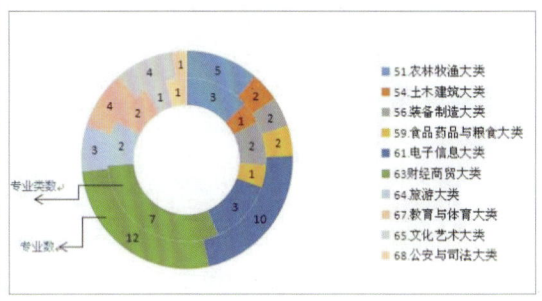

学校招生专业结构分类图

02 "九步工学交替式"培养现代畜牧学徒人才

学校与广东省湛江农垦集团公司联手合作承办现代学徒制试点畜牧兽医专业，联手实施"校企双环境""学生双身份""学业双导师""教学双轨道"和"能力双培养"等"五双"育人机制，践行公共基础能力培养→企业认知→学校专业基础能力培养→企业轮岗实习→学校专业能力培养→企业轮岗实习→学校专业能力培养→企业顶岗实习→企业技改能力培养为"九步工学交替式"的人才培养模式，培养现代学徒高级技术技能人才。经过两年多的校企协同培育，已完成了2015级21名和2016级21名学徒的招工招生工作。

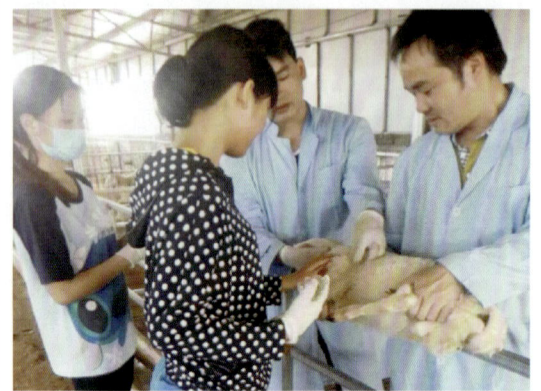

企业导师陈华明指导两名学徒给羔羊进行皮下注射

04 "'农'情蜜意"创业实践，引领教学模式创新

农类专业群依托专业资源启动了"'农'情蜜意"创业实践项目，坚持知情合一、循序渐进、分层引导的原则，通过农垦精神传承活动导之以情、农业技能实践励之以行、朋辈榜样效之以范、德智体美全面卓越、农垦走向海外至土至洋，多维一体搭建育人平台。实施4年来，每年参与学生达到10 000多人次，学生创新创业意识增强，创业事迹多次被广州日报、南方日报、新农村商报、增城日报等主流媒体报道，该项目2014年全国职业院校技能大赛荣获三等奖，2016年"挑战杯——彩虹人生"全国职业学校创新创效创业大赛终身决赛荣获二等奖，2016年11月被广东省高校学生工作专业委员会评为第四届广东高校学生事务管理精品项目。

企业家详细了解学生酿制的黄酒

03 校企双主体育人，构建人才培养新模式

市场营销专业在2014年、2015年和2016年连续三年与广东农垦绿色农产品公司校企合作，协同育人，共同探索校企双主体育人新模式。2015年，佳鲜农庄共接收42名毕业生就业，现有11名毕业生成为店长、3名成为副店长，2016年，又有40名学生在佳鲜农庄实习，其中已有1名学生成为副店长。

佳鲜农庄学生工作现场

05 赛教融合，创新信息化教学的新途径

旅游管理专业教学团队一直以来非常重视运用多样化的信息化手段去创新教学，并以"中高级导游业务"作为信息化教学的试点课程，以"中高级导游业务"网络课程平台和三维仿真模拟导游软件系统为核心，结合微课、动画展示、情景模拟、现场微信视频、微信公众号等方式把课程内容传授给学生，达到了良好的课堂效果。在2016年全国职业院校信息化教学大赛中，旅游管理专业团队教师卢志海、贾岛、黄绍平的作品《地陪导游服务》荣获课堂教学比赛三等奖。

课堂教学现场

对外合作

01 中英BTEC合作项目领跑全国

中英BTEC职业教育合作项目已开展了14年，90%的专业教师具有留学经历和企业工作的"双重"经历。2016年招录271人，现有在校生700多人，是目前大中华区办学规模最大、办学质量最好的BTEC教育中心，被确立为大中华区"BTEC优秀中心""BTEC项目大中华区师训基地"。

02 特色项目彰显国际化办学水平

暑期美国带薪实习辐射扩大。 截至目前，已累计有321人参加此项目，实习人数稳步增长。

德国F+U实习项目持续推进。 德国F+U实习项目已开展了16年，先后共组织了16批学生，截至目前累计400多人赴德国参加F+U实习培训项目。

中泰留学生培养基地有进展。 2016年6月，学校与泰国博仁大学建立了中泰留学生培养基地，双方将在学生培养上开展短期或长期的合作。

境外台湾昆山科技大学游学项目有突破。 该项目是学校首个境外研修项目，于2015年开始进行实际性运作，现已开展了2年，共选派了两批次共54位学生和8位教师成功赴台进行为期半年的研修和考察。

境外澳门酒店顶岗实习项目不断深入。 澳门酒店毕业顶岗实习项目已开展了10年，截至目前累计推荐实习就业人数达384人。

赴台湾昆山科技大学游学学生　　学生在新葡京酒店实习

04 筹建国（境）外组织，学校有担当

学校牵头组织全球华人营销联盟营销职业教育委员会筹建工作。近期，全球华人营销联盟营销职业教育委员会筹备研讨会在北京召开，并成立了由全球华人营销联盟、中国贸促会商业行业分会和广东农工商职业技术学院三方组成的筹建工作组。

全球华人营销联盟营销职业教育委员会筹备研讨会现场

03 职业教育专业标准国际化有突破

作物生产技术专业教学团队参与亚太经济合作组织（APEC）"职业技能系统开发绿色技能"项目，并主持其中一个"农类专业绿色技能开发"子项目。电子信息工程技术专业申请台湾IEET工程及科技教育认证获得通过，进入认证阶段。

05 大力推动国际化培训，助力垦区再造"海外新农垦"

为适应广东农垦海外市场拓展战略，配合广东农垦实施"走出去"战略，努力再造"海外新农垦"，成为具有国际竞争力的跨国集团的经营目标，2015年11月，学校启动了举办广东农垦"对外交流"培训班与海外优秀员工培训班，至今已开展了2批次、60人，共计420人·日的培训任务。

海外优秀员工培训班到农场参观

06 服务产业"走出去"，职教输出东南亚

学校紧跟广东农垦走向东南亚，履行"垦区产业发展到哪里，学校专业服务到哪里"的历史使命，发挥办学优势资源，将职业教育输出东南亚，为垦区海外分公司和东南亚职业教育输送技术和人才资源。至今为止，为广垦橡胶集团海外分公司输送了近70名优秀顶岗实习学生，开展为期两个月的顶岗实习。选派热作类高层次专业教师前往东南亚各公司为当地员工开展技术培训，选调1名骨干老师赴泰国橡胶企业挂职公司副总经理。并在泰国、柬埔寨、马来西亚等海外分公司建立了8个实习基地，学校将紧跟广东农垦"走出去"的步伐，推进海外服务力度，进一步建设老挝、缅甸等实习基地和学习中心，组织更多的教师和学生参与海外企业经营管理。

2016年学生在东南亚参加海外实习

服务贡献

全方位服务农业产业，抢占国家热带产业示范高地

1 学校在湛江垦区国家热带农业科技园核心区建立热带科技创新基地，总用地210亩，结合湛江垦区热带作物主产业，建成集经济效益、生态效益、社会效益于一体的生产基地，使其成为广东农垦热作主产业优质高效栽培的示范点，建成广东国家热带农业科技园内热作科技栽培展示的精品区域。经过一年的建设，辐射带动15万亩甘蔗产业和8万亩菠萝产业发

热作科技创新基地菠萝种植培训

2 学校与湛江农垦集团公司合作，双方采取模拟股份制公司的形式，联合出资780万元在湛江垦区建立5 000亩甘蔗高新科技示范园，探索可供示范推广的农业生产经营改革模式。将5 000亩甘蔗高新科技示范园建设成甘蔗生产新技术、新品种的成果转化示范基地、校企共建产学研合作的展示窗口、广东农垦经济转型升级的典范。

甘蔗高新科技示范园开工仪式

3 畜牧兽医专业成立垦区技术服务团队，全面负责指导湛江垦区5家养殖企业的技术生产，共组织28趟、168人次到垦区一线进行为期84天的指导生产服务，切实推动了阳江垦区野香猪场从存栏300头猪规模发展到存栏3 800头规模，五指山猪场从存栏200头猪规模发展到存栏2 600头规模，麻花鸡养殖场实现年产出12万只规模，朗德鹅场实现年产36万枚蛋和26万鹅苗业绩，湖羊养殖场从存栏600只发展到存栏1 400多头规模，极大地提高了产出效益。

团队负责人在阳江垦区指导湖羊养殖生产

4 园林技术专业团队承担了广东国家热带农科科技园调规，湛江市大沟光伏农业公园、广东国家热带农业公园、湛江市红十月农场、鸡山农场的美丽垦区规划以及广东农垦集团公司扶贫点水标村观光农业规划项目等，部分项目已开始建设并运营。

团队负责人与湛江农垦局欧阳艳局长商讨规划项目

经费投入

01 经费收入

2015年办学经费总收入27 566.81万元，其中，财政拨款收入10 455.22万元，占总收入的37.9%；学费收入12 054.83万元，占总收入的43.7%；省级专项资金拨款收入453.81万元，占总收入的1.7%；其他收入4 602.95万元，占总收入的16.7%；生均经费1.11万元。

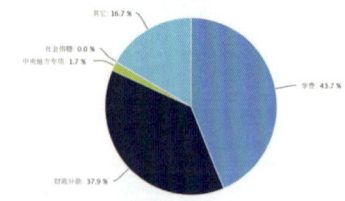

学校年度办学经费收入及结构

02 经费支出

2015年办学经费总支出26 171.17万元，其中，日常教学经费支出9 807.55万元，占总支出的37.5%；教学改革及研究支出230.19万元，占总支出的0.9%；师资建设支出248.20万元，占总支出的1%；其他支出15 910.07万元，占总支出的60.08%。收入与支出的比率为105.23%。

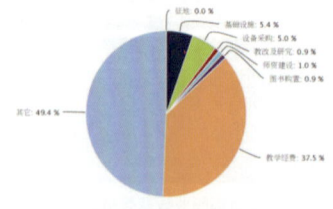

学校年度办学经费支出及结构

图说珠海城市职业技术学院（2017）
高等职业教育质量年度报告

OPTION 01 年度主要工作亮点

① 中国职教学会教学工作委员会职业素养和创新创业教育研究中心成立大会在我校召开，校长刘华强任中心主任

② "珠澳国际教育创新园"备忘录签署仪式及珠澳可持续发展研讨会在我校举行

③ 我校入选中国青年报社、国际创新创业博览会"高职院校创新创业示范校50强"

④ 我校获得经科技部和国家科学技术奖励工作办公室颁发的2016年中国产学研合作创新奖

⑤ 我校校长刘华强荣获"2016年学生喜爱的大学校长"称号

⑥ 我校《拓展平台 服务珠海》案例获评高职高专校长联席会2016年度全国20大优秀案例

⑦ 我校学子获"三维建模数字化设计与制造"和"船舶主机和轴系安装"两个国赛二等奖

⑧ 我校陈倩羽老师在广东省第三届高校青年教师教学大赛中获二等奖

⑨ 我校在中国会展经济研究会年会上获评"中国优秀会展优秀院校奖"

⑩ 我校电子信息工程技术专业获批广东省首批IEET工程及科技教育认证专业

⑪ 我校与上海海事大学国际航运研究中心合作成立"西江航运研究中心"

⑫ 我校成为全国移动云教学大数据研究院广东中心

OPTION 02 学校基本概况

办学规模

学校设有电子信息工程学院、机电工程学院、航空与海洋工程学院等11个院部，开设与珠海经济社会发展密切相关的32个专业，现有教职工484人、专任教师346人。学校现有各类在校生14 000多人，其中全日制高职高专学生6 200多人，各类非全日制成人教育在校生约8 000人。学校现占地面积约361 400平方米，正在建设的东校区于2017年3月投入使用。

办学理念：三元互动 协同创新 求精求强 服务特区

办学思路：求精求强求特色 做实做优做品牌

办学方向：国际化 特色化 品牌化

办学模式：政校企、行校企"双三元"互动、产学研协同创新

OPTION 03 学生发展

1. 招生和就业两旺

2015年、2016年第一志愿报考投档率高于100%，2015年、2016年毕业生总体就业率在96%以上。毕业生对就业现状满意程度、职业与期待吻合程度高于全国高职平均水平；毕业生基本工作能力总体满意度呈上升趋势；学校为本地区培养了大量"留得住"的技术技能型人才。

2. 技能和素质并重

本学年学生获省级以上技能竞赛奖项100多人次，参加全国高职院校技能大赛"船舶主机和轴系安装"赛事获一、二等奖，填补了广东省在此项赛事上参赛和获奖的两大空白。以"立德树人"为根本任务，以学生全面发展为目标，实施以三年为周期的学生综合素质提升计划。

3. 创新和创业齐进

2016年12月3日中国职教学会教学工作委员会职业素养和创新创业教育研究中心成立大会在我校召开，学校校长刘华强任中心主任；2016年12月6日，我校入选中国青年报社、国际创新创业博览会"高职院校创新创业示范校50强"。

2015—2016学年学生参加技能竞赛获奖情况一览表（节选）

序号	项目名称	项目类别	级别	获奖时间
1	2015年全国职业技能大赛"船舶主机和轴系安装"赛项一、二等奖	技能大赛	国家级	2015年6月
2	2015年全国高职高专英语写作总决赛二等奖	技能大赛	国家级	2015年12月
3	2016年全国职业技能大赛"船舶主机和轴系安装"赛项二等奖	技能大赛	国家级	2016年5月
4	2016年全国职业技能大赛"三维建模数字化设计与制造"赛项二等奖	技能大赛	国家级	2016年5月
5	第七届全国职业院校民政职业技能大赛养老护理员职业竞赛（高职组）一等奖	技能大赛	国家级	2016年5月
6	第七届全国职业院校民政职业技能大赛暨全国第四届高职高专社会工作学生实务能力竞赛3个一等奖	技能大赛	国家级	2016年5月
7	第六届"远华杯"全国大学生会展创意大赛团队一等奖	技能大赛	国家级	2016年5月
8	第七届"蓝桥杯"全国软件和信息技术专业人才大赛广东赛单片机设计与开发组省赛一等奖	技能大赛	省级	2016年3月
9	2016年"国泰安杯"第四届广东省秘书技能大赛一等奖	技能大赛	省级	2016年6月

我校学子在2016年全国职业技能大赛中获"船舶主机和轴系安装"赛项二等奖

我校学子在2016年全国职业技能大赛"三维建模数字化设计与制造"赛项中获二等奖

我校学子在2016年第七届全国职业院校民政职业技能大赛中获一等奖2项，二等奖3项

案例　诵读国学经典，感悟人生哲理

为进一步推广国学文化经典，提升思想政治教育的文化内涵，我校陆续开展多项国学经典晨读活动。至今已先后诵读了《弟子规》《三字经》《朱子家训》《增广贤文》等国学经典篇章。

学生诵读《大学》《道德经》等圣贤读本

案例　学生创新创业显成效

职业规划暨创业大赛颁奖合影

"互联网+"大学生创新创业大赛省决赛参赛团队

珠海橙汁电子商务有限公司揭牌仪式

2016珠海大学生"先锋100"计划暨珠港澳大学生领袖交流营

OPTION 04 教改成效

产学合作更紧密

学校建立了广东省社会科学院珠海分院、中国工程科技发展战略研究中心（珠海）、中国科学院广州技术转移中心珠海中心三大产学合作平台，并成立珠海经济社会发展与社会管理、智能电网应用技术等4个协同创新中心。撰写《珠海市民幸福感指数蓝皮书》，为珠海市社会治理创新领域构建幸福感评价指数体系；和兴业太阳能公司合作制定光伏发电安装调试职业技能标准；与北京师范大学珠海分校等合作编制《珠海港口发展"十三五"规划》。学校获得2016年科技部批准设立的中国产学研合作创新奖。

专业建设更接珠海地气

对接珠海高端产业，学校新增船舶机械工程技术、空中乘务、港口与航运管理等专业，现有中央财政支持的重点建设专业2个、省级重点建设专业6个、省级品牌建设专业2个，汽车运用与维修技术专业入选教育部中德诺浩高技能汽车人才培养"助推计划"。与珠光汽车有限公司合作共建汽车技术服务与营销专业，和珠海黑马医学仪器有限公司合作开展机电一体化专业现代学徒制探索，与珠海市安防协会共同合作共建电子信息工程技术和通信专业。

教学团队更优秀

现有专任教师346人，其中高级职称教师数量超过120人，博士（含在读）约80名、"双师"素质教师已达259人，占比近75%。学校现有省级教学名师2人、省级教学团队4个，3人入选教育部高职教育教学指导委员会、11人入选新一届广东省高职教育教学指导委员会，1人成为珠海特聘学者、5人成为珠海市高层次人才，1人成为第二批广东省高等职业教育专业领军人才，1人成为省优秀青年教师培养对象。

珠海城市职业技术学院
ZHUHAI CITY POLYTECHNIC

案例 珠海城市职业技术学院荣获中国产学研合作创新奖

在中国产学研合作促进会、浙江省人民政府主办的第十届中国产学研合作创新大会上，我校荣获中国产学研合作创新奖的殊荣。"中国产学研合作创新与促进奖"是经国家科学技术奖励工作办公室批准设立，我国目前唯一面向政产学研金用结合的最高荣誉奖。

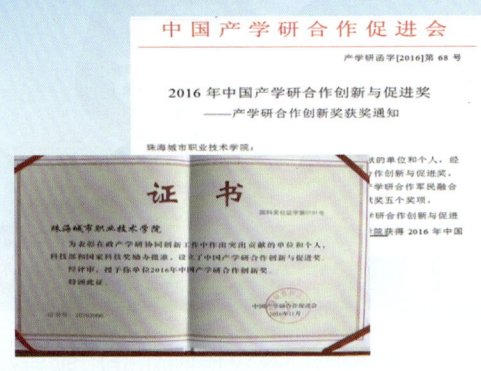
我校荣获中国产学研合作创新与促进奖

案例 校企深度合作，试点现代学徒制人才培养改革

学校与珠海市黑马医疗仪器有限公司合作，在机电一体化专业实行现代学徒制培养模式，联合培养康复设备维修方向人才，2016年首批学员入学。

案例 携手兴业太阳能制定光伏发电安装调试职业技能标准

2016年3月18日，我校与兴业新能源公司举行光伏发电安装调试职业技能标准制定暨校企合作签约仪式。住房与城乡建设部前司长、中国建筑节能协会会长武涌见证签约。

"黑马班"的拜师仪式现场

双方签订校企合作协议

时任珠海市市长郑人豪调研我校模具设计与制造专业

我校党委书记钟以俊在中国职教学会教学工作委员会职业素养和创新创业教育研究中心成立大会上致辞

131

OPTION 05 对外合作

1 "走出去"建孔子学院

我校与国家汉语国际推广领导小组办公室及韩国东洋大学校进行多次沟通，各方已达成在韩国东洋大学校合作共建"孔子学院"的共识。"十三五"期间，我校将加速推进与完成这个项目的建设，使之成为我校走国际化办学道路的新亮点。

我校与韩国东洋大学校筹办"孔子学院"签约仪式

2 "走出去"支援汉语教学师资

我校曲璐璐老师为韩国东洋大学校空乘专业学生进行汉语教学

我校已在韩国东洋大学校和印尼达尔马·帕尔沙达大学成立了"海外汉语研究中心""中印语言教学与研究中心"，并派出曲璐璐和张春禹两位老师分赴两所学校任教，积极开展海外汉语教育教学培训和研究。

3 "请进来"美国留学生

2015年我校与美国皮马社区学院进行了成功互访，并达成合作办学协议。2016年美国皮马社区学院派出6名交流生来我校进行为期一个学期的汉语学习，我校为美国皮马社区学院制定的汉语学习标准得到了该校及美国社区大学系统的认可。

2015年刘华强校长一行出访美国皮马社区学院

美国皮马社区学院学生在我校学习汉语

4 "请进来"粤德基地落到了实处

2013年11月,学校成为广东省首批德国AHK合作"中德合作学校"。2014年8月获广东省教育厅批准成立"粤德合作珠海职业教育培训基地"。2016年基地开始开展双元制学徒班教学,并承担了珠海市政府对口支援阳江项目的"粤德合作珠海——阳江职业教育培训基地",基地已建成使用。

"粤德合作珠海职业教育培训基地"合作考点授牌

5 "请进来"建起了珠澳教育创新园

2016年11月,我校与澳门城市大学携手搭建珠澳教育创新园,包括教育中心、创意园、高新技术孵化园、研究生研习基地等建设内容,最终将打造成珠澳教育和科技交流平台、粤澳教育与科技创新合作的标杆项目、新兴产业技术的研发基地、交流平台和企业孵化器、高端人才培育基地。

签署合作备忘录

园区成立揭牌仪式

OPTION 06 服务贡献

1. 人才服务

在2 314名毕业生中，61.3%的毕业生留在珠海工作，为特区经济社会和高端产业发展培养了高素质技术技能型人才。

2. 培训服务

2015—2016学年，为社会培训数达24 623人·天，非学历培训到款额367.05万元，其中，为产学合作企业年培训员工数13 785人·天；承接政府部门委托培训总量达11 919人·天。

3. 科技服务

本年度获国家级课题立项2个、省级项目9项、市厅级项目34项；2016年度学校对外技术服务到款额达335.04万元，横向课题到款经费69.9万元。

4. 学习型城市服务

学校依托电大优势，成立社区大学和开放大学，积极开展社区教育、开放教育、终身教育，为珠海构建学习型城市提供了强有力的支持。同时吸引了澳门同胞来校参加学习培训，至今已有近3 000名澳门同胞就读。

5. 决策服务

学校参与珠海市人民政府《关于深入推进职业教育校企合作的意见》和《关于加快发展现代职业教育的实施意见》的起草和修改工作；参与珠海市政协组织的珠海大学与城市发展的调研，调研报告获市委政策研究室一等奖；参与珠海职教立法调研，调研报告获市委政策研究室三等奖。

6. 对外汉语培训与考级服务

我校是目前全国高职院校中唯一一个汉语水平考试考点，自2012年1月挂牌以来，已为来自英国、美国、印度尼西亚、马来西亚等26个国家和地区的398名外籍人士提供汉语培训及考级服务。

图说广东省外语艺术职业学院（2017）高等职业教育质量年度报告

广东省示范性高职院校建设单位

一、办学定位

学校坚持"善知善行、尚德尚艺、开放合作、特色发展"的办学理念，确立了"教师教育出精品、职业教育办特色"的办学思路，形成了"高强大"（职业素质高、就业能力强、发展潜力大）的人才培养目标体系，构建了职业核心能力和专业核心能力（技能）并重、校企合作协同发展的"双核协同"人才培养模式，实施"4+1"模块化课程体系，2013年成为广东省示范性高职院校建设单位。

二、学生规模

学校共设置专业30个，2015—2016学年，普通高职招生数2 629人，学校全日制普通高职在校生总数为8 846人。

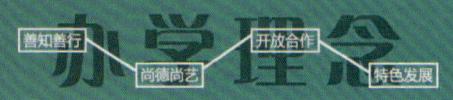

学贯中西　德艺双馨

学生发展

一、毕业生发展

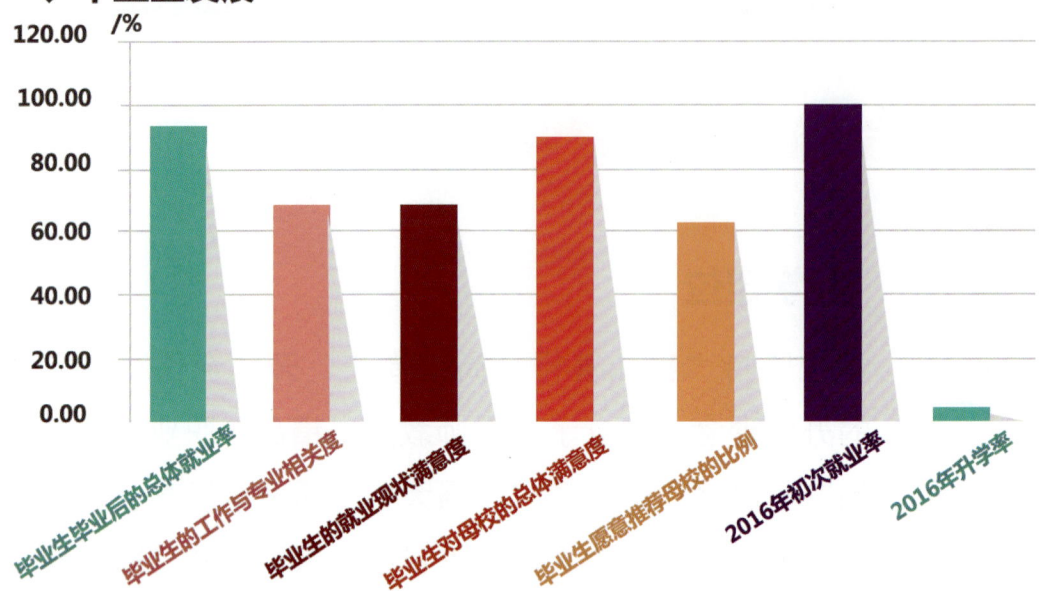

二、在校生发展

2015—2016学年学生省级以上技术技能比赛获奖情况　（单位：项）

级别	基础教育学院	应用外语学院	音乐舞蹈学院	艺术设计学院	学前教育学院	信息学院	公共管理学院	国际经贸学院	合计
国家级	11	0	0	13	7	0	0	2	33
省级	34	24	11	13	24	10	25	20	161
合计	45	24	11	26	31	10	25	22	194

学贯中西　德艺双馨

三、全方位、多渠道培养学生职业核心能力

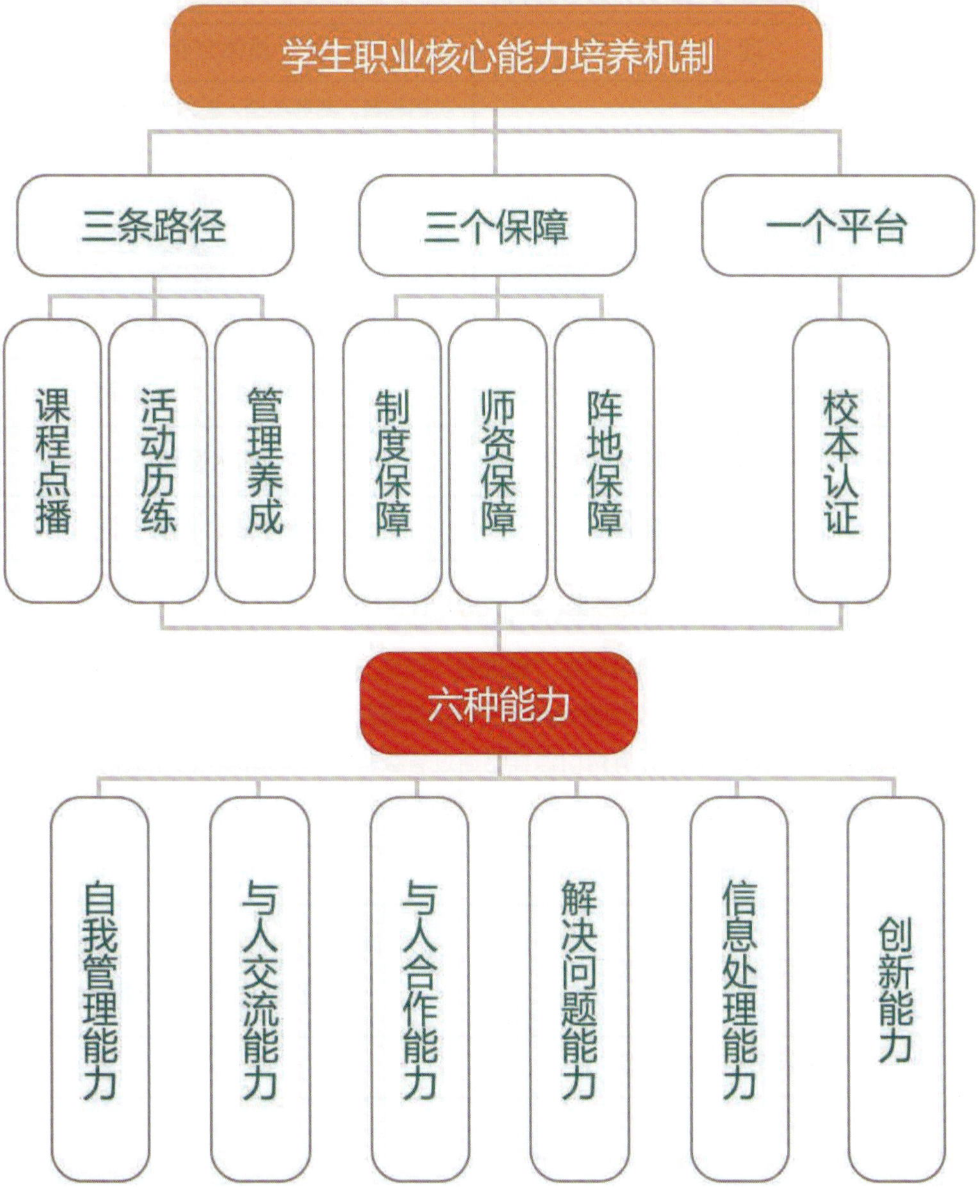

```
               学生职业核心能力培养机制
        ┌──────────────┼──────────────┐
     三条路径         三个保障         一个平台
    ┌───┼───┐      ┌───┼───┐          │
   课程 活动 管理   制度 师资 阵地      校本认证
   点播 历练 养成   保障 保障 保障
        └──────────────┬──────────────┘
                     六种能力
    ┌──────┬──────┬──────┬──────┬──────┐
   自我   与人   与人   解决   信息   创新
   管理   交流   合作   问题   处理   能力
   能力   能力   能力   能力   能力
```

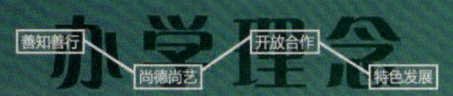

学贯中西　德艺双馨

教学改革

一、推进重点专业计划，成效显著

序号	项目	具体专业名称
1	省级重点（建设、示范性）专业	英语教育、商务英语、艺术设计、学前教育、表演艺术、文秘、旅游英语、数字媒体艺术设计、音乐教育、现代教育技术、美术教育
2	广东省首批一类品牌建设专业	学前教育
3	广东省首批二类品牌建设专业	商务日语、玉雕艺术设计与制作
4	广东省卓越教师培养计划立项专业	英语教育、学前教育
5	广东省首批协同育人平台建设项目立项专业	艺术设计
6	中央财政支持专业	学前教育、商务英语

二、落实精品开放课程梯度建设，效果突出

6门国家级精品资源共享课程建设已在"爱课程"网站上线，其中"小学英语教与学""商务英语翻译"两门课程被认定为第一批国家级精品资源共享课程；20门省级精品开放课程立项（其中2门为教育部教指委精品课程），并有两门课程已通过省级验收，其余课程已完成前期建设；校级精品课程和网络课程数量翻三倍，现已立项建设校级精品课程60门，立项网络课程138门。

序号	级别	课程数
1	国家级精品资源共享课	6门（两门已通过验收，被认定为第一批国家级精品资源共享课程）
2	省级精品开放课程	20门（两门已通过验收）
3	校级精品课程	60门
4	校级网络课程	138门

学贯中西　德艺双馨

三、推动教学模式改革，实现"让学习发生"目标

两个关键　紧紧抓住教学观念转变、教育技术更新两个关键，创新课程教学模式，调动学生学习主动性。

三个适应　教师与课程改革趋势相适应，教材与新媒体兴起相适应，教法与当代学生认知规律、学习行为相适应。

四个转变　切实盘活课程资源，实现教学环境、授课形式、学习方法、评价途径转变。

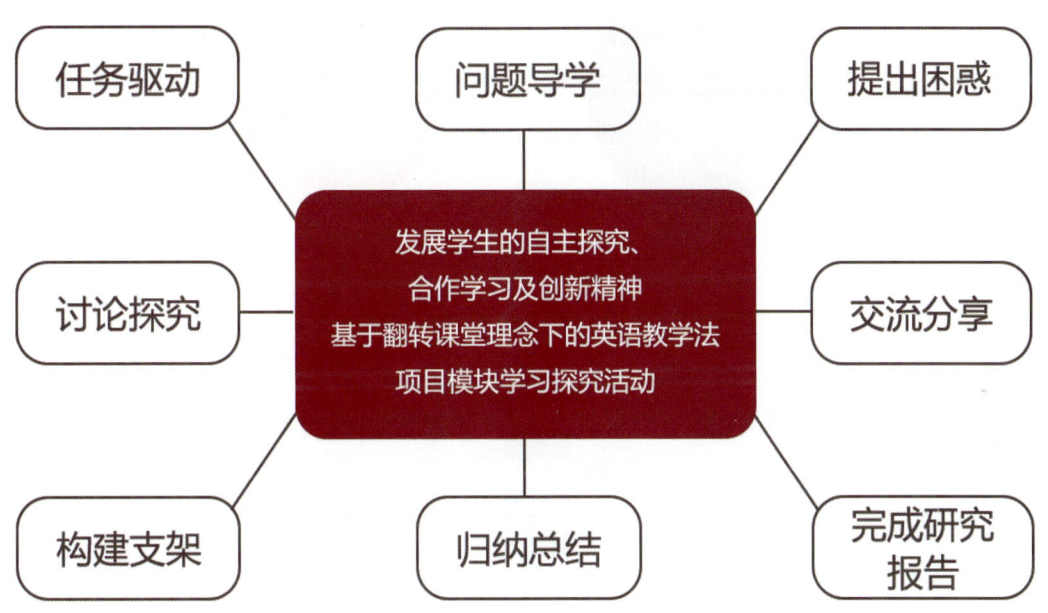

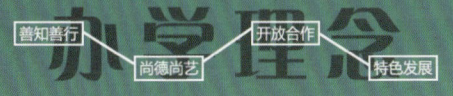

学贯中西　德艺双馨

四、搭建保障体系，确保人才培养质量

社会服务

1. 开展社区幼儿培训
2. 举办全省幼儿园、小学师资培训
3. 开展教育扶贫
4. 社会实践与志愿者服务

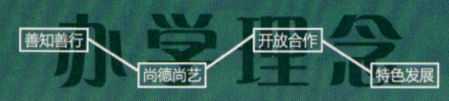

学贯中西　德艺双馨

对外合作

一个核心

以培养具有国际视野、通晓国际规则、熟悉国际惯例的高素质技术技能型人才为核心。

四项工程

以"国际视野"推进我校教育国际化，实施国际化人才培养工程、国际化师资队伍建设工程、国际化社会服务工程、国际化校园文化营造工程。

学校与境外合作机构一览表

序号	国家或地区	合作机构数量/个	合作机构名称
1	美国	3	东德克萨斯浸会大学、密西西比学院、中西教育交流协会
2	英国	4	邓迪大学、北安普顿大学、西伦敦大学、伯明翰城市大学
3	加拿大	1	加拿大北岛学院
4	俄罗斯	1	图拉列夫托尔斯泰国立师范大学
5	乌克兰	1	乌克兰南方国立师范大学
6	新西兰	1	新西兰维特利亚理工学院
7	韩国	3	蔚山大学、世宗大学、韩国World Networks Co. Ltd
8	日本	3	大阪滋庆学园、筑紫女学园大学、德岛文理大学
9	印度尼西亚	1	万登八华学校
10	中国台湾	15	朝阳科技大学、元培科技大学、龙华科技大学、台湾"中华大学"、昆山科技大学、南亚技术学院、辅英科技大学、玄奘大学、大叶大学、嘉南药理大学、和春技术学院、环球科技大学、亚太创意技术学院、台湾"中国科技大学"、台南大学
11	中国澳门	1	博一进修学院

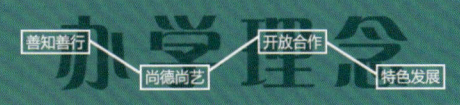

学贯中西 德艺双馨

图说广东机电职业技术学院（2017）高等职业教育质量年度报告

■ 学校概况

广东机电职业技术学院始终坚持"服务发展、促进就业"的办学方向，办学实力不断增强。目前全日制在校生约1.5万人，专任教师761人，企业兼职教师624人。建有4个国家级、8个省级实训基地；建有校外实训基地343个。2011年，联合政府、行业、企业、学校和科研院所，成立了"广东机电职教集团"，目前成员单位177个，成为首批"国家现代学徒制试点单位"。开设49个专业，其中工科专业占3/4，形成"以先进制造业专业群为主体，电子信息业和现代服务业专业群为两翼"的专业格局。

2016年，学校通过"广东省示范性高职院校"的验收，立项成为"广东省一流高职院校建设单位"。经过建设，学校办学实力有了明显提升，在2016年多项评价中名列前茅，如下表所示。

学校相关评价排名情况一览表

评价内容	排名
广东省第二批示范性高职院校项目验收得分排名	1
高职院校"创新强校工程"中期考核全省排名	3
高职院校教学管理要点检查考核全省排名	1
"高等职业教育专项资金"绩效评价工作考核	2
2015年度科研经费投入总经费高职院校排名	15
2015年全省教师队伍建设工作成效考核排名	6

学生发展

就业质量

2016届毕业生待就业人数4 577人，初次就业率98.67%，高于全省与全国平均水平。2 966名毕业生在广州、深圳就业，占总人数的64.80%。2015届毕业生半年后月收入约为4 104元，远高于全国高职院校平均水平。

应届毕业生9月1日初次就业情况对比图

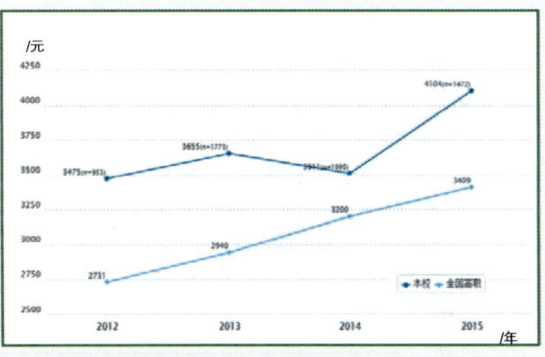

2012—2015届毕业生半年后月收入对比图

双证教育

2016届毕业生共4 577人，各类职业资格证书获证率为100%，其中获得高级工证书2 129人，占总人数的46.52%。

技能竞赛

学生参加技能竞赛覆盖率100%。在2016年全国职业院校技能大赛中，获得5项国家级、52项省级奖项；在2016年广东大学生科技创新培育项目（攀登计划）评选中，全省排名第2。我校参赛作品获全国职校创新创效创业大赛一等奖。

教育教学改革

广东省品牌专业建设

2016年度，立项广东省品牌专业11个。大力调整优化专业结构，积极建设优势专业群、特色专业群，强化办学特色，提高人才培养质量，提升服务发展能力。

第一批品牌专业
1类：应用电子技术
2类：机械设计与制造、汽车电子技术、光伏发电技术与应用、工业设计、报关与国际货运

第二批品牌专业
1类：数控技术
2类：模具设计与制造、计算机网络技术、移动通信技术、物流管理

- 教育教学改革
- 教师发展
- 教学条件
- 社会服务
- 对外交流合作

产教深度融合，校企协同育人

依托广东机电职教集团，探索混合所有制办学，与广州丰田特约维修有限公司共同成立南方汽车学院，正式注册合作办学法人单位"广州丰机教育信息咨询有限公司"，成立董事会，按照股东会决议实施合作办学。目前汽车营销专业49名学生、汽车检测与维修技术专业50名学生参加了试点培养。与广州欧佳机电技术有限公司筹建"广东省华南机电创新孵化院"，共同开展技术服务和科学研究。

南方汽车学院联合办学启动仪式

共建机电"创新院"

基于职业能力分级标准的技术技能人才系统培养

根据《广东机电职教集团人才培养与使用标准》，分知识、技能和关键能力三个维度诠释不同层次的职业能力要求，与学生职业发展生涯及国家职业资格证书体系相呼应，将人才培养目标转换为具体的能力单元组合，开发出中职、高职、不同层次的职业能力等级标准，建立起职业导向课程体系，从而满足不同层次技术技能人才的系统培养需求，为实现职业教育的纵向贯通和横向融合进行了深入探索与实践。

创新创业教育

把创新创业教育贯穿在人才培养的全过程。2016年入选4项省级大学生创新创业活动训练计划；2016年"挑战杯——彩虹人生"广东职业学校创新创效创业大赛（高职组）中，22件作品全部获省级奖励，其中"智能取药机"荣获省特等奖和全国一等奖；2016年"挑战杯·创青春"广东大学生创业大赛获得6项奖励。

【案例：种菜机器人】

广东机电职业技术学院的一个学生团队研发了一款"种菜机器人"，不但可实现在家就能种菜的梦想，即使出差在外，也能手机远程"打理"家里的菜。"种菜机器人"是一款人工智能的自动化小型设备，虽然还未正式面世，但已获得全国青年APP大赛铜奖。目前，该研究团队已注册了公司，与风投机构签订了20万元投资协议及获得意向投资100万元。该项目获得众多奖项及好评。

☐ 2016年"挑战杯——彩虹人生"广东职业学校创新创效创业大赛二等奖
☐ 2016年度大学生科技创新培育项目专项资金（攀登计划）2万元
☐ 全国青年APP大赛铜奖，全国24强，奖金5万元
☐ 全国智能制造创新创业大赛优秀奖，全国100强
☐ 2016年9月上江西卫视创业节目《创客英雄会》
☐ 《信息时报》《白云时事》《天津城市快报》、凤凰网、网易、金羊网、南方网、腾讯大粤网、三农科技、全球果蔬网等均有报道

服务发展

人才支撑

2016年毕业生人数4 577人。其中，就业人数4 516人。就业人数中，留在当地就业的比例为95.53%，到中小微企业等基层服务的比例为87.09%，到国家骨干企业就业的比例为9.68%。2016年5月21日，举办了广东机电职业教育集团（第三届）预就业招聘会。233家企业提供岗位数726个，职位数6 041个，面试10 121人次，微信平台浏览数达5 334 106次。

技术服务

建有1个省级、5个校级工程技术开发中心，1个省级"协同创新发展中心"和1个省级"协同育人平台"。建立起4个企业专家工作站。2016年发表论文185篇；省级立项27项，市级立项5项；横向项目到账24.94万元；获专利授权23项，其中发明专利6项，实用新型专利12项，软件著作权5项。

预就业招聘会现场

科技服务团队与钟世镇院士合作

社会培训

2016学年各类社会培训达63 625人·日，培训"广东省中职学院骨干教师"80名，非学历培训到款额529.48万元，为社会技能鉴定总数达7 060人次；在广东省安全生产知识11个考试点中我校是唯一一家有两个考试点的单位，2016学年为社会特种作业人员技能鉴定6 793人次。成人高等教育高中起点专科录取1 000人，被评为"广东省成人教育先进集体"，成为"广东省成人教育协会高职高专委员会副理事长单位"。

合作交流

2016年，机械设计与制造等5个品牌建设专业选派19名学生前往台湾修平科技大学进行为期一个学期的学习交流。选派41位骨干教师赴德国、澳大利亚等国家及中国台湾地区的高校学习先进职业教育理念。

澳大利亚北悉尼学院与我校的中澳合作办学项目继续推进。2015年11月澳大利亚北悉尼学院指导教师Lesley Guthrie和10位澳方公费资助交流生来我校访学。2016年暑假期间，TAFE旅游管理专业2014级和2015级共9位学生参加了澳大利亚北悉尼学院组织的澳大利亚修学游项目，获得澳大利亚颁发的修学游结业证书。

我校继续与英国捷豹路虎推进现代学徒人才培养，省级中期检查获得优秀评价。2016年3月，英国职业教育专家Mark Froud和Andre Michael Mostert一行访问我校，考察现代学徒制人才培养工作。我校学生在捷豹路虎中国精英学徒大赛暨捷豹路虎卓越培训项目年会中，获得了团体总分第二名的好成绩。此外，还荣获卓越培训项目"最佳育才奖"。

与中国台湾地区高校交流

澳大利亚交流生来我校访学

获捷豹路虎"最佳育才奖"

澳大利亚修学游项目

经费投入

学校经费收入总额为34 708.38亿元，比2014年增长22.4%，生均23 089.66元。其中学费收入9 674.86万元，财政经常性补助收入7 438.15万元，中央、地方财政专项投入15 024.57万元，社会捐赠1.5万元，其他收入2 569.30万元。

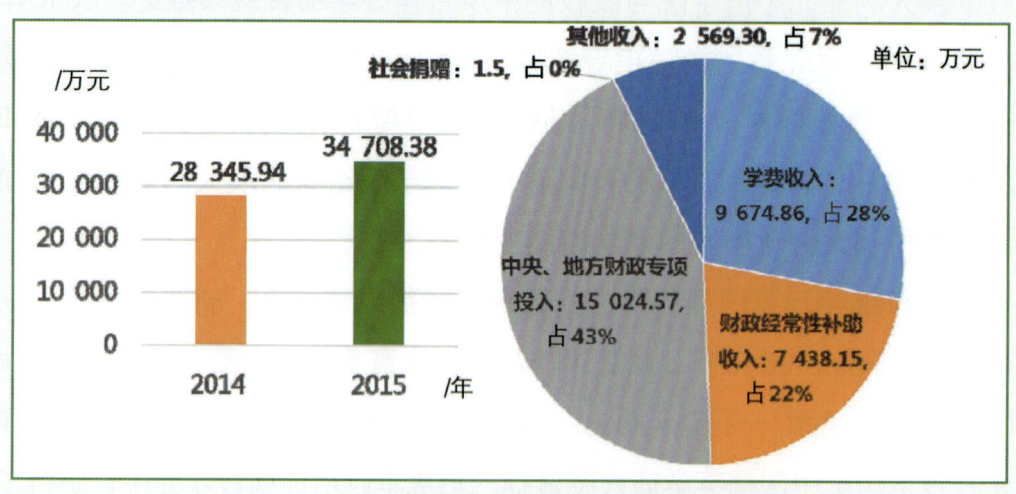

2015年度学校办学收入及结构

学校经费支出总额为32 906.41万元。其中征地454.82万元，基础设施建设11 963.19万元，设备采购1 743.64万元，教学改革及研究607.82万元，师资建设477.73万元，图书购置费184.39万元，日常教学经费3 169.89万元，其他支出14 304.94万元。

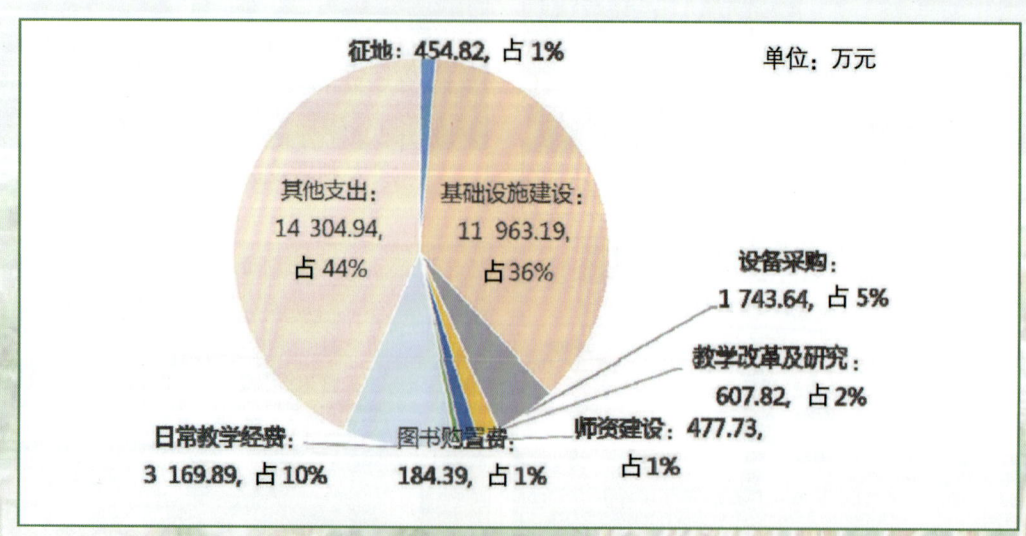

2015年度学校经费支出结构

图说汕头职业技术学院（2017）
高等职业教育质量年度报告

学院概况 XUEYUAN GAIKUANG

汕头职业技术学院（以下简称"学院"）是2002年3月经广东省人民政府批准，汕头市人民政府主办、主管的全日制普通高职院校。学院由院本部、金园校区、新津校区和东墩校区四个校区组成，占地632亩（另有规划用地约450亩）。共开设54个专业。

▶ 发展定位

学院紧抓振兴粤东西北地区发展战略、汕头华侨经济文化合作试验区建设及21世纪"海上丝绸之路"建设等重大决策机遇，立足汕头，辐射粤东，以理、工、经、管、艺等多专业协调发展的全日制高等职业教育为主，学历教育、继续教育和职业技能培训相结合，力争把学院建设成为区域性一流高职院校。

▶ 办学规模

学院以引入国际质量管理体系ISO 9001建设为抓手，坚持开门办学，发展规模和办学质量趋于稳定。设有计算机系、机电工程系、经济管理系、自然科学系、人文社科系、外语系、艺术体育系、学前教育系8大学系，现有全日制在校生11 266人。

教学改革 JIAOXUE GAIGE

▶ 专业课程建设

学院立足区域市场，紧贴汕头市高新技术、金融、物流、文化等支柱产业和新能源、物联网等新兴产业，构建电子商务、旅游管理、轻工装备、机电一体化、移动互联网、应用外语和艺术设计等7大专业群，积极与汕头传统优势产业、战略新兴产业与现代服务业对接的专业开展综合改革试点，新增社区管理与服务、移动互联网应用技术、跨境电商专业等专业。

▶ 人才培养

学院推行校企合作、工学结合的人才培养模式，推行学历证书和职业技能证书相结合的"双证书"制度，2016届毕业生的"双证书"获取率为82.17%。设有职业资格证书鉴定站点24个，可提供达71个工种的鉴定。

▶ 师资队伍

学院按照"人才是第一资源"的理念，实施"人才强校"战略，注重教师"三能合一"能力培养。目前学院专任教师497人，副高以上职称教师128人，讲师职称教师289人；硕士以上学位教师201人（博士后1人），占专任教师的28.97%。

▶ 产教融合

学院顺应省市产业结构调整与发展趋势，开展"订单式"人才培养计划，初步形成学院、企业、学生"三赢"办学新模式，取得丰硕成果。目前学院校企合作办学单位已有70多家。

汕头超声研究所有限公司	汕头永成隆有限公司
广东天际电器股份有限公司	南澳爱来林山庄
中国联通汕头分公司	上海三菱电梯有限公司广东分公司
深圳市科德建筑节能设备工程有限公司	汕头市佳友织业有限公司
深圳神马力量教育有限公司	汕头市高新区贝多电磁科技有限公司

▶ 教学资源建设

学院重视教学基础资源建设，加大信息技术基础上的各类资源网建设。建有校内实习实训基地148个，与企业合作建有校外实训基地115个。

学生发展 XUESHENG FAZHAN

▷ 丰富校园生活

学院积极开展青年学生社会服务活动，将学生社团作为复合式人才培养的重要平台。目前学院共设有39个社团，每学年学生社团共举办活动200多场，活动内容丰富，形式多样。

▷ 弘扬志愿者精神

10名志愿者代表广东省参加第一届全国青年运动会（即第八届全国城市运动会）志愿服务工作

学院培养了一支服务一流的青年志愿者队伍，由学院学生组成。该团队不仅参与校内志愿活动，还多次代表学校承接市级志愿服务，成为汕头市最具代表性的青年志愿者组织，并多次获得荣誉。

▷ 技能水平全面提升

学院各系积极参与各项赛事，依托竞赛，全面提升学生技能水平，在比赛中均取得可喜的成绩，仅2016年共获得省级及以上赛事奖项近30项。

参赛项目	获奖名次
2016年全国职业院校技能大赛	省二等奖
2017年全国职业院校技能大赛	省三等奖
广东省第二届学生乐器大赛	省二等奖
2016广东高校"中星杯"网络信息安全攻防大赛总决赛大专组	省三等奖
2016广东高校"中星杯"网络信息安全攻防大赛初赛大专组	粤东一等奖

▷ 学生获得各类证书

学院实施学历证书和职业资格证书"双证书"制度，推进专业课程内容和职业标准相衔接，培养适应社会需要的高素质技能型人才。学院设有职业资格证书鉴定站点、考场24个，可提供71个工种的鉴定。2016届学生"双证书"获取率达82.17%，师范类毕业生教师资格证书获取率达90.23%。

▶ 就业形势喜人

学院2015届毕业生就业率96.95%，2016届初次就业率达97.4%，毕业生就业对口率2015届达60.61%。

学院对毕业生进行就业反馈和调研，通过调查学生对工作的满意度、学生对学院教育教学的评价及用人单位对人才质量培养的评价来跟进毕业生情况。调研结果显示，2016届毕业生对学院的总体满意度为80%。

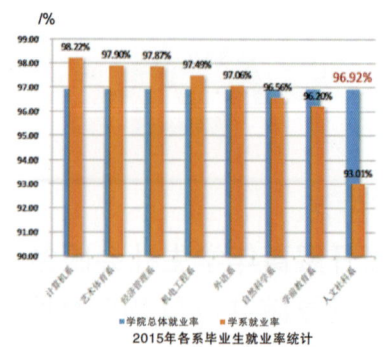

2015年各系毕业生就业率统计

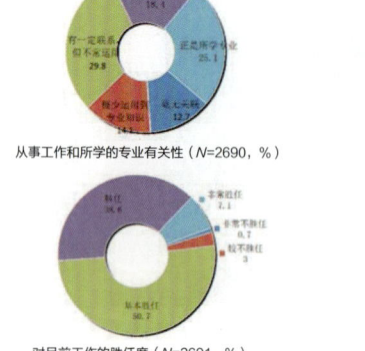

从事工作和所学的专业有关性（N=2690，%）

对目前工作的胜任度（N=2691，%）

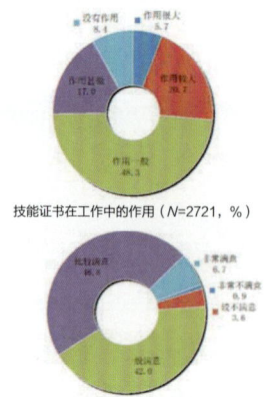

技能证书在工作中的作用（N=2721，%）

对目前工作的满意度（N=2695，%）

▶ 扶持学生职业发展

学院重视学生职业发展，有针对性的从职业规划、就业指导、创业辅导等多方面开展工作。经过专业教师全力的投入、资金的配套和创业平台建设的加强，学院学生创业创新能力得到提高，并取得了丰硕的成果。

2016年，先后有88个创业团队，分别参加了首届中国"互联网+"大学生创新创业大赛广东省分赛、"加博汇杯"广东省大学生电商创业大赛、"我要去创业"广东省大学生创业技能大赛、团市委"青春志·创业梦"第二届汕头青年创新创业大赛、学院首届大学生创新创业大赛等，其中，"兰姨的花茶"创业团队荣获广东省"互联网+"青年创业大赛全省总决赛特等奖。

  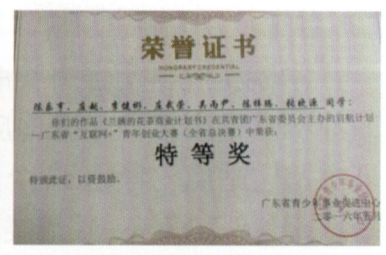

对外合作 DUIWAI HEZUO

学院积极开展对外交流，探索对外合作办学的机制。学院确立了立足港澳台，积极与港澳台高校及东南亚国家高校开展"2+2"或"3+1"等合作办学项目，服务于培养具有跨文化交流能力、国际化视野和创新意识的国际化人才需要的工作目标。

2016学年度对外合作一览表

合作区域	合作高校（企业）名称	合作方式
东南亚	泰国曼谷吞武里大学	合作办学
大洋洲	新西兰ACG集团奥克兰大学	合作办学
	新西兰奥克兰理工大学	合作办学
台湾地区	中国台湾澎湖科技大学	合作办学
	中国台湾嵌入式单晶协会	校企合作
	东莞台为商育苗教育基金会	校企合作

学院根据汕头市确立的建设21世纪"海上丝绸之路"门户城市的定位布局，抓住中国台湾地区、东南亚国家有关地区在语言文化与潮汕地缘文化方面的相似特性，利用海外侨胞的家乡情结，以"侨"为"桥"，积极开展交流合作，致力于培养具有跨文化交流能力、国际化视野和创新意识的国际化人才。2016年成功与泰国曼谷吞武里大学等开展合作办学。

FUWU 服务贡献 GONGXIAN

　　学院坚持"教学是强院之本，科研是强院之路，学科是强院之基，人才是强院之源"的科研发展理念，积极开展科技合作，突出培育服务地方社会发展与产业经济的优势项目。

学院与汕头市科技局合作共同致力于科技开发服务，签订了《汕头市职业技术学院、汕头市科学技术局关于加强科技创新合作的备忘录》

　　学院遵循"服务社会、促进教学、促进科研、互惠互利"的原则，积极为地方经济、文化及社会事业发展提供服务，得到广大教师的认可和上级部门的肯定。

　　学院发挥自身特色，承办由共青团广东省委员会主办的"互联网+"青年创业大赛粤东赛区创业培训分享会等大型活动，展现自身的风采，扩大影响，服务地方发展。

学院承办"海丝水韵——国际水彩名家绘汕头"采风创研系列活动，来自世界70多个国家和地区的艺术家汇聚一堂

图说惠州经济职业技术学院（2017）高等职业教育质量年度报告

1 办学概况

1.1 构建"三观"育人新体系

宏观上做到"四求"：以质量求生存、以服务求贡献、以创新求突破、以异轨求竞争；中观上做到"四与"：与信仰对话、与专业成长、与艺术同行、与工作对面；微观上做到"四关注"：关注学习有差距、关注经济有困难、关注行为有过错、关注心理有障碍的学生。

1.2 实现跨越式发展

自2004年学校成立，特别是2009年以来，学校发展迅猛。现有教职工771人，其中专任教师474人；在校学生10 180人，是建校初期的20倍；为社会输送了10届高素质技术技能型人才；设有9个二级学院、2个教学部；2016年开设34个专业。形成了集国家学历教育、国家职业资格、国家培训考证、国际合作办学与社会服务为一体的办学格局。

1.3 办学效应日趋彰显

2012年至2014年连续三年入围"广东省高等院校（民办）十强单位"；2015年6月，荣获"2015年中国职业技术学院50强"称号；2016年，学校被广东省教育厅和广东省体育局评为"广东省学校体育场馆向社会开放示范单位"。

2 学生发展

2.1 毕业生就业率高

2016年毕业生就业率为99.52%；月收入提高幅度大，一些毕业生初次就业月收入达到4 200元。

2.2 学生参加技能比赛成绩斐然

2014—2016年获得省级三等奖以上荣誉共计180项。

2.3 学生获取从业证书率高

2016年计算机应用考试通过率达到74%；Flash动漫制作考试通过率达到66.67%；旅游管理专业学生参加导游人员资格考试通过率为75%。充分利用学校现有技能鉴定资源，2016年应届毕业生报考率100%，通过率约为95%，证书覆盖了52个工种。

2.4 创建学生实践体验系列新平台

（1）创建校外专项实践平台，组织学生直接参与专项营运实践。

学生在实训中心上课

营销实训总结

学生参加TCL"京东6·18"实战　　学生参加"淘宝双十一"实战

（2）新建TCL酷友"电商创业中心平台"。

（3）与广州市卡斯特公司举办专修工匠班。

广州市卡斯特汽车自动变速箱创建专修班仪式

SIYB创业培训现场　　对学生模拟训练

（4）开展SIYB培训，对接"一带一路"。

 教学改革

3.1　改革课程体系

坚持以职业岗位（群）能力为基础，优化专业结构、专业课程和专业课程体系；开设创新创业课程；提倡多元化、灵活多样的考核方式。

3.2　优化专业设置

贴近市场、贴近产业、贴近职教，围绕弘扬工匠精神、"互联网+"、中国制造2025、"一带一路"等要求，重点开设适应惠州经济与社会发展需要，并具有吸引力、生命力的专业；提高对珠江三角洲区域尤其是对惠州本地产业发展和人才需求的对接。

3.3　打造教学改革新平台

（1）打造共同提升师生技能的平台。财经学院与企业共同搭建"汇达因银丰"会计服务平台，以开展代理记账及审计业务为基础，带动会计专业师资队伍建设及会计实践教学的改革。

青年教师参与实体操作　　教师为学生开展业务培训

（2）创建"真维斯创新实验班"培养模式。该班是信息工程学院和旭日集团共同打造的校企合作项目，旨在提高办学水平，增强学生实践能力。

"真维斯创新实验班"陈亮衡同学参赛及获奖名次

（3）建立专业指导教师+企业指导师傅组成的"双导师"制，采用"互联网+"的教学模式，推动教学改革。

外国语学院学生到头狼公司实训　　教师向学生演示"互联网+"

3.4 引进教学管理信息化平台，提高教学质量及管理效率

充分运用计算机信息技术完善各级各类项目申报，按照省级品牌专业、精品在线开放课程建设所需各项要求建立资源网站，提高教学质量及管理效率。

 # 服务贡献

4.1 招生与毕业生就业立足本区域

2015—2016年学校招生人数95%以上来自广东省，分别为3 120人、3 630人，其中惠州地区为455人、447人。2016届毕业生以在珠江三角洲地区就业为主，占就业总人数的85.14%，其中又以惠州本地就业比重最大，达到60.02%。

序号	城市	比例/%
1	惠州	60.02
2	深圳	13.04
3	广州	5.55

4.2 成人教育初具规模

通过函授、业余教育方式，开设数控技术、汽车技术服务与营销等17个专业。开办20个校外成人教育班。在籍成人大专学生3 000多人。

4.3 努力提供社会培训、考证服务

2013—2016年累计培训校外企业员工达2万多人次。

4.4 切实开展服务"三农"活动

（1）参与扶贫、善行项目。响应惠州市委市政府扶贫号召，赴梁化镇埔仔村开展系列精准扶贫工作。2015年，组织大学生志愿者参加"善行100·温暖行动"，筹集善款再次在全国高职高专院校中排名第一。

学校党政领导与埔仔村干部等商讨精准扶贫工作

（2）教师与学生利用节假日开展"三下乡"活动。

4.5 推动体育场馆向社会开放

大学体育部创办大型时尚健身中心，在服务学生发展的同时，将优质的体育资源向社会开放，为社区及企事业单位提供服务。

青年志愿者给农村留守儿童辅导功课

青年教师与志愿者向农户了解农业生态环保情况

社区人员与学校教工在力美·健身俱乐部

5 对外合作

5.1 拓展对外校际合作

与中国台湾岭东科技大学、英国北安普顿大学、澳大利亚维多利亚大学等开展"2+1"式联合培养项目。

5.2 启动对外企业合作工作

与索尼公司等就在校生"走出去"实习问题达成意向，探索境外国外企业校企办学机制。

5.3 与国外文艺团体开展交流活动，为丰富和活跃校园文化生活增加新元素。

韩国青陶笛乐团艺术家们与学校教师（中）同台演出

6 政策保障

6.1 国家财政支持

2016年生均国家财政拨款683.15元，比2015年增加了240.26元，增幅为54.25%；2016年国家奖学金4万元、励志奖学金92.5万元、助学金213万元，三项共计309.5万元。全部落实到人。

6.2 上级教育行政部门与地方政府支持学校发展

2016年专任教师参加省级培训量431人·日，比2015年增加了179人·日，增幅为71.03%；惠州市人民政府解决了教学扩建项目用地222.8亩，并规定学校教职工享受每年一次的免费健康体检待遇等。

6.3 积极探索建立办学投资新机制

举办方持续投入3亿多元资金，形成市场多元投资融资的体制。

6.4 推行现代大学制度

形成"董事会领导、校长负责、教授治学、民主监督、企业参与、社会评价"的开放治理体制；实施"强师工程"，打造一支"双师型"教师队伍；不断完善内部质量保证体系诊断与改进机制，健全人才培养质量稳步提升的长效机制。

明德　博学　求真　致用

图说广东科贸职业学院（2017）高等职业教育质量年度报告

1 学院概况

广东科贸职业学院是一所经广东省人民政府批准，教育部备案，广东省教育厅直属的公办普通高等学校。它成立于1985年，前身是被誉为广东农业科技与管理干部摇篮的广东省农业管理干部学院。2013年11月，被广东省教育厅、广东省财政厅确定为第三批广东省示范性高职院校立项建设单位。

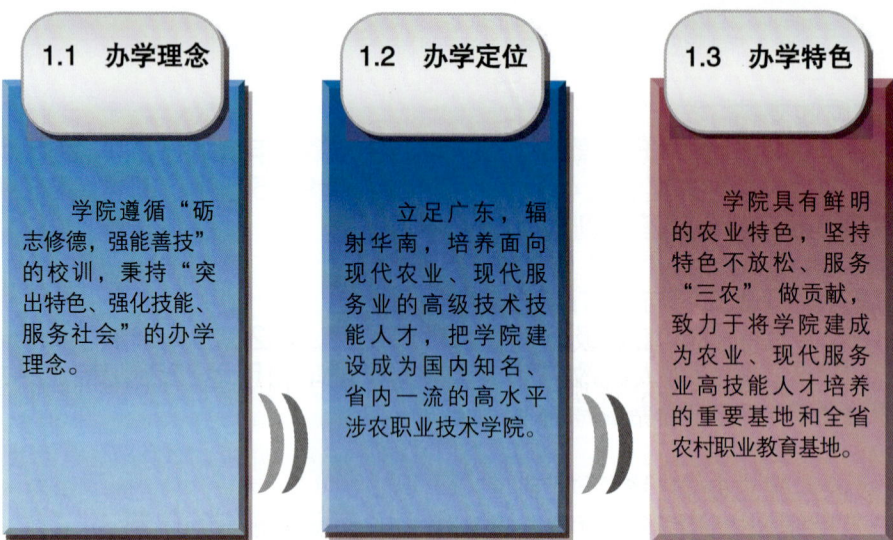

1.1 办学理念
学院遵循"砺志修德，强能善技"的校训，秉持"突出特色、强化技能、服务社会"的办学理念。

1.2 办学定位
立足广东，辐射华南，培养面向现代农业、现代服务业的高级技术技能人才，把学院建设成为国内知名、省内一流的高水平涉农职业技术学院。

1.3 办学特色
学院具有鲜明的农业特色，坚持特色不放松、服务"三农"做贡献，致力于将学院建成为农业、现代服务业高技能人才培养的重要基地和全省农村职业教育基地。

1.4 办学模式

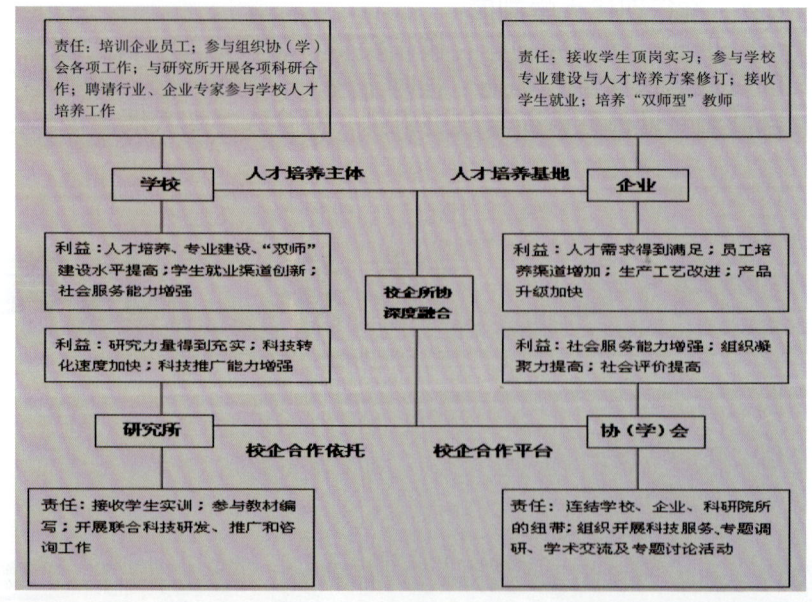

160

2 主要成效

综合改革	省综合改革项目3个,其中"广东省农村职业教育体系综合改革试点"获批为示范与推广项目
创新中心	"广东家禽应用技术协同创新发展中心"被认定为"首批广东省协同创新培育建设平台";在2016年全省"2011协同创新中心"绩效检查评估工作中获评为优秀等次
育人平台	"基于广东农业职业教育集团的协同育人平台"被认定为"首批广东省协同育人平台";"广东省应用型茶叶技术人才协同育人基地"被认定为"第二批广东省协同育人平台"
创新强校	在广东省高等教育"创新强校工程"2014—2016年建设考评中位居全省高职院校第14位
创新创业	学院被确定为广东省大学生创新创业教育示范学校建设单位
教学管理	在省教育厅2015年教学管理要点检查考核中获得优秀等次(在80家高职院校中排名第16)
标准研制	主持制定畜牧兽医专业中高职衔接专业教学标准和课程标准研制;高职本科一体化生物技术及应用专业教学标准研制;基于现代学徒制畜牧兽医人才培养模式的高职教育专业标准研制
专业建设	中央财政支持专业2个;省级品牌专业2个;省级重点专业4个
课程建设	省级精品资源共享课程8门;省级精品开放课程1门
教学团队	省级教学团队3个
教学名师	全国优秀教师1人;南粤优秀教师及教育工作者11人;省级教学名师2人
实训基地	国家级高等职业教育实训基地2个;省级高等职业教育实训基地5个;省级大学生校外实践教学基地7个;省公共实训中心1个
大创项目	省级大学生创新创业训练计划项目20个
教改项目	省高职教育教学改革项目15个
技能竞赛	省级以上技能大赛获奖50项 其中:获国家级二等奖2项、三等奖3项;获省级一等奖15项、二等奖16项、三等奖14项

备注:学院是全省唯一一所拥有省教育厅认定1个省级协同创新中心、2个省级协同育人平台的高职院校。

3 体制机制

以职教集团为依托 产教融合	以育人平台为载体 培养人才
以农业教指委为抓手 推动改革	以创新中心为突破 协同发展

体制机制创新

- ◆ 中国职业技术教育学会农村与农业职业教育专业委员会副主任单位
- ◆ 全国农业职业教育教学指导委员会委员单位
- ◆ 中国现代畜牧业职业教育集团副理事长单位
- ◆ 中国现代农业职业教育集团常务理事单位
- ◆ 中国都市农业职业教育集团理事单位
- ◆ 广东省高职教育农业类专业教学指导委员会主任委员单位
- ◆ 广东省中等职业学校教学诊断与改进专家委员会副主任单位
- ◆ 广东省农村职业教育综合改革试点单位
- ◆ 广东农业职业教育集团理事长单位
- ◆ 广东省农村经济学会会长单位
- ◆ 广东省餐饮职业教育集团副理事长单位
- ◆ 广东省创新创业教育示范校建设单位

案例 学院承办中国现代畜牧业职教集团秘书长扩大会议和全国农专委主任会议

2016年1月12日,由中国牧工商(集团)总公司和江苏农牧科技职业学院主办、广东科贸职业学院承办的"中国现代畜牧业职教集团(校企联盟)秘书长扩大会议"在广州召开。学院副院长肖智远做了题为《立足农业职教特色,为广东"三农"服务》的报告。会议代表参观了学院凤凰校区等地方。学院浓厚的涉农办学特色、校企所协深度融合的办学模式及其所发挥的重要作用给与会代表留下深刻印象。

中国职业技术教育学会农村与农业职业教育专业委员会主任会议于2016年10月20日在学院召开。参会代表到我院省家禽研究所进行座谈和交流,期间听取了学院院长李志伟所做的题为《突显农业职教特色 服务现代农业产业》的报告。随后,与会代表参观了省家禽所孵化基地和省农业技术推广总站。

162

4 教学改革

4.1 打造"农林牧渔结合、种养加一体、一二三产业融合发展"品牌专业群

强一	拓二	扩三
• 园艺技术 • 园林技术 • 畜牧兽医专业 • 水产养殖专业 • 动物医学 • 茶艺与茶叶营销 • ……	• 商检技术 • 食品加工技术 • 药品生物技术 • 化妆品技术 • 建筑工程技术 • ……	• 市场营销 • 电子商务 • 会计 • 视觉传播设计与制作 • 工商企业管理 • 商务英语 • ……

4.2 搭建人才培养"立交桥",探索广东现代农业职业教育体系构建

搭建人才培养"立交桥"

1. 开展现代学徒制育人模式探索
   畜牧兽医专业、连锁经营专业

2. 开展中高职衔接涉农专业人才培养
   园艺技术
   园林技术
   畜牧兽医专业
   商检技术
   物流管理
   ……

3. 开展高本对接涉农专业人才培养
   药品生物技术
   畜牧兽医专业

4. 建立适应现代农业产业体系的人才培养机制
   建立职业能力标准
   职业教育证书体系
   开展大量的非学历教育

4 教学改革

4.3 将创新创业教育理念注入课程体系

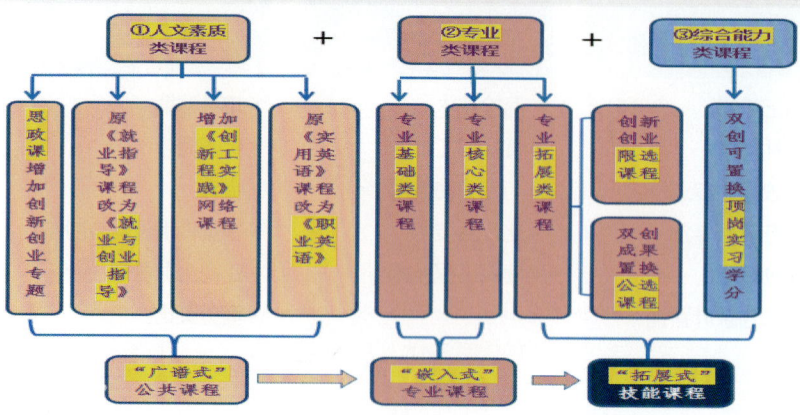

案例 南方工报等全媒体报道我院承办的"2016年广东省高等职业院校技能大赛暨2017年全国职业院校技能大赛高职组广东选拔赛中华茶艺比赛"

年份	承办赛项
2015年	1. 鸡新城疫抗体水平测定 2. 农产品质量检测 3. 植物组织培养 4. 中华茶艺 5. 园林景观设计
2016年	1. 鸡新城疫抗体水平测定 2. 植物组织培养 3. 中华茶艺

　　2016年11月20日，由广东省教育厅主办、广东科贸职业学院承办、广东农业职业教育集团和广东省高职教育农业类专业教学指导委员会协办的"2016年广东省高等职业院校技能大赛暨2017年全国职业院校技能大赛高职组广东选拔赛中华茶艺比赛"在我院石井校区举行，来自广东省的24所职业院校的36支参赛队伍报名参赛。本次大赛得到南方工报、广东工会微博等全媒体的专题报道，引起社会的广泛关注。

学生发展

5.1 招生情况

2016年，学院招生专业33个，录取率107.97%，报到率91.06%，分类招生有序开展。

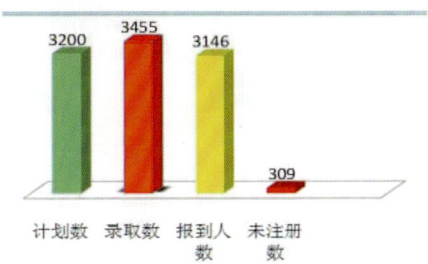

2016年学生报到情况数据图　　　　2016年招生各批次数据图

5.2 在校生发展

省级以上大学生创新创业赛事获奖9项（其中省级二等奖以上4项）；获省级财政专项对学生项目的扶持6.5万元。

2015—2016学年度，共有2 703名毕业生获取"双证书"。

5.3 毕业生发展

2016届毕业生就业率为99%；平均薪酬为每月3 620元，同比增长47%。

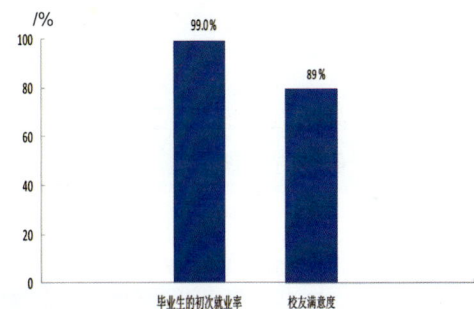

案例　校企共建"创意设计"工作室　培养学生"创新创业"意识

学院视觉传达设计专业和广州市壹品广告有限公司、广州市光源广告有限公司等企业于2011年共同建设"创意设计"工作室。工作室以"真题实做"形式，采用"学徒制"现代人才培养模式，带领学生进行实际项目开发设计。在台湾"中国时报"举办的全球华人大学生广告大赛金犊奖、教育部主办的全国大学生艺术展演和全国大学生广告艺术大赛、夏季青年奥林匹克运动会组委会主办的2014南京青奥会专题设计竞赛等赛事中获得了一、二、三等奖项共112项。

6 服务贡献

6.1 科技推广
发挥8支省农村科技服务团队作用，实施"百师百村百场"工程，开展技术服务，下乡109次，培训177场，调研189次，交流972次；获校外立项科研项目15项；横向技术服务到款额79.1万元。

6.2 社会培训
公益性培训服务9 120人·日；技术培训13 783人次；干部培训3 000人次；农业技能培训2 361人次；新型职业农民培训4 663人次。

6.3 志愿服务
志愿服务活动参与人次2 457人；创建志愿服务总队900人；志愿服务2 929人次。

6.4 精准扶贫
帮扶田心村、钢铁村；指导省级现代农业"五位一体"示范项目基地建设；指导"创建国家级农村职业教育和成人教育示范县"工作。

案例 发挥优势，服务地方经济发展（一三六八服务体系）

广东科贸职业学院赴肇庆践行精准扶贫 关爱留守儿童
2016-09-28 13:46 中国青年网

中国青年网广东9月28日电（通讯员 林淳琛）为进一步"践行精准扶贫，落实科技支农，关爱留守儿童，宣传资助政策"，广东科贸职业学院信息工程系和人文外语系赴广东省肇庆市暑期社会实践团于7月18日至7月24日前往广东省肇庆市四个村庄开展一系列主题活动。

7 对外合作

7.1 开展学生境外交流项目
- 赴台学习项目
- 赴美实习项目

7.2 实施教师能力提升计划
- 中国台湾屏东科技大学短期培训
- 中国台湾龙华科技大学短期培训
- 中国台北商业大学中长期培训
- 荷兰短期研修

7.3 拓展对外合作办学
先后与英国南威尔士大学、荷兰诺德温学院、中国台湾昆山科技大学、中国台湾朝阳科技大学、中国台湾弘光科技大学、中国台湾龙华科技大学、中国台湾屏东科技大学、亚太创意技术学院等8所国(境)外大学签订合作协议。

案例 学院赴荷兰"基于绿色农业的教师专业能力提升研修班"圆满完成研修任务

根据学院2014—2016年"强师工程"实施方案，学院2016年赴荷兰"基于绿色农业的教师专业能力提升研修班"一行23人于2016年11月27日—12月10日进行了为期14天的专题研修。据不完全统计，整个研修期间，荷方共有30多位学校教师和企业专家为我院教师进行了授课及现场教学、讲解；我院教师现场考察了15家行业企业，并参观考察了诺德温学院两个分校。通过两周的考察，较系统学习了荷兰绿色农业与可持续发展的经验与做法；了解了荷兰职业教育体系的构建情况、对接职业教育的预备教育的教学与实训情况、开放性与终身性职业教育的运作情况；了解了校企合作的深度融入、协同创新情况，对"问题学生"的关怀和救助情况，集政府、教育、科研、企业、学生于一体的社会公益组织运作情况；与诺德温学院师生一道，共同实施分组分专业教学、项目教学、体验教学、情景教学等，感受该校富有特色的校园文化和网络教学方法；到校企合作的企业、水源管理与利用中心、乳制品加工厂、奶牛研究与生产基地、花卉场及批发市场、百年酒庄等深度考察学校与企业的深度整合情况，学生在企业的实训及工作情况；与学生深度接触，了解其主动学习及参与企业项目情况，以及在企业的实训及工作情况；部分成员还进行了现场模拟教学，并与荷方教师进行交流，并就进一步加强两校深度合作达成一些初步共识。

图说广东体育职业技术学院（2017）
高等职业教育质量年度报告

校风：团结　奋进　求真　创新

教风：敬业　爱生　教业育人　为人师表

学风：严谨求实　刻苦钻研　勇于创新　积极向上

办学定位

　　广东体育职业技术学院前身是1956年8月创办的广东省体育运动学校，2003年5月升格为全日制高等体育职业院校。

　　广东体育职业技术学院以"弘扬体育精神、勤学体育知识、精练体育技能"为办学理念，坚持"立足广东、面向全国、立足行业、面向社会"的服务定位；以"文明精神、野蛮体魄，创新思维、精湛技能"为校训，力争建设成为具有区域特色，国内一流的体育职业技术学院。

1. 办学规模

学院共设 8 个专业，2015—2016 学年，学院招生计划 1 655 名，学院普通高职在校学生人数 2 452 人。

2. 毕业生发展：去向

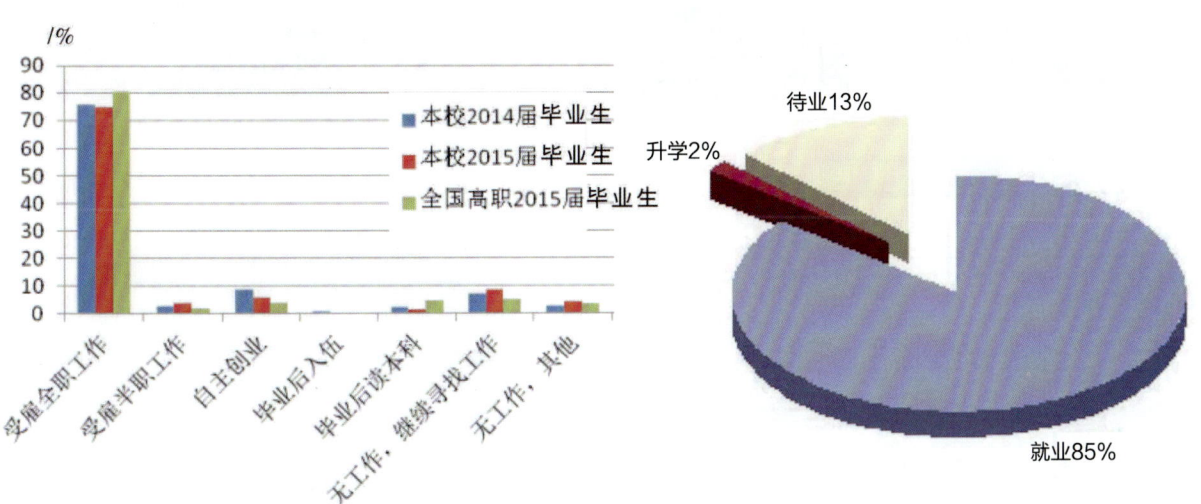

月收入变化趋势

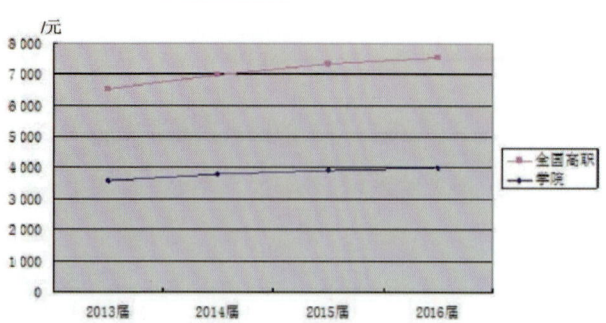

就业满意度变化趋势

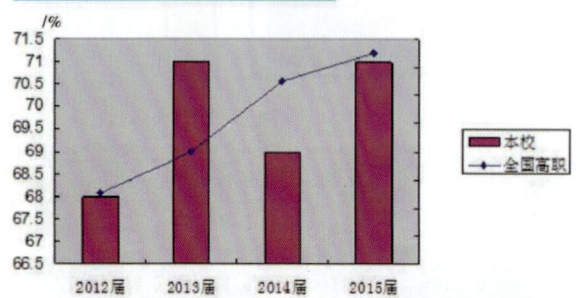

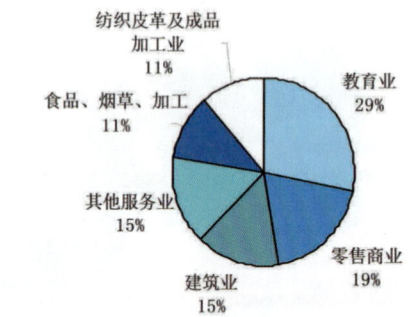

毕业生发展：自主创业

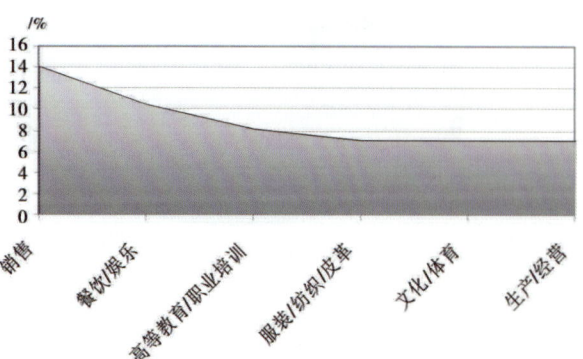

毕业生发展：毕业半年后就业竞争力

专业名称	就业竞争力排序	就业竞争力指数/%	毕业半年后的平均月收入/元	毕业时掌握的基本工作能力/%	就业现状满意度/%
本校平均	—	—	3 574	55	71
全国高职	—	—	2 940	51	54
体育服务与管理（户外运动方向）	1	98.5	3 731	58	85
社会体育	2	95.2	3 661	53	83
竞技体育（体育艺术方向）	3	94.1	3 828	55	73
体育保健（体育保健方向）	4	92.4	3 972	53	67
竞技体育（体育训练指导方向）	5	92.2	3 658	53	68

3. 在校生发展

单位：人

级别	体育艺术系	竞技体育系	体育保健系	体育管理系	合计
国家级	5	3	1	1	10
省级	8	13	2	5	28
合计	13	16	3	6	38

4. 教育教学改革

A. 专业标准

五年一贯制、现代学徒制、高职本科三二分段、中职高职"三二分段"。

B. 专业建设成效

体育保健专业——中央财政支持高职院校提升专业服务产业能力项目

体育服务与管理专业——省级重点专业

运动训练专业——协同育人"3+2"专升本试点项目

C. 课程体系

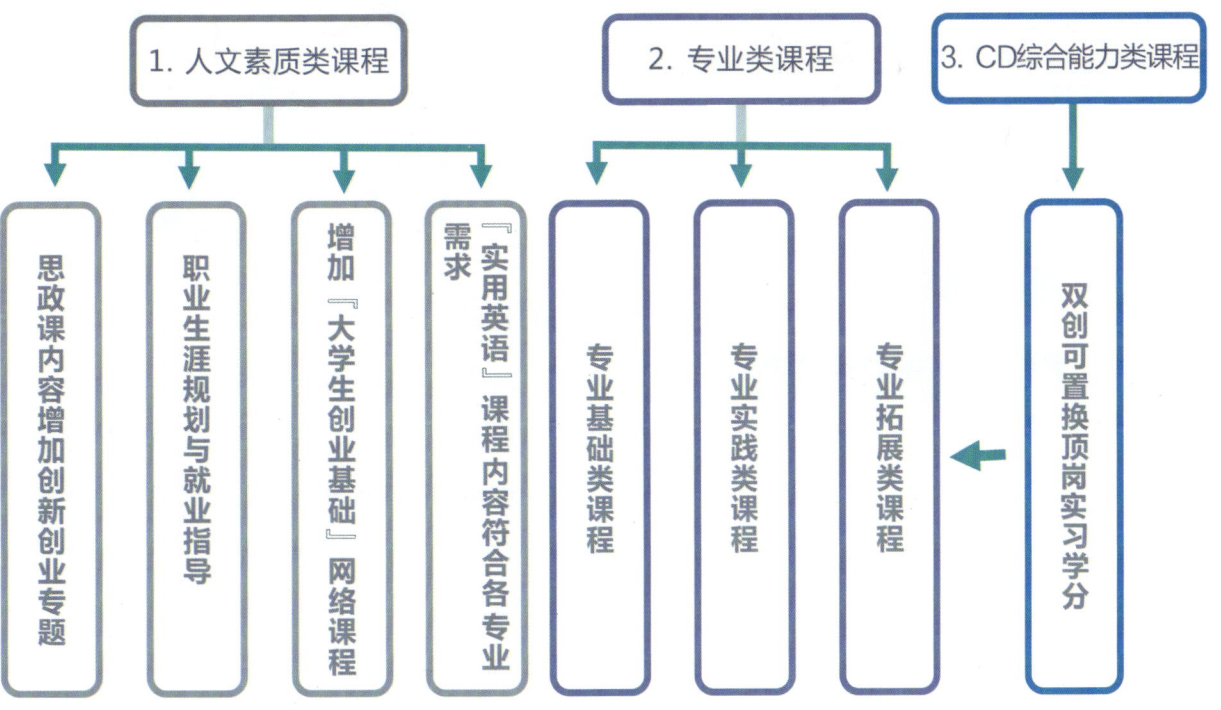

5. 师资队伍

学院大力实施"强师工程",实施聘用制,加强"双师素质"教师队伍建设。学院共有专任教师145人,生师比为15.5∶1。其中,博士7人、研究生学历69人、大学本科学历69人,高级教师42人、中级教师68人、初级教师35人。由于学院发展规划和专业建设需要,师资建设先后投入资金120万元,比2014—2015学年的102.64万元增加了17.36万元。

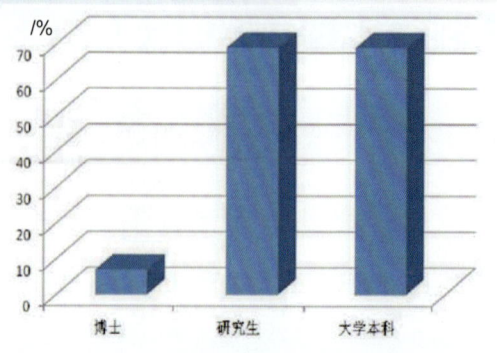

项目名称	单位	2015年	2016年
专任教师行业企业一线工作总时间（历年）	年	755	817
专任教师行业企业一线工作总时间（学年）	天	5 206	5 854
行业企业一线工作时间（历年）3年以上的专任教师数	人	53	56
挂职锻炼专任教师数	人	48	33
专任教师挂职锻炼总时间	天	4 102	3 245
培训进修专任教师数	人	134	88
专任教师培训进修总时间	人·天	2 875	4 294
参加国家、省级培训专任教师数	人	25	5
专任教师参加省级培训量	人·天	38	58

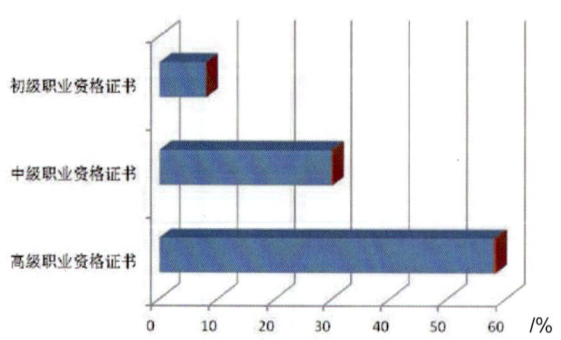

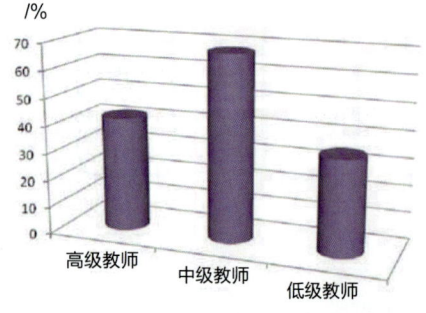

6. 社会服务——校园体育游戏型文化课智能导学移动学习平台

专注于青少年运动员文化学习

- 破解学训矛盾
- 优化教学资源
- 传播体育文化

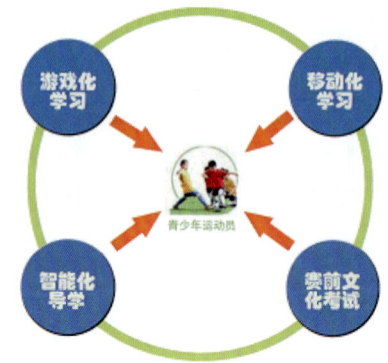

项目介绍

以校园体育竞赛为游戏形式,与相应知识点相互嵌入融合,形成适合青少年运动员自主游戏化学习的软件,在现代智能导学系统平台技术支持下实现可视化、可移动的青少年运动员专属化的远程教学平台,以体育竞赛游戏创建学习情境,学习和训练紧密结合,是一款适合青少年运动员进行自主学习的教学产品。

项目成果

本项目正处于研发以及成果转化阶段，最终的产品成果将是手机APP形式，拟开发两个版本，适合用于安卓和iOS两套系统，呈现体育竞赛游戏型文化课智能导学移动学习平台。

社会服务——广东体育职业技能鉴定站

广东省体育行业职业技能鉴定站
全国示范职业技能鉴定站
体育行业特有职业国家级培训基地
职业技能鉴定研究室
广东省退役运动员职业转换培训基地
运动员职业指导工作室
广东省专业技术人员继续教育基地
广东省体育传统项目学校体育师资培训基地
广东省初、中级教练员岗位培训基地
广东省体育产业管理干部培训基地
广东省体育产业经营管理人员培训基地
广东省社会体育指导员培训基地
武汉体育学院广东体育职业技术学院函授站

社会服务——服务贡献

服务定位

按照终身教育体系要求，开展教练员岗位业务培训班、退役运动员职业转换过渡期培训班，面向全省体育系统开展继续教育活动，为全省体育专业技术人员提供良好的学习服务。

教育平台

创建广东省体育行业高技能人才平台，建立数据库和电子学习档案，着手教师研发培训模块。

专家队伍

专家队伍建设方面，鉴定站在全省开展的13个项目中共培养培训师457人，考评员216人。

日常鉴定

2015—2016年度共开展包括游泳救生员、社会体育指导员、体育场地工等各个项目鉴定共计207个批次，鉴定总人数达到11 038人次。

活动竞赛

组队参加全国职业技能大赛，分别获得大众健身指导项目个人一、三等奖，团体二等奖以及体育场馆管理项目个人二、三等奖，团体三等奖的优秀成绩。

社会服务——俱乐部

体育俱乐部

广东省全民健身体能康复中心

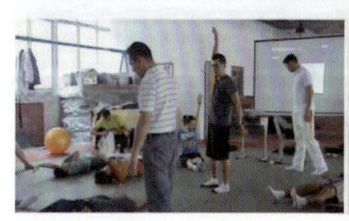

广东省体质测定与健康指导站

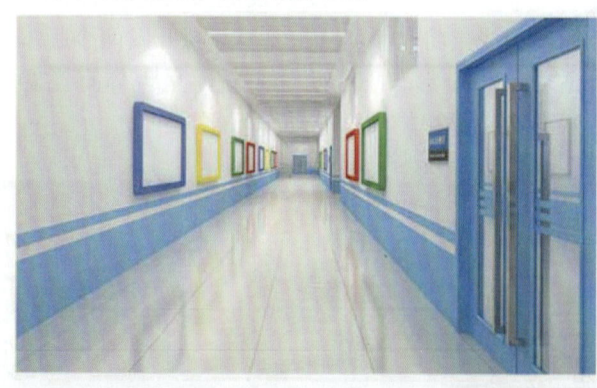

7. 对外合作

鼓励潜水、运动防护、户外运动等具有一定国际或粤港澳合作基础的专业/课程开展学术交流、编写教材、师资培训、学生访学等多途径的合作交流；以对外合作领域的拓展作为办学方向指引，促进人才向国际化方向发展。

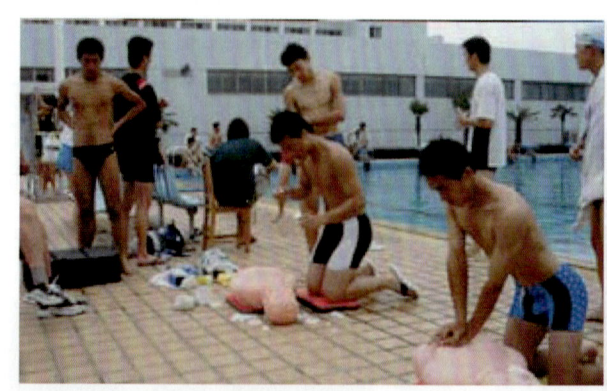

图说广东交通职业技术学院（2017）
高等职业教育质量年度报告

一、成功申报广东省一流高职院校建设计划

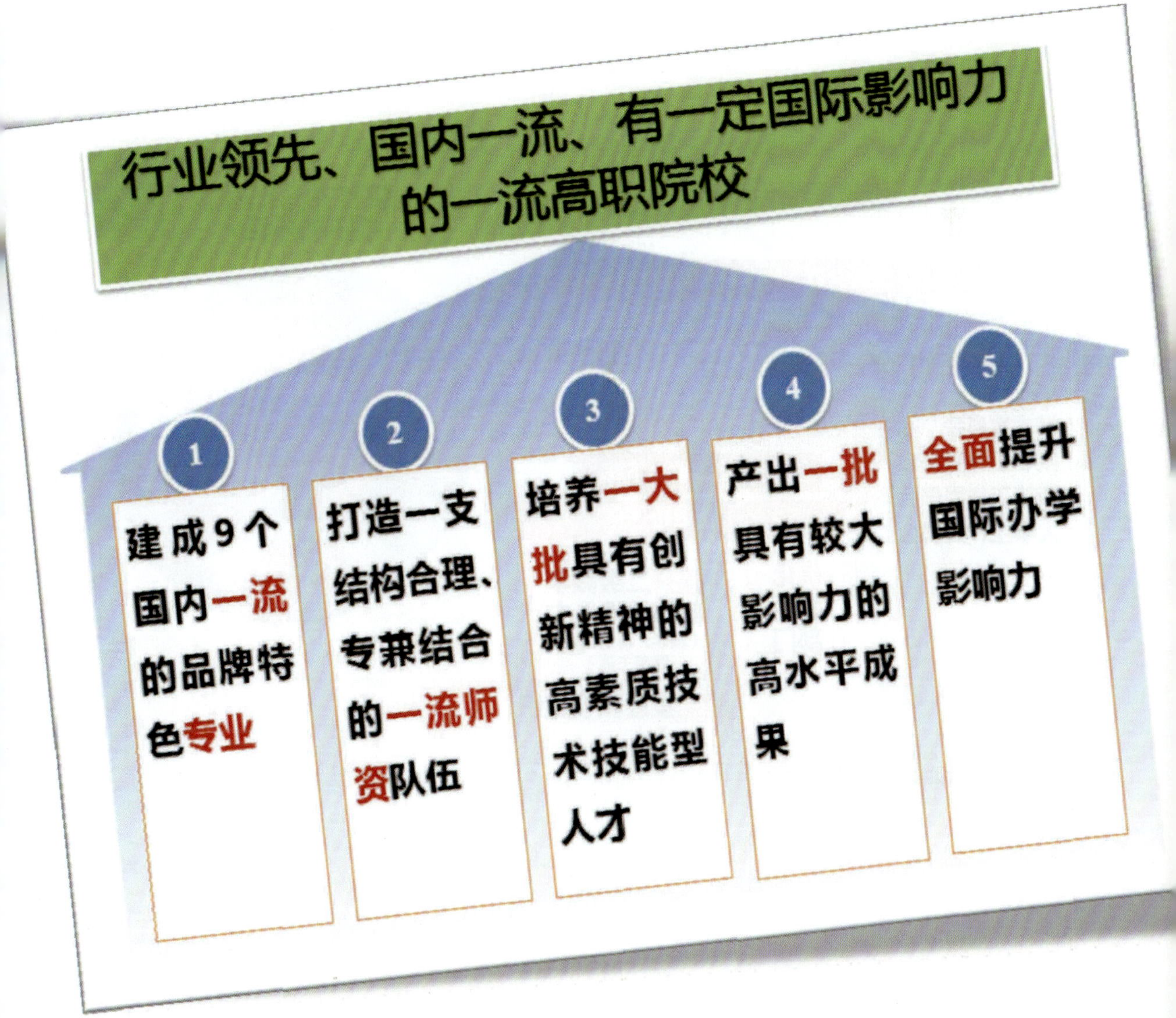

行业领先、国内一流、有一定国际影响力的一流高职院校

1. 建成9个国内一流的品牌特色专业
2. 打造一支结构合理、专兼结合的一流师资队伍
3. 培养一大批具有创新精神的高素质技术技能型人才
4. 产出一批具有较大影响力的高水平成果
5. 全面提升国际办学影响力

二、提升内部治理能力，形成内生式发展动力

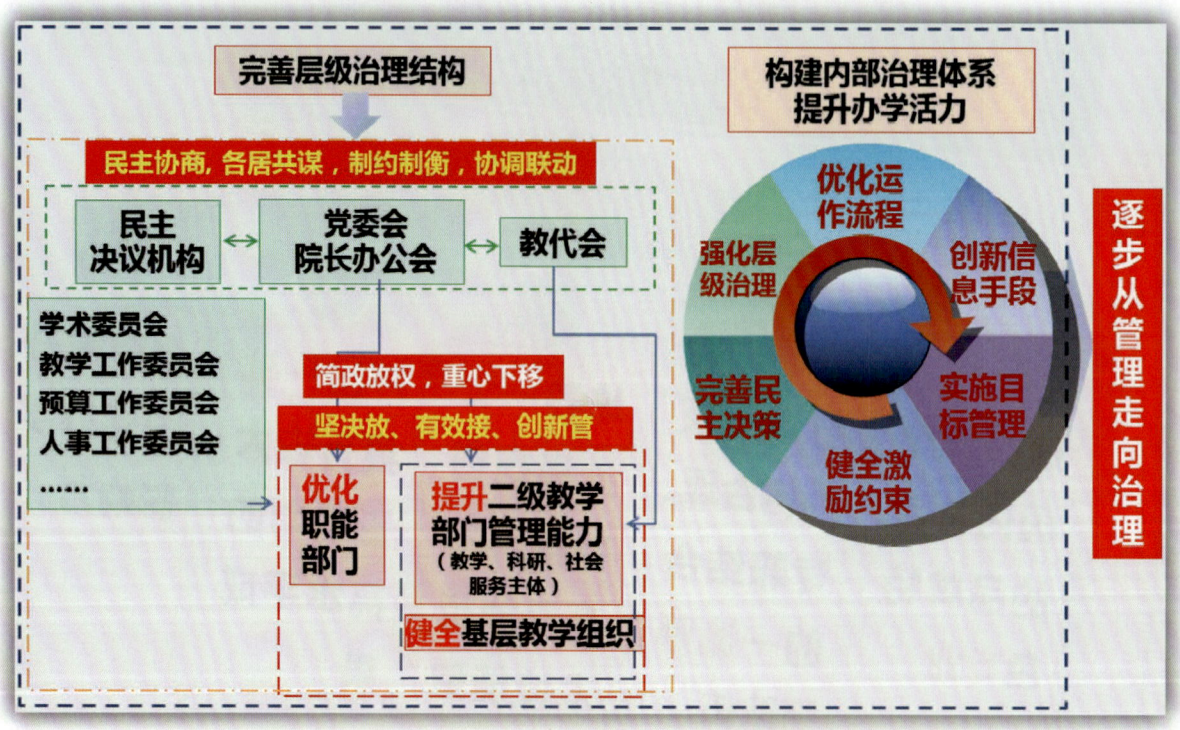

广东交通职业技术学院

三、主动适应供给侧改革，调整专业结构

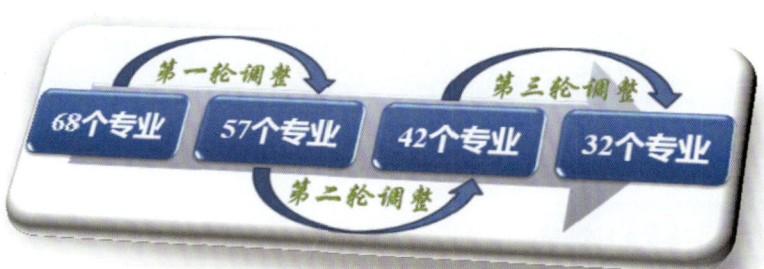

第一轮调整：68个专业　57个专业　42个专业　32个专业　第三轮调整　第二轮调整

专业聚集度高，交通特征明显，交通类专业占比60.6%

7个专业集群

- 水上运输专业群：港口与航运管理、船舶电子电气工程技术、轮机工程技术、航海技术
- 机电装备专业群：机电一体化技术、电气自动化、预留相关专业
- 汽车专业群：汽车电子技术、汽车检测与维修技术、工程机械运用技术、汽车技术服务与营销
- 信息技术专业群：电子信息工程技术、移动通信技术、软件技术、数字媒体应用技术、物联网应用技术、计算机网络技术
- 物流运输与经济管理专业群：会计、连锁经营管理、会展策划与管理、报关与国际货运、电子商务、交通运营管理、物流管理、国际贸易实务、公路运输与管理
- 土建工程专业群：建筑工程技术、道路桥梁工程技术、城市轨道交通工程技术、工程造价、工程测量技术
- 轨道专业群：城市轨道交通机电技术、智能交通技术运用、城市轨道交通车辆技术、高速铁道工程技术、城市轨道交通运营管理

广东交通职业技术学院

四、专业集群发展，做优特色品牌

广东省高等职业教育品牌专业建设

一类品牌专业

汽车检测与维修、道路桥梁工程技术

二类品牌专业

智能交通技术运用、工程机械运用技术

高速铁道工程技术、城市轨道交通工程技术

船舶电气工程技术、计算机网络技术

物联网应用技术、物流管理

软件技术、交通运营管理

会计、汽车营销与服务

品牌专业占比：41.2%；交通类专业占品牌专业比例：71.4%

广东交通职业技术学院

五、2015年高等职业院校"服务贡献50强"

非学历社会培训到款额	1 532万元	
2015年，全校科技服务累计纵横向合同金额	542.7万元	到账金额530.6万元，实际到账金额同比2014年增长12.7%
中小微企业技术服务项目合同金额	477.7万元	共246项,到账金额为485.6万元,同比2014年项目总数增长21.64%,实际到校到账金额增长30.7%

 广东交通职业技术学院

六、系统推进"12348工程"

获"广东省大学生创新创业教育示范学校"

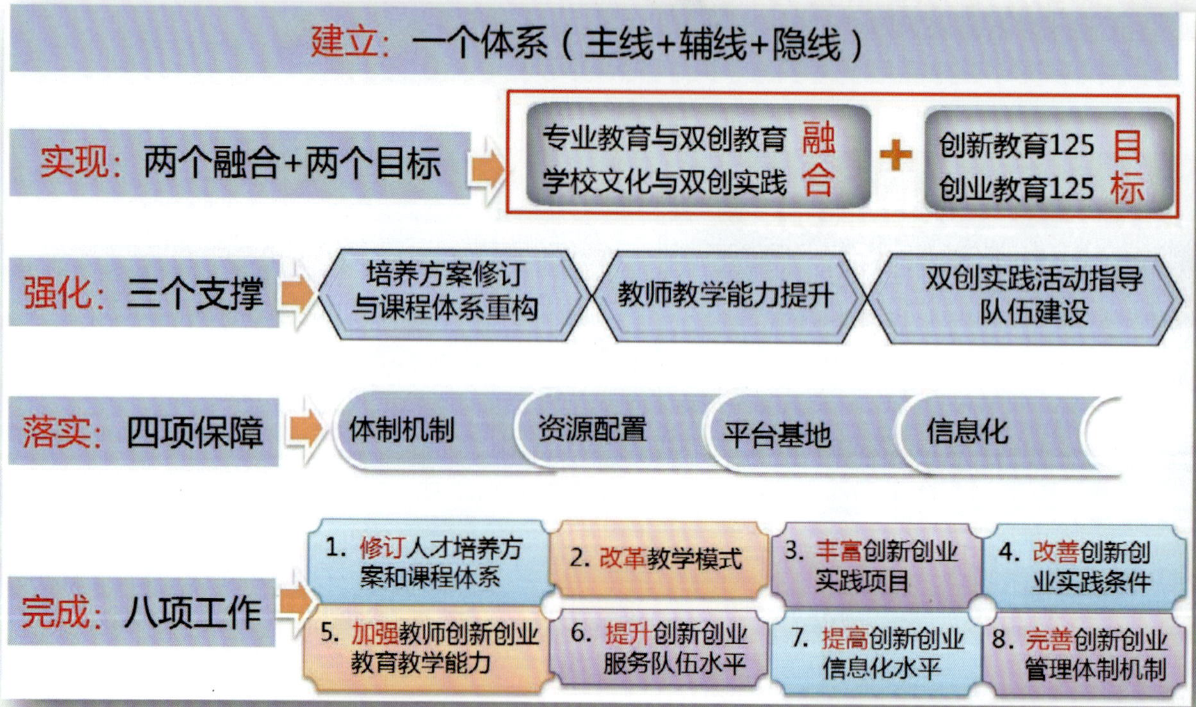

建立： 一个体系（主线+辅线+隐线）

实现： 两个融合+两个目标 → 专业教育与双创教育 / 学校文化与双创实践 **融合** ＋ 创新教育125 / 创业教育125 **目标**

强化： 三个支撑 → 培养方案修订与课程体系重构 ｜ 教师教学能力提升 ｜ 双创实践活动指导队伍建设

落实： 四项保障 → 体制机制 ｜ 资源配置 ｜ 平台基地 ｜ 信息化

完成： 八项工作 →
1. 修订人才培养方案和课程体系
2. 改革教学模式
3. 丰富创新创业实践项目
4. 改善创新创业实践条件
5. 加强教师创新创业教育教学能力
6. 提升创新创业服务队伍水平
7. 提高创新创业信息化水平
8. 完善创新创业管理体制机制

广东交通职业技术学院

七、创新性人才培养显成效

巴哈大赛获奖

课堂教学	教学内容与学生创新意识结合
实操训练	技能大赛

创新融合

历时9个月，经过资料收集，市场调研，实验样车设计、制作、调校，实验场地测试等环节。

在中国汽车工程学会巴哈大赛上以全国第14名、广东省第1名的佳绩获全国三等奖。

图说中山火炬职业技术学院（2017）
高等职业教育质量年度报告

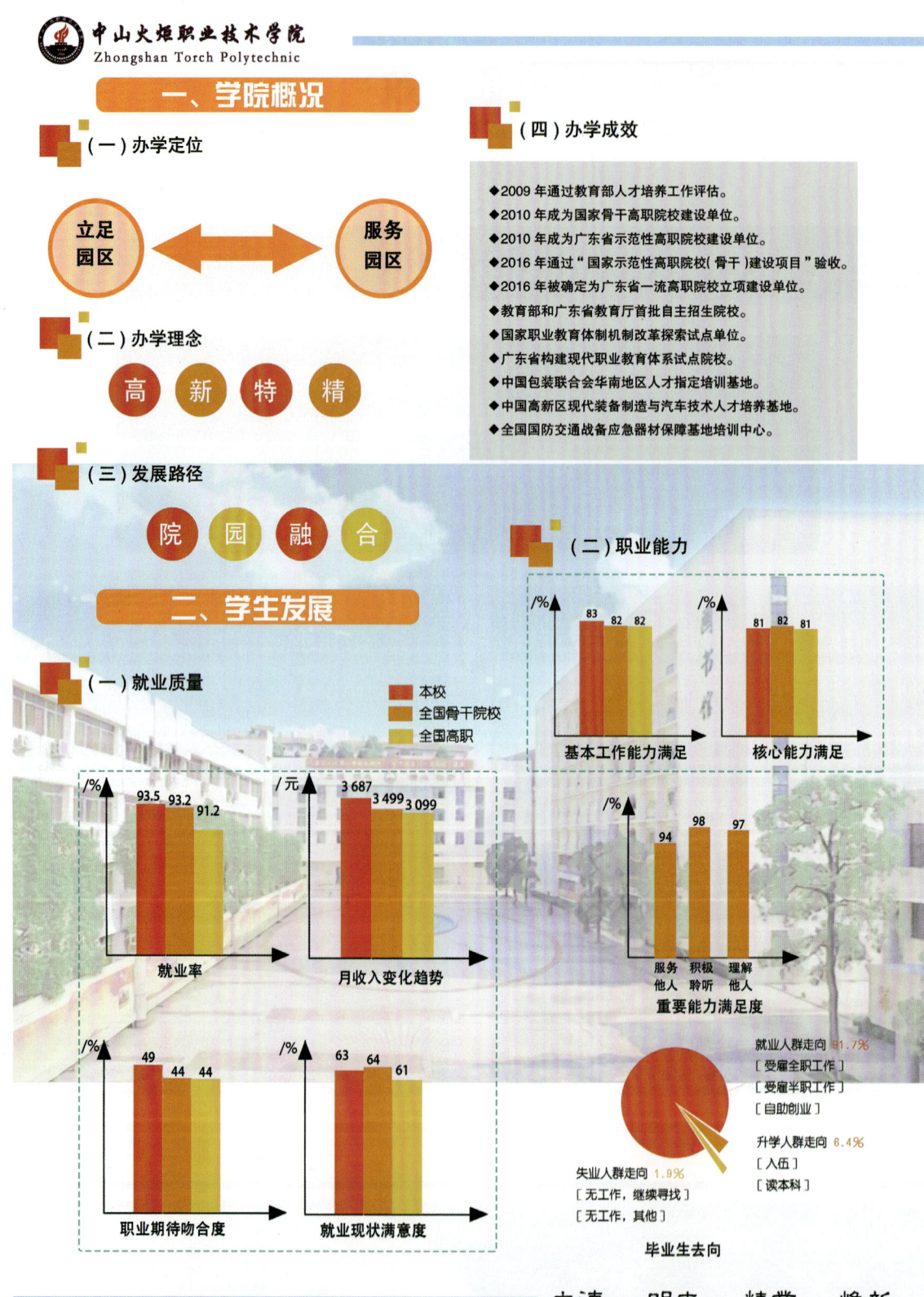

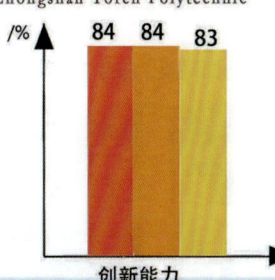

创新能力

三、教学创新

（一）对接园区产业升级，动态调整专业结构

为更好地了解园区创业升级情况，学院及时进行专业调研，更新人才培养方案，优化课程体系，建立课程建设的快速反应机制，较好地适应了知识、技术快速更新的要求。

（二）创新人才培养模式，扩大现代学徒制试点

学院形成了一些具有专业人才培养特点与特色的人才培养模式。2015年学校获批为教育部与广东省教育厅首批现代学徒制试点学校后，学院稳步推进现代学徒制试点。2016年，学院在现代学徒制试点经验的基础上，扩大试点范围，与此同时，学院在稳步推进现代学徒制试点的过程中开始探索现代学徒制人才培养模式。

学院2015—2016学年人才培养模式改革情况

专业名称	人才培养模式
包装技术与设计	工学交替，分段实施
机械制造与自动化	厂校一体，工学交替
应用电子技术	标准引领，产品导向，能力递进
生物制药技术	项目驱动，分段实施
产品造型设计	教师工作室+产品
国际经济与贸易	岗、证、课一体
会展策划与管理	校协互助，展教融合
计算机多媒体技术	实训室+工作室

（三）在校体验

学生在校生活体验中，不仅参加公益类社团活动，还参加许多表演艺术类、社会实践类以及学术科学类等社团活动。

（三）加大教学资源建设，促进教学资源信息化

金源学院揭牌仪式

首个企业冠名学院——信达学院揭牌

立德·明志·精业·惟新

（四）构建 ISO 29990 质量标准体系

林艳芬书记、王春旭院长出席动员大会，学院最终顺利通过 ISO 29990 专家组审核。

（三）参加产教协同联盟，服务"一带一路"战略

王春旭院长参加"一带一路"产教协同联盟会

学院作为产教协同联盟 18 个成员单位之一、广东省高职院校的唯一代表，加入"一带一路"产教协同联盟，必将为学院"走出去"办学、更好地服务"一带一路"战略创造更大的平台。

四、对外合作

（一）对外合作办学正式合作

林艳芬书记与奥罗尔罗伯茨大学副校长会面。

王春旭院长与奥罗尔罗伯茨大学签署合作备忘录。

五、服务贡献

（一）园院融合，服务园区新型城镇化发展

2016 届毕业生总人数为 3 155 人，其中 47.8% 留在中山就业，22% 在企业研发技术与管理岗位工作。

留在中山就业 47.8%
其他 31.2%
在企业研发技术 22%

（二）师生赴台交流不断扩大

学生在中国台湾龙华科技大学学习

（二）科研立地，助力园区产业转型升级

学院 2015—2016 学年科研成果总体情况

序号	项目类型	数量/项	到账经费/万元
1	纵向科研项目	92（院级 55）	295.8（配套 63.7）
2	横向科研项目	8	91
3	专利成果	42	
	合计	142	286.8

数据来源：根据中山火炬职业技术学院工程研究院提供数据统计。

学院 2015—2016 学年专利申请成果情况

序号	专利类型	数量/项
1	发明专利	9
2	实用新型专利	1
3	外观设计	32
	合计	42

数据来源：根据中山火炬职业技术学院工程研究院提供数据统计。

立德·明志·精業·惟新

六、典型案例

（一）学校正式成为国家示范（骨干）高职院校

学院2015—2016学年横向科研成果情况

序号	项目名称	合同经费/万元	到账经费/万元
1	铁皮石斛质量指标测定	2	2
2	LED光源在家禽健康养殖上的应用研究	22.4	22.4
3	w-3鱼油软胶囊制剂工艺及中试研究	1.5	1.5
4	铝塑膜数码印刷工艺研究	3	3
5	在线质量检测前瞻性外观设计——《基于SOC阵线的一片式铝罐外观在线质量检测的研发及应用》子项目	2	2
6	《关于进一步加强农村道路桥涵建设议案》成效情况第三方评估	19.8	19.8
7	路桥工程展示三维智能化管理平台3D建模	0.3	0.3
8	三角镇优势水产品生鱼的高值化全利用技术研究及产业化生产	40	40
	合计	91	91

数据来源：根据中山火炬职业技术学院工程研究院提供数据统计。

《南方日报》报道我院一流高职建设成果以及《中山日报》报道学院骨干院校建设成果

（三）科技特派，促进园区现代农业发展

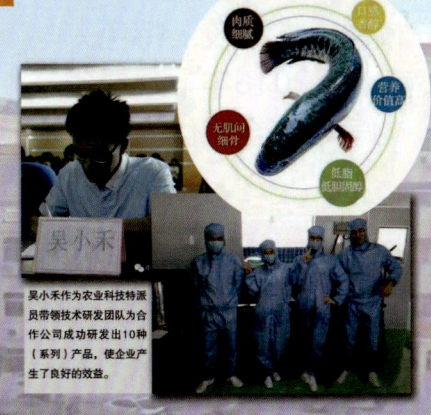

吴小禾作为农业科技特派员带领技术研发团队与合作公司成功研发出10种（系列）产品，使企业产生了良好的效益。

（二）全国职业院校技能大赛显身手

我院光电工程系参赛学子取得了全国职业院校技能大赛"智能电梯装调与维护项目"广东赛区二等奖的佳绩。

（四）搭建平台，服务园区中小微企业发展

学校利用智力优势和人才优势，面向中小微企业，努力搭建各种平台，切实投入服务中小微企业。学院与政府、高校、企业、研究院所合作，与国家级工程中心合作，提供场地、人员、设备、技术服务与优惠政策；建立了10个教师工作室；学院还通过派遣青年骨干教师到合作企业兼任工程师以及合作申报项目等方式培养青年教师服务中小微企业的能力。

（三）主持教育部半导体照明技术与应用专业教学资源库建设

（五）多元培训，助推园区人力资源智力升级

2016年，学校累计开展各类培训13 369人次。本学年，学院共开展各类培训54 143人·天，其中为企业培训员工32 768人·天。

立德·明志·精业·惟新

图说江门职业技术学院（2017）
高等职业教育质量年度报告

# 1 学校概况

 办学定位   技术立校、文化育人、开放办学、服务侨乡

坚持"技术立校、文化育人、开放办学、服务侨乡"的办学理念，按照"崇尚创新、优化内涵、彰显特色、追求卓越"的建设思路，实施质量立校、人才强校、特色兴校战略，为区域经济社会发展做贡献。至2016年，建成省示范性高等职业院校；至2020年，力争建成全国优质专科高等职业院校。

 办学规模   学校占地1 080亩，全日制在校生12 593人

学校占地0.72平方千米（1 080亩），现有7系1部，开设材料技术系、电子与信息技术系、经济管理系、机电技术系、教育与教育技术系、外语系、艺术设计系、思想政治理论课教学部等共48个专业，学校面向全国12个省市招生，目前全日制在校生12 593人。

 内涵建设

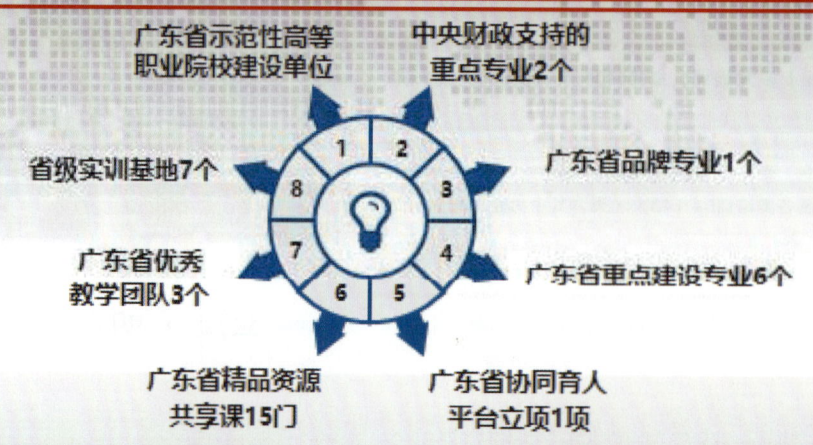

2 学生发展

招生就业进出两旺
报到率连续3年超过90%
就业率连续3年超过99%

学生踊跃报考我校，2016年录取4 443人，报到4 017人，报到率90.41%，报到率连续3年超过90%，就业率连续3年超过99%。

创新创业有平台

1. 广东高校"青创空间"孵化中心示范点（全省30个） 
2. 江门市小微企业众创空间（全市3个）
3. 全省首个与"中国青创板"签约高职院校
4. 广东省大学生"攀登计划"科技项目资助经费全省第一

3 教学改革

全省80所高职院校教学管理要点考核获得"优"

教学改革创成效

- 广东省质量工程项目优秀教学团队项目1项
- 大学生校外实践教学基地项目4项
- 实训基地项目3项
- 精品开放课项目4项
- 大学生创新创业训练计划项目立项5项
- 高职教育教学改革立项6项

3 教学改革

 毕业生教学满意度提升

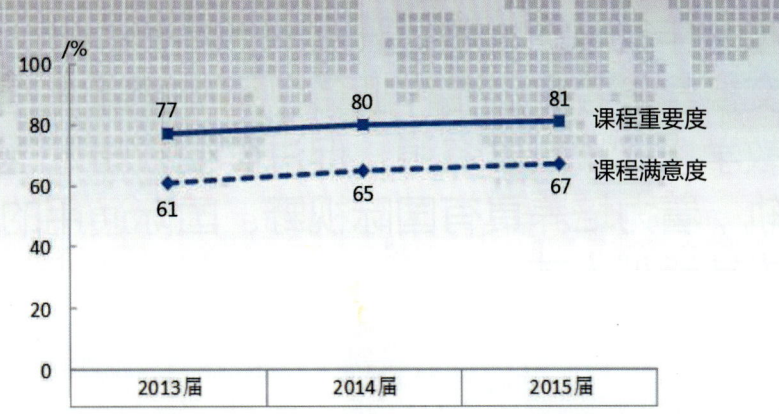

 "双向双岗轮动",全面提升师资队伍整体素质

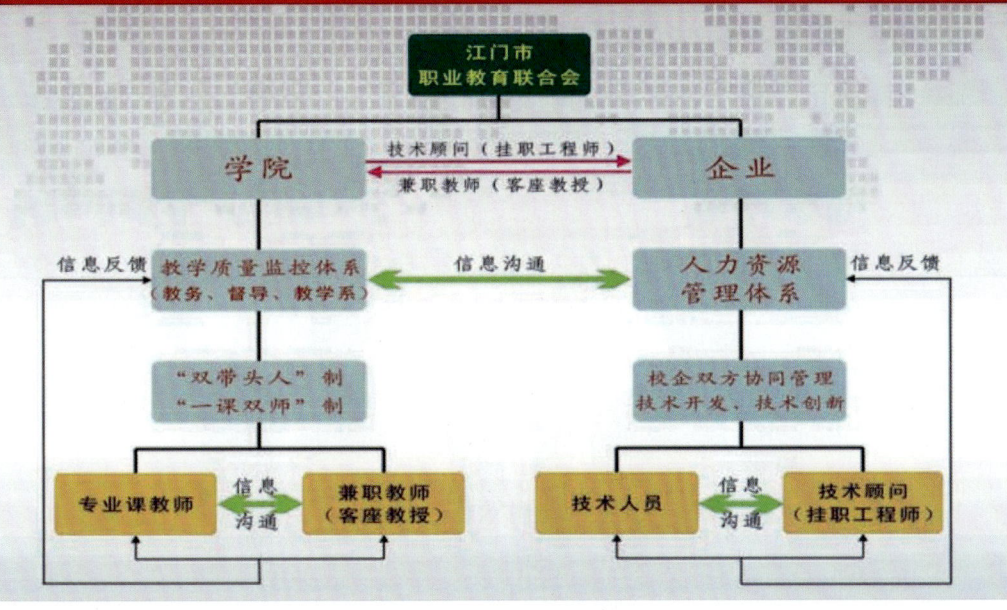

4 对外合作

 对外合作

　　学校与国（境）外7所院校签订了合作协议书和合作备忘录，积极开展中外合作办学、师资培训、交换学生等交流合作业务，引进国际先进教学理念、教学模式、教学资源，促进学校教学管理与国际接轨，着力培养具有国际视野、国际通用的高素质技术技能型人才。

5 服务贡献

服务台山市五大产业集群，共建新宁学院

江门职业技术学院新宁学院建设成为集教育培训、技术研发、社会服务"三位一体"的高素质技术技能型人才培训基地，全方位与台山经济社会发展总体规划接轨，共同培养台山"制造强市""旅游强市"所需的高素质技术技能型人才。

校企合力，共同组建先进装备制造实训中心

学校与江门市蒙德电气股份有限公司共同组建"工业4.0及先进装备制造实训中心"，致力于培养高素质技术技能型人才，为产业转型升级服务。公司捐赠江门职院机电创新实验室控制设备10套，与江门职院共同组建"工业4.0及先进装备制造实训中心"。

图说广东文艺职业学院（2017）高等职业教育质量年度报告

1 基本情况

1.1 办学定位

学院秉承"砺志、创新、明德、尚美"的校训精神，坚持"推进政校行企深度融合，创新高技能文艺人才培养模式，发挥广东文化艺术职业教育集团带头作用，营造协同发展大平台合作，引领社会文化艺术素质全面提升"的办学理念，坚持"培养德、智、体、美全面发展，专业知识扎实，技术能力突出，综合素质优良，适应文化艺术行业需求的复合型和创新型高级技术技能人才"的人才培养目标定位，为建设成具有岭南文化特色和独特教育风格的高水平艺术类高职院校而努力奋斗。

1.2 发展规模

学院全日制在校生4 352人，成人教育学生31人，累计毕业生8 000多人。"十三五"期间，学院全日制高职生规模将稳定在4 000人左右（不含广东民间艺术学院招生人数），折合每年招生规模约1 300人。

2 学生发展

2.1 就业质量

学院2015届毕业生毕业半年后的月收入为4 114元，比学院2014届毕业生（3 426元）高688元，比全国高职2015届毕业生（3 409元）高705元。学院近四届毕业生月收入水平呈现上升趋势，2015届与全国高职平均水平相比具有明显优势。

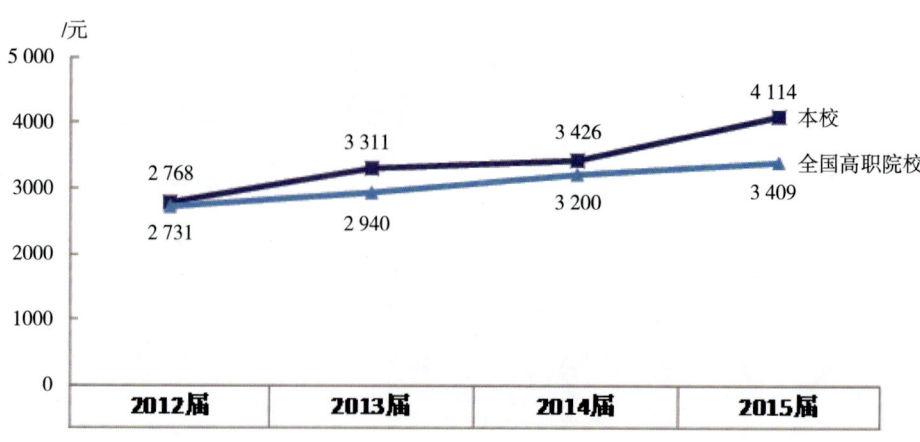

月收入变化趋势

2.2 社团活动

2015—2016学年，在校团委社团联合会正式注册社团22个，涵盖文艺、体育、人文社会类。据调查，学院2015届毕业生在校期间，公益类社团活动的满意度最高，为90%。2015届社团活动的整体满意度较2014届也有所提升。

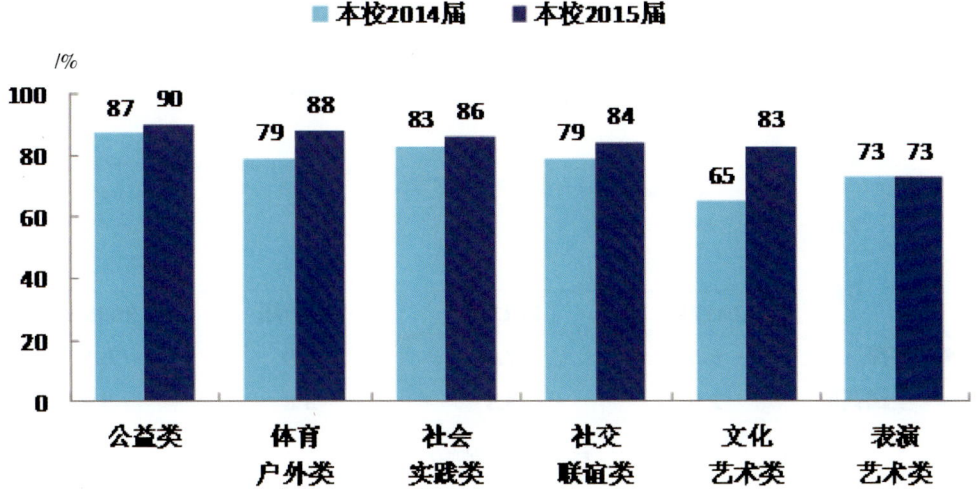

社团活动的满意度

学院开展丰富多彩的社团活动

2.3 自主创业

学院2015届毕业生自主创业比例为8.1%，比学院2014届毕业生（6.0%）高2.1%，比全国高职2015届毕业生（3.9%）高4.2%。学院近四届自主创业比例均高于全国高职平均水平。

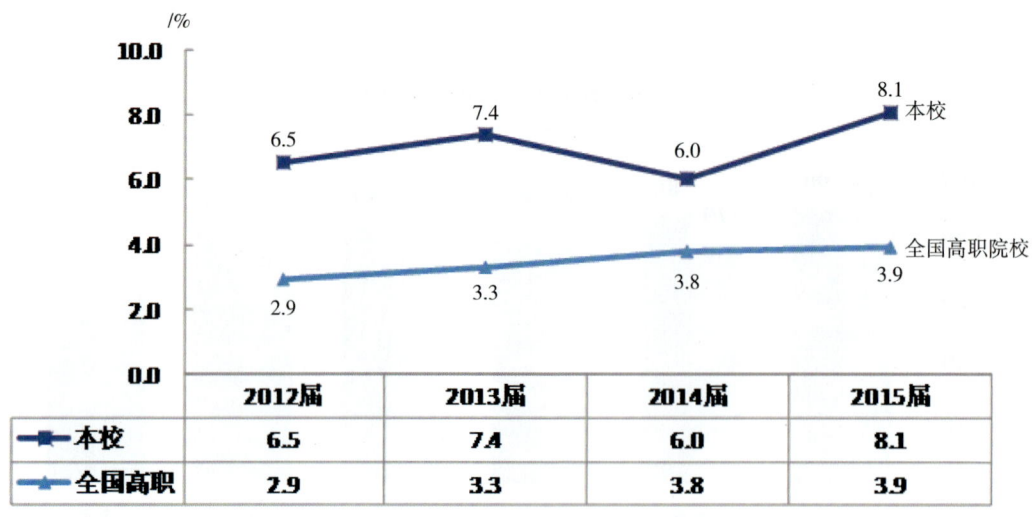

自主创业比例变化趋势

3 教学改革

3.1 专业设置

2015—2016学年，学院设有艺术设计、音乐表演、舞蹈表演、表演艺术、装潢艺术设计、装饰艺术设计、主持与播音、影视动画、编导、文化事业管理、文化市场经营与管理、环境艺术设计等12个专业。

3.2 产教融合

学院实施"工作室制""艺术团制"教学模式，以"校企合作、产教融合"为出发点和落脚点，把传统的课堂教学模式改革为以项目引导、任务驱动的方式组织教学，创新人才培养模式，探索与企业合作的长效机制。

古筝团参加文化园开幕式演出

校企合作培养动漫音乐剧人才

■ 3.3 教学资源

学院现有专任教师223人,校外兼职教师71人。建有校内实践基地62个,校外实习实训基地103个。生均教学科研仪器设备值为5 398.65元,生均纸质图书66册。

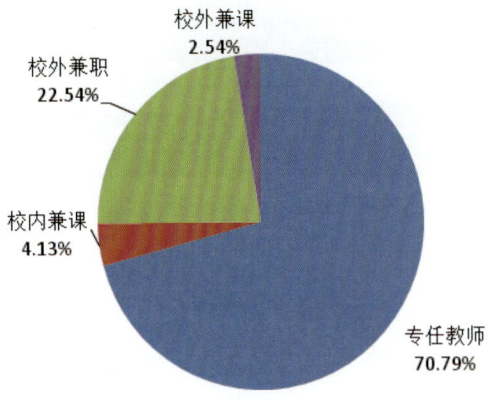

教师队伍组成情况

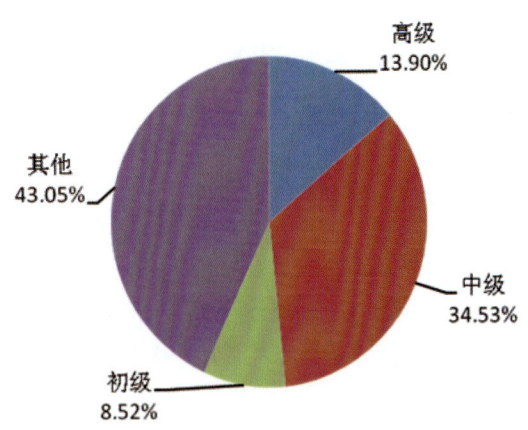

专任教师职称结构

艺术设计工作室

印刷实训室

图书馆

④ 国际合作

2016年7月7日，学院合唱团怀着歌唱和平、歌唱友谊、歌唱生活的美好愿景，登上了世界合唱"奥林匹克"舞台——第九届世界合唱比赛，一举夺得混声冠军组银奖。

学院合唱团参加第九届世界合唱比赛夺得混声冠军组银奖

⑤ 服务贡献

■ 5.1　招生就业情况

2016年计划招生1 350人，第一志愿上线率为101.6%。2016级新生中，94%来自广东省，6%来自外省。本省生源中，44.9%来自珠江三角洲地区（其中10.8%来自广州地区），55.1%来自粤东西北地区。

■ 5.2　本省就业情况

学院2015届就业的毕业生中，有95.9%在广东省就业。毕业生就业量较大的城市为广州（63.9%），在该城市就业毕业生半年后月收入为4 118元。

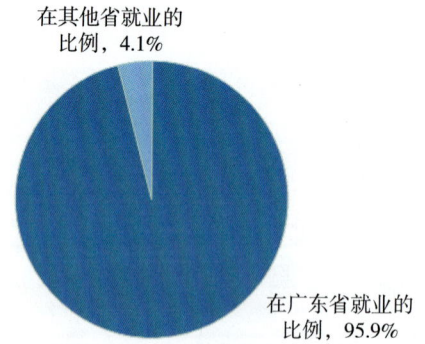

2015届毕业生在广东省就业的比例

■ 5.3　服务区域经济文化

学院充分发挥人才、资源和技术优势，社会服务能力得到大幅提升。社会培训覆盖广东各文化领域，效果良好；开展文化惠民服务月活动，宣扬民俗文化和服务地域文化需求；常年开展志愿者服务和义务支教活动，回馈社会，赢得了良好美誉度。

学院教师对本地区合唱团进行合唱培训

学院面向本地区开展文化惠民服务月活动，惠民过万人次

图说广东食品药品职业学院（2017）高等职业教育质量年度报告

1 ACHIEVEMENT 年度成就

- 学校综合实力显著提高，2016年11月被确定为广东省一流高职院校立项建设单位
- 学校2016届学生总体就业率在全省普通高校排名第一
- 医疗器械制造与维护专业获"首批全国职业院校健康服务类示范专业点"
- 学校创新创业孵化基地（服务中心）获国家级"众创空间"
- 现代学徒制试点工作取得良好成效，康复治疗技术专业获优秀等级
- 学校制作的"舌尖上的风暴"系列节目在省市主流媒体播放
- 现代信息技术发展飞速，云计算虚拟实训中心获得成果
- 荣获2015年广东省科学技术奖一等奖1项
- 获聘高职院校珠江学者特聘教授1名，药物制剂技术专业获设珠江学者岗位

2 INTRODUCTION 学校概况

2.1 办学定位

学校秉承"明德精业，惟民其康"的校训，立足广东、面向全国、辐射海外，紧扣"大健康"产业，为药品、食品、医药卫生、化妆品、医疗器械、保健品、护理等健康领域生产、服务和管理第一线培养高级技术技能型、创新型、创业型人才。

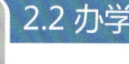

2.2 办学规模

学校设有制药工程学院、药学院、中药学院、生物技术学院、食品学院、管理学院、医疗器械学院、化妆品与艺术设计学院、国际交流学院、中医保健学院、护理学院、软件学院、思想政治理论教学部、继续教育学院、创业学院等15个教学单位。全日制在校生14 808人，成教函授生8 701人，校园总面积82万平方米。

2.3 办学成效

2008年：省依法治校示范校
2008年：省高校心理健康教育与咨询工作先进集体
2013年：省示范性高职院校建设单位
2015年：省创新创业教育示范校
2016年：国家级"众创空间"
2016年：省一流高职院校立项建设单位

3 DEVELOPMENT 学生发展

3.1 生源结构

2016年，我校招生录取率102.13%，报到率90.37%。分类招生有序开展。

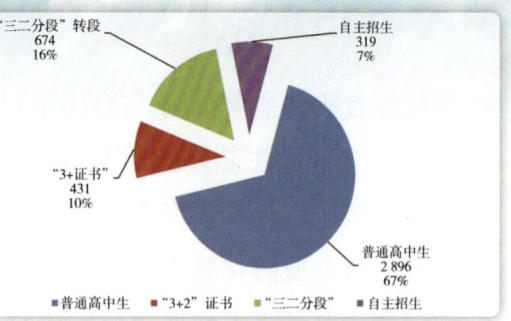

3.2 在校生发展

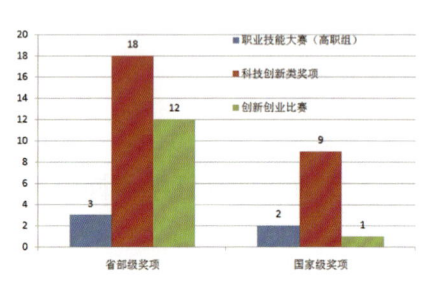

2015—2016学年，学生素质全面发展，职业能力显著增强。

3.3 毕业生发展

学校2016届毕业生就业率为99.46%，毕业生工作总体满意度为88.44%，满意度高。

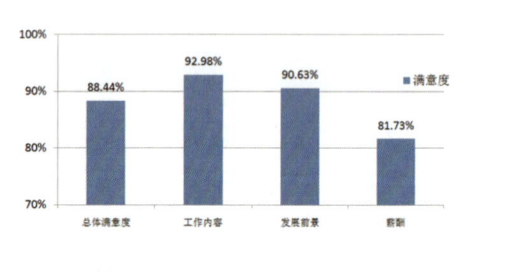

案例1："玩"创业，我们动真格！

学校依托大健康行业背景成立了广东食品药品职业学院创新创业孵化基地，基地有五大板块构成：大学生创新创业服务中心、广药职院众创空间、广东光彩健创孵化器、广药职院加速器、创业园。基地面积达20 000多平米，学生登记注册的公司38家。2016年，基地成功晋升为国家级众创空间、广州市创业带动就业（孵化）示范基地、广东省众创空间试点单位。众创空间、创新创业服务中心共获得科技厅300万元建设经费资助。

4 教育教学改革
INNOVATION

4.1 人才培养改革：探索现代职教体系，贯通中高本立交桥

学校探索建立医药职业教育人才成长"立交桥"，向下对接中等职业教育，向上对接本科教育；积极开展现代学徒制试点工作，推动了现代职业教育体系建设，各类招生试点学生1 780人。

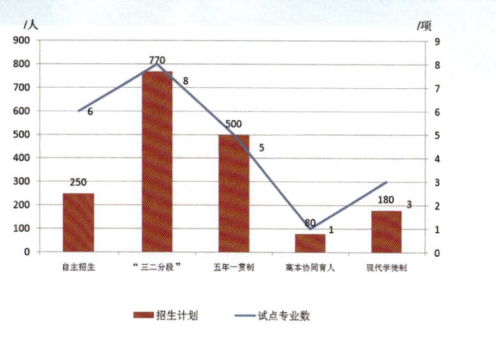

4.2 内涵建设：深化高职教育教学改革，内涵建设成果显著

学校深化高职教育教学内涵建设，在专业建设、课程建设、实训基地建设、教材建设、教研教改建设等方面取得了丰硕的成果。

成果名称	数量	成果级别	成果名称	数量	成果级别
教学成果奖	4	国家级1项 省级3项	精品资源共享课程 精品开放课程	26	国家级7门 省级19门
中央财政支持 重点建设专业	2	国家级	实训基地 公共实训中心 高技能人才培养基地 校外实践教学基地	23	国家3个 省级20个
职业院校健康服务类 示范专业点	1	国家级			
省级品牌（示范性/ 重点）专业	21	省级	规划教材	55	国家级16本 卫生部39本
专业教学标准	3	国家级	教学研究与改革项目 大学生创新创业训练 计划	71	省级
职业院校残疾人 康复人才培养改革 试点单位	1	国家级			

4 教育教学改革 INNOVATION

4.3 师资队伍建设：引培结合，提升高层次团队教师队伍能力

学校现有珠江学者2人，珠江学者岗位1个、省级教学名师1人、南粤优秀教师4人、南粤优秀教育工作者2人。高级职称、博士学历占比长足进步。

指标	人数/人		比例/%	
	2014—2015学年	2015—2016学年	2014—2015学年	2015—2016学年
专任教师	588	628	100	100
高级专业技术职务专任教师	165	176	28.06	28.03
博士学历专任教师	76	103	12.93	16.40

4.4 信息技术建设：加强与教学融合，推进学校信息化建设

案例2：依托云计算虚拟实训中心，自主研发虚拟仿真教学资源

学校依托云计算服务平台，运用虚拟仿真技术进行自主研发创新，为全校开展虚拟仿真实训教学提供教学场地、教学资源等服务，从而推进实践教学信息化改革与发展。目前，建成了1个云计算虚拟仿真实训机房，该机房由Citrix虚拟化软件将4台高性能服务器组建成可支持130名学生实训用的云桌面资源。自主开发了虚拟仿真实训系统即"中药制药虚拟工厂"，同时完成了将仿真资源迁移到云计算服务平台，探索生产岗位驱动下高职食品药品类专业"理—虚—实"结合的实践教学模式，对推进人才培养模式的改革将起到重要推动作用，在校内、广东省乃至全国都得到了推广应用，获得了丰硕的成果。

5 SERVICE 服务贡献

- 就业服务：主动服务广东社会经济发展，本省学生就业率达97.63%
- 培训报务：社会总培训量28 249人次，到款额233.54万元
- 决策服务：受广东省食品药品监督管理局委托，在郑彦云校长的主持下，完成了《广东省食品药品安全科技发展"十三五"规划》的编制工作
- 科技服务：获国家自然科学基地等国家、省级项目53项

项目类型	立项数	级别
国家自然科学基金	2	国家级
广东省自然科学基金项目	3	省级
广东省科技计划	2	省级
广东省科技计划协同创新与平台建设项目	1	省级
广东省哲学社会科学"十三五"规划项目	1	省级
广东省高等职业技术教育研究会项目	5	省级
广州市科技计划	2	市、厅、局级
广州市哲学社会科学"十三五"规划项目	1	市、厅、局级
其他省（市、厅、局）级项目	36	市、厅、局级
合计	53	

案例3：积极开拓思路，全情服务社会

学校积极开拓思路，利用自身的专业优势，全情服务社会，做好社会培训。2016年6月，承接了广东紫薇星实业有限公司近90名员工健康管理培训，针对参加培训人员的工作及知识背景，精心设置了13门实用性、针对性强的课程。本次为期12天的培训，取得了良好的社会效益和经济效益。

6 对外合作 COOPERATION

工作内容	对外合作办学工作成效
理念建设	办学理念：国际教育本土化，实用人才国际化 发展战略：全方位、多渠道、多层次
机构建设	成立了学校外事工作委员会 打造"懂外事，专业精，国际化"团队
合作交流	与美、英、澳、新西兰等国家和中国台湾地区的政、校、企、行签署合作办学、学分互认等协议27份
师资建设	派出国外访问学者1人、国外交流团组2个8人、境外交流团组1个10人；接待国（境）外来访团19个92人，举办中医药文化传承培训，培训留学生97人
人才培养	中澳办学项目：全日制在读学生469人；毕业生数量居广东省内高职院校前列
资源引进	澳大利亚联邦大学健康科学专业课程8门 英国索尔福德大学护理专业课程4门 英国伯明翰城市大学食品科学专业课程20门
政策响应	依托新西兰商学院成立学院海外教育研习基地 在中国银行等新西兰中资机构成立实践教学基地 成立学院——新西兰惠特福德国际创新创业教育学院 成立新西兰惠特福德健康产品微商体验中心和新西兰优质健康产品展览馆 与新西兰商学院向广州科创委联合申报重大科研创新项目，获资助200万元
增强影响	2016年1月，教育部在学校召开了全国职业院校对外合作办学现场会，重点推介学校模式 2016年5月，承办省职教学会"健康管理专业国际化办学研讨会"，推动健康管理类职业教育发展

案例4：与新西兰商学院创新创业教育国际化改革之路

通过"教育先行"的工作理念，学校积极参与"一带一路"建设，与海上丝绸之路沿线国家高水平院校紧密合作，在新西兰设立了广东省高职院校第一家海外教育研习基地和校内国际创新创业教育学院。

图说广州体育职业技术学院（2017）
高等职业教育质量年度报告

校政行企协同培养体育人才

校政行企协同育人

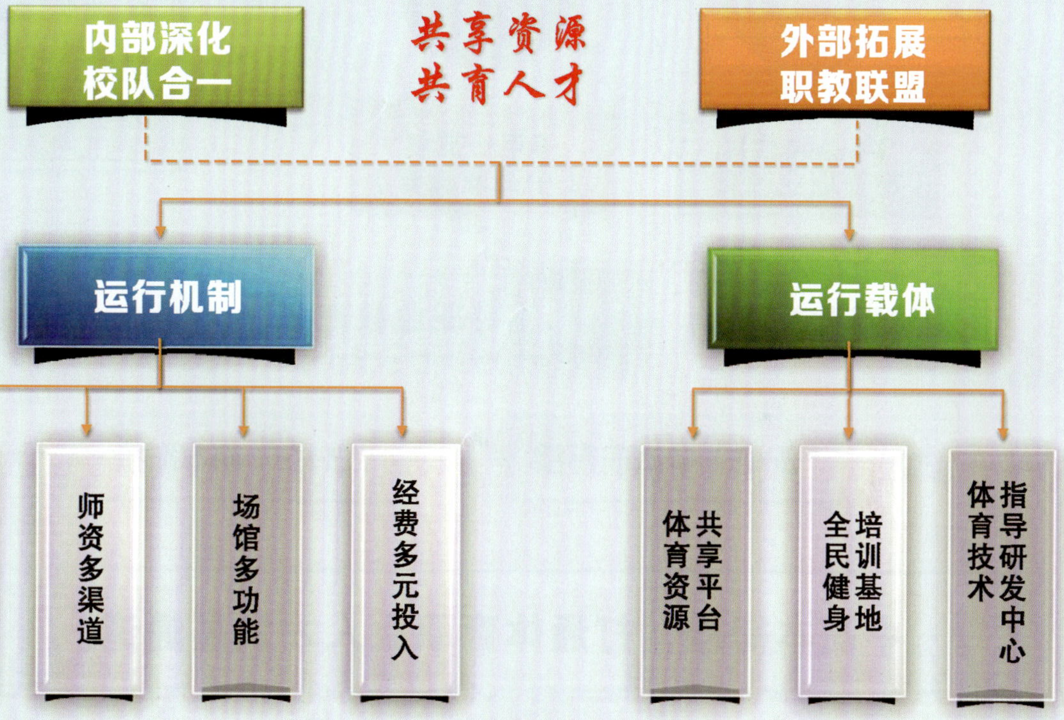

- 内部深化 校队合一
- 共享资源 共育人才
- 外部拓展 职教联盟

运行机制
- 机构多职能
- 师资多渠道
- 场馆多功能
- 经费多元投入

运行载体
- 共享平台 体育资源
- 培训基地 全民健身
- 指导研发中心 体育技术

"十三五"规划十大重点工程

- ◆ 机制创新工程
- ◆ "双创"培育工程
- ◆ 奥运争光工程
- ◆ 国际教培工程
- ◆ 科研服务工程
- ◆ 品牌专业工程
- ◆ 优势优投工程
- ◆ 名师引育工程
- ◆ 智能校园工程
- ◆ 冠军文化工程

中高本衔接　贯通人才培养立交桥

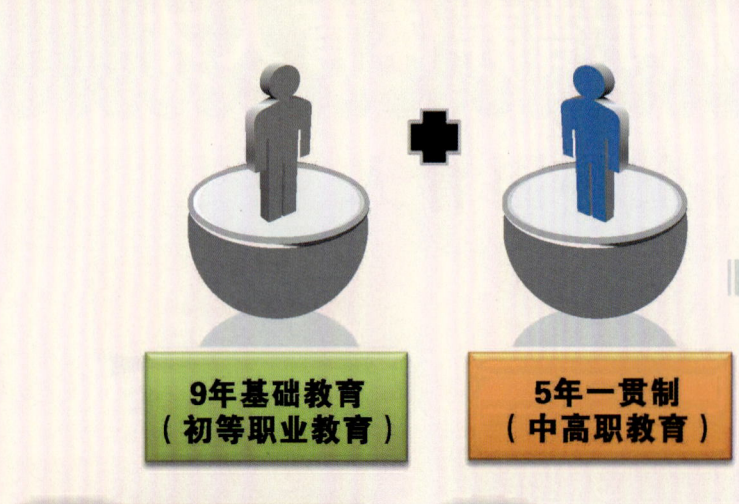

9年基础教育（初等职业教育）　5年一贯制（中高职教育）

14年一贯制：贯穿小学、初中、高中、高职4个学段，打通优秀竞技体育人才培养通道

中等职业教育　　高等职业教育　　本科教育

"3+2"中高职衔接　　"3+2"高本衔接

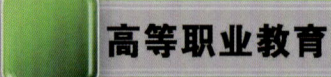

中高本衔接，打通体育职业人才发展通道

双向互动
引入输出优质资源

◆ 与芬兰哈格—赫利尔应用科技大学体育商学院推进"2+2"专本人才培养，办学成果得到芬兰驻华使馆参赞狄明嘉充分肯定。

◆ 与美国春田大学共建具有中西康复医疗特色的"体育康复实训基地"。

◆ 接待韩国、新加坡、马来西亚等国家以及中国香港、澳门体育组织11 000人次来院集训。

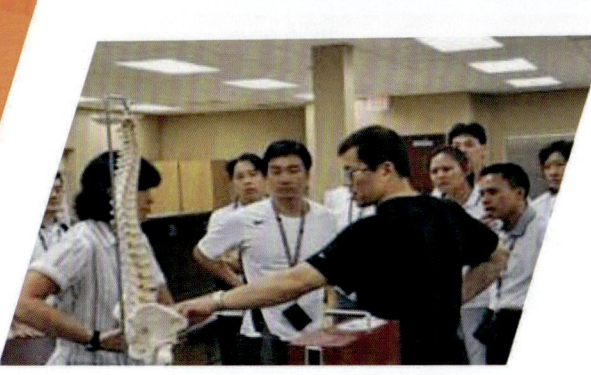

为国争光提高核心竞争力

陈艾森
我院输送的运动员，获2016年巴西里约热内卢奥运会男子跳水单人、双人十米台两项冠军

刘诗雯
我院输送的运动员，获2016年巴西里约热内卢奥运会乒乓球女子团体冠军

雷 声
我院培养输送的运动员，作为2016年奥运会开幕式中国队旗手亮相里约

大赛级别	大赛名称	获奖等级	获奖人次
国家级	2016年全国全民健身操舞大赛（广东赛区）	一等奖	20
省级	2016年全国职业院校技能大赛高职组广东省选拔赛（英语口语）	一等奖	1
省级	广东省健美操锦标赛	第一名	32
省部级	华中地区健身健美大赛	第一名	1
省级	广东省青少年锦标赛	金牌131枚，总分第一	

创业有备增强"双创"内生动力

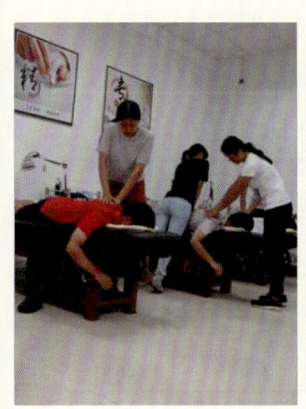

创业率6%,创新满意度85%,高于全国平均水平

根据麦可思毕业生社会需求与培养质量跟踪评价报告

体育惠民
提高社会服务能力

2016年学院培训与服务项目	规模
全年进场馆活动	18.3万多人次
免费和惠民活动	8.17万人次
承办各类培训	2.48万人次
承办国家、省、市级体育赛事	22项

冠军精神引领校园文化建设

组织"奥运冠军回母校""冠军讲坛"和"冠军林"植树等活动,推进社会主义核心价值观和"冠军精神"进课堂。

图说广东岭南职业技术学院（2017）高等职业教育质量年度报告

一、学校概况

学校简介

广东岭南职业技术学院是2001年经广东省人民政府批准成立，其前身是创建于1993年的"广州岭南文化技术学校"，现有广州及清远两大校区，广州校区毗邻广州科学城、天河软件园及智慧城，清远校区地处清远市清城区省级职教基地。

校园用地总面积87.7万平方米，总藏纸质图书149.54万册，仪器设备总值13 485.14万元。

学院现有全日制专科学生16 300多人，教职员工1 000多人，高级职称教师占比31.51%，"双师素质"教师占比75.07%。

发展定位

特色立校　人才兴校　质量强校

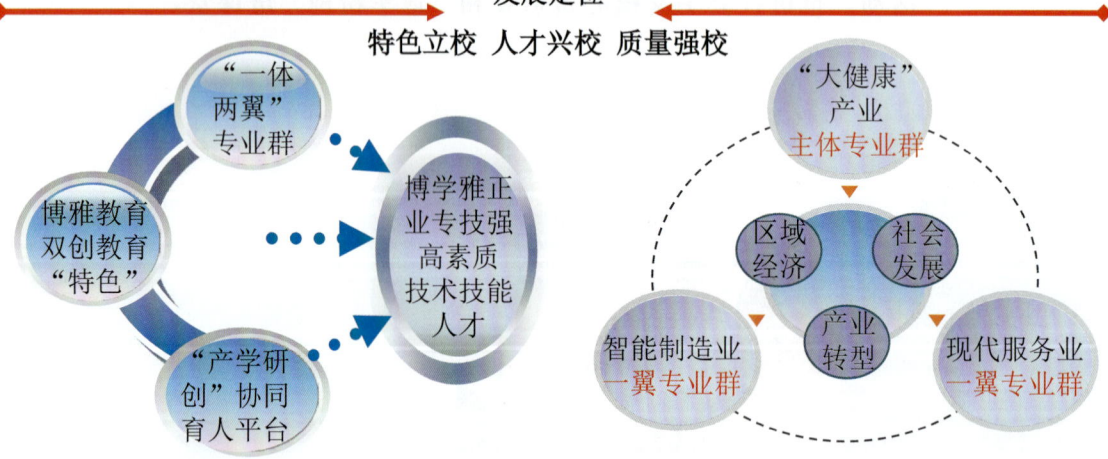

办学成效

2010年	广东省人民政府授予"广东省职业教育先进集体"称号
2013年	教育部授予"全国职业教育先进单位"荣誉称号
2013年	唯一一所民办高职院校立项为省示范性高职院校建设单位
2014年	被列为广州市开发区科技企业孵化器试点单位
2015年	被广东省教育厅评为省大学生创新创业教育示范学校

二、学生发展

生源结构及特点

1. 2015年计划招生7 281人，实际招生7 281人，招生计划完成率为100%，第一志愿报考录取率100%。

2. 2015级在校生基于高考的"知识+技能"招生占比97.6%，独立考试招生（自主招生）占比2.4%。

3. 2015级报到的新生中，99.37%来自省内，0.63%来自于省外。

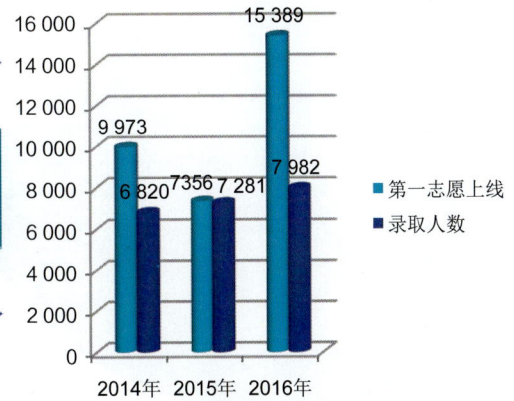

毕业生培养质量

◆据省教育厅发布数据显示，我校2015届、2016届毕业生初次就业率和总体就业率分别为：2015年的94.05%和99.26%；2016年的95.93%(高于省平均95.75%)和99.77%，就业率逐年提升。

◆据毕业生资源信息库截至2015年9月1日数据显示，广东省2015年专科毕业生平均就业薪酬为每月2 646元，我校毕业生同期平均薪酬为每月2 776元。

◆据广东省教育厅发布的《广东省高职院校毕业生培养质量、专业预警和产业需求2015年度报告》显示：

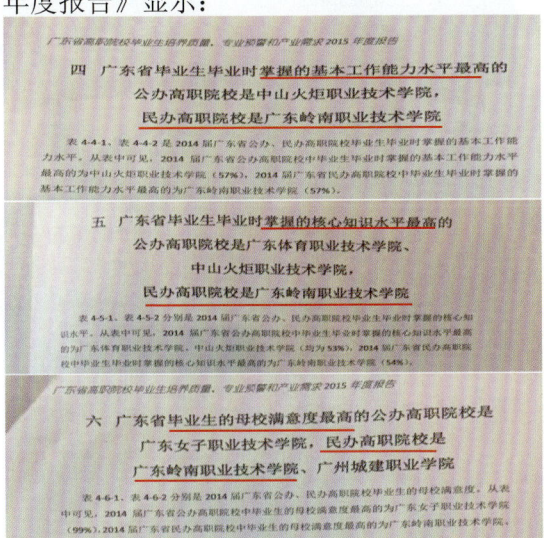

毕业生满意度

◆据麦可思应届毕业生社会需求与培养质量跟踪评价报告（2015）显示：
本校2015届毕业生对母校的学生工作、生活服务满意度评价（分别为90%、89%）均高于本省高职平均水平（分别为87%、83%）。

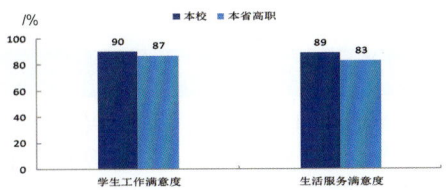

本校2015届毕业生的就业现状满意度为68%，比本省高职院校（64%）高4%。

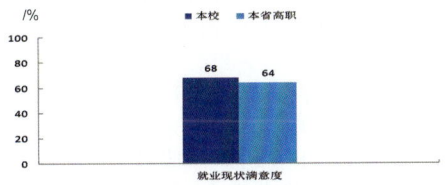

本校2015届毕业生对母校的推荐度、满意度分别为76%、96%，均高于本省高职平均水平（分别为62%、91%）。

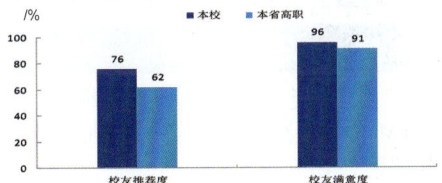

三、主动适应区域经济发展，实现办学三融合

区位融合 校企融合 工学融合

三融合办学理念

1
- 与本区域政行企共建8个二级学院
- 学院运营的创业孵化园区获得广州开发区科技企业孵化器试点牌照，为国内首个中欧产教园孵化器
- 联合广东省服务外包产业促进会、广州服务外包行业协会共同组建华南地区首家国际服务外包学院

2
- 联合广州科学城、清远市区多家企业共建省级医药健康专业群公共实训中心
- 由广州黄埔开发区教育局牵头，成立"开发区产教联盟"，我校校长为"开发区产教联盟"副理事长
- 与黄埔区（原萝岗区）政府共建黄埔社区学院

◆ 校企"双主体"合作办学

- 岭南中兴通信工程学院，是中兴通讯全国首家校企合作办学单位，广东教育界首家4G学院
- 岭南·千骐星力量动漫游戏学院，是我校联合千骐动漫和奥飞动漫公司共同打造、以真实动画片制作项目为支撑的教学实训基地
- 岭南创业管理学院，是我校与广东卓启投资有限责任公司联合建立，采用"学院+公司+基金"三位一体战略运作模式，致力于培养实战型"创业人才"和创新型"就业精英"
- 岭南香港铸业学院，是我校与香港铸业总会共同出资2 238万元建设，实行学校、企业、工程中心轮岗学习实践制度

◆ 校企共建订单班、实训基地、技研中心

- 近三年共建校外实习实训基地累计1 224个，其中本年度新增校外实习实训基地189个
- 校企共建技研中心4个

以校企合作及专业自营公司工场（软件专业）、大师工作室（艺术设计类专业）、校内实践基地（工商企业管理专业）训练等多元方式融合企业资源，让学生通过工学并举、工学交替等形式学习实践，实现毕业即就业。

计算机网络技术专业8名学生在校期间获得行业CCIE国际证书

工业设计专业学生参与企业生产实践，设计"曼铂丽"新品发布销售

服装与服饰设计专业学生原创作品发布会上企业直接签订单

四、深化博雅和双创教育，打造岭南教育特色

推进"4321"工程
打造创新创业教育特色

校企师生"四协同"，普及、专项、孵化"三递进"，带成果就业、带项目创业"双达成"
推动师生能力"螺旋上升"打通"教、创、孵、投"一条龙

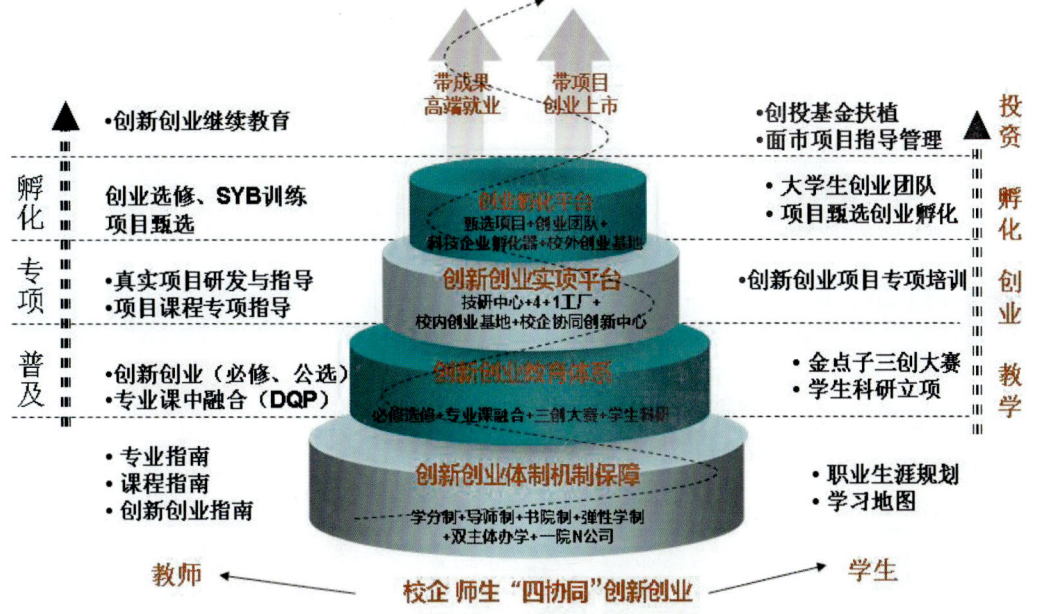

以立德树人为本
打造博雅教育特色

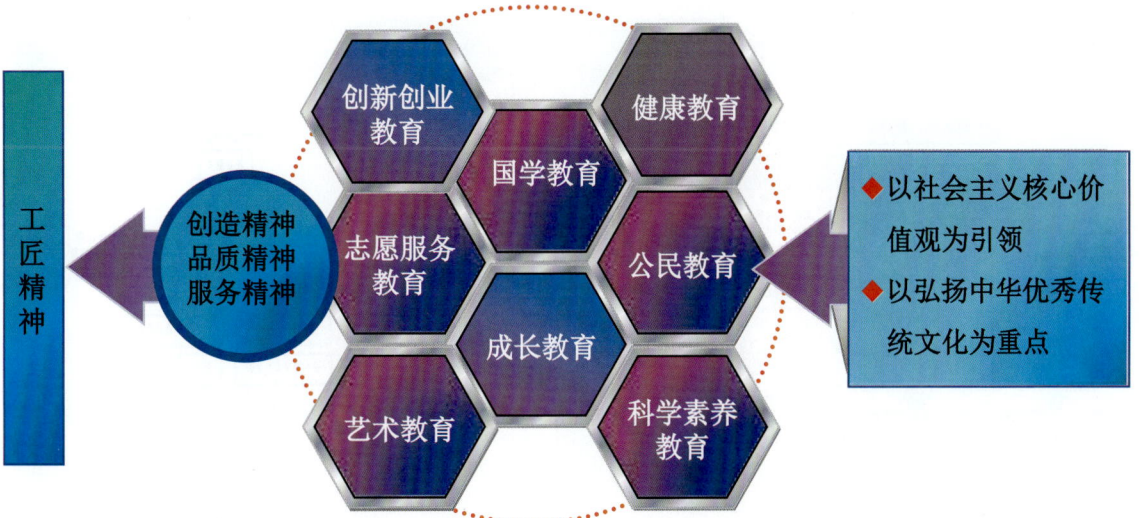

五、对接产业调整专业结构，创新人才培养模式

一体两翼三融合
专业结构

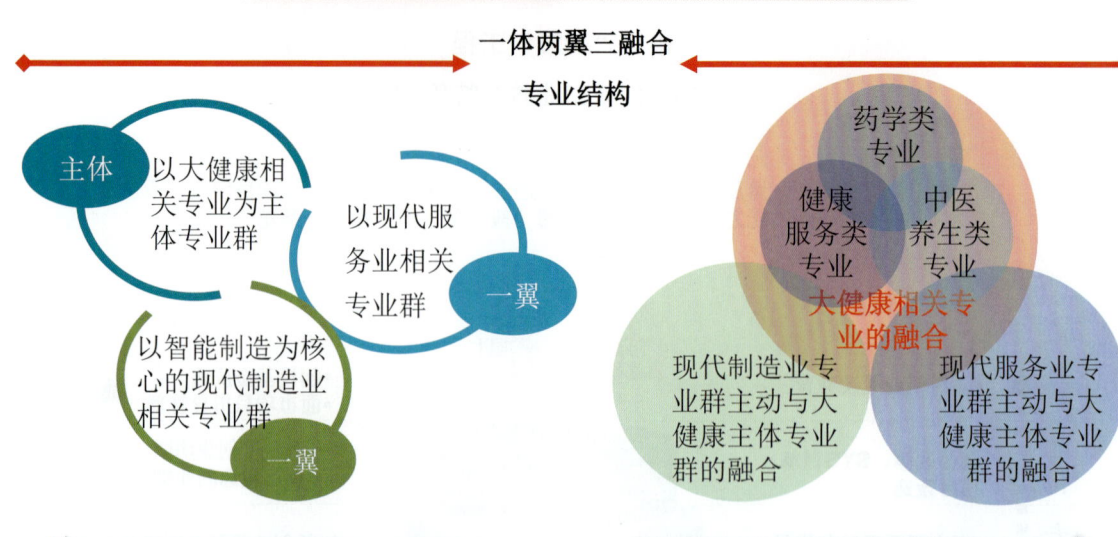

1　药学专业工学结合育人模式

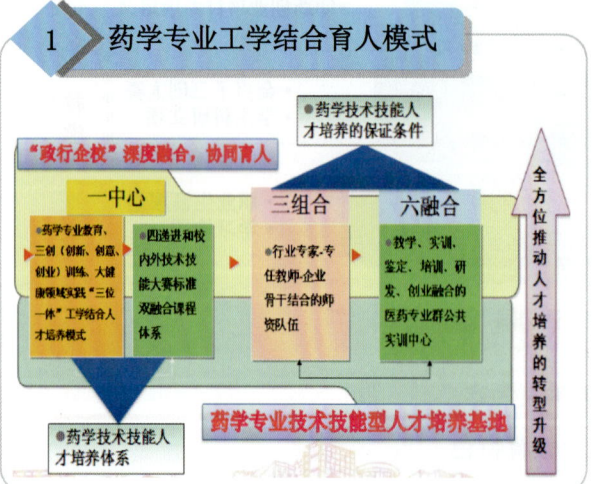

2　软件专业"4+1工场"育人模式

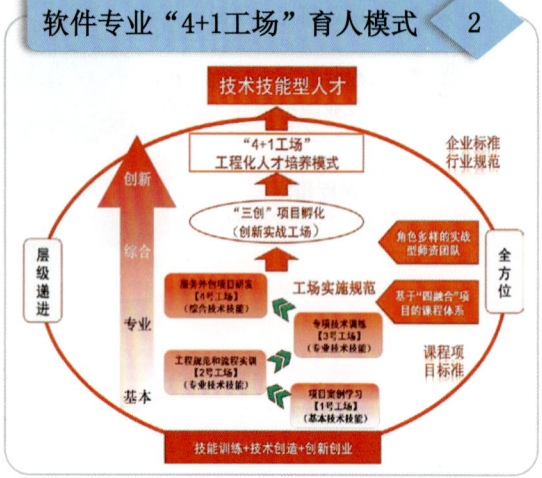

3　通信技术专业双主体育人模式

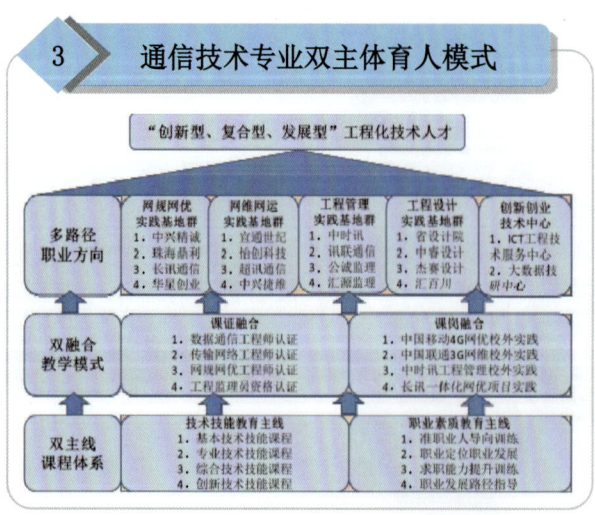

4　动漫专业双主体育人模式

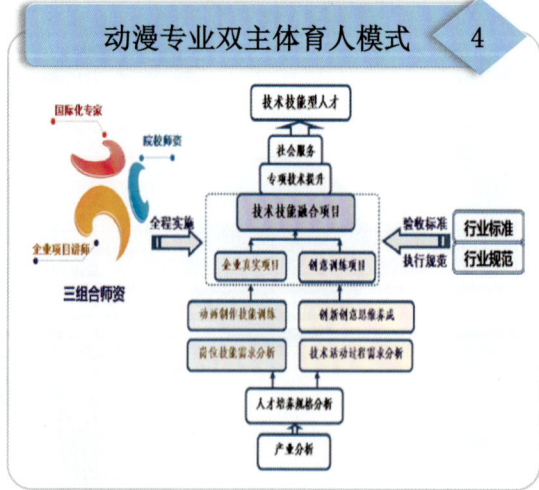

六、注重技能发展，人才培养成效明显

以赛促学 蔚然成风

◆2016年，学生参加校外技能竞赛获得省级三等奖以上项奖249项，比2015年增长52.76%。

项目名称	获奖名次	奖励机构	获奖学生
2016年全国职业院校技能大赛高职组中药传统技能大赛	二等奖	教育部全国职业院校技能大赛组织委员会	中药专业学生
第三届全国卫生职业院校"人卫杯"检验技能竞赛	二等奖	全国卫生职业教育教学指导委员会	医学检验技术专业学生
全国大学生数学建模竞赛	专科组二等奖	教育部高等教育司、中国工业与应用数学学会	电子商务、软件专业学生
第七届广东大学生翻译大赛高职高专英语口译	一等奖	广东团省委、广东省教育厅、广东省科学技术厅等	应用英语专业学生
"2015年全国职业院校技能大赛"高职组广东选拔赛注塑模具CADCAE与主要零件加工项目	二等奖	广东省教育厅	模具设计与制造专业学生
第五届"中国营造"2015全国环境艺术设计双年展	银奖	中国建筑学会建筑师学会	艺术类专业学生
第七届蓝桥杯全国软件和信息技术专业人才大赛（广东赛区）	一等奖	蓝桥杯全国软件和信息技术专业人才大赛组织委员会、工业和信息化部人才交流中心、全国高等学校学生信息咨询与就业指导中心	软件技术专业学生
2015广东省机器人大赛	一等奖	广东省计算机学会	电子信息工程技术专业学生

创新创业 硕果累累

◆2016年，共获得48项专利授权，1项发明专利使用权转让。

◆2016年，进驻岭南创业孵化园项目团队18个，其中已注册公司团队7个，获得投资项目2个。

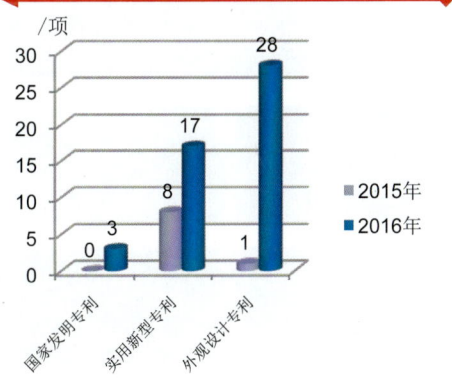

七、实施综合改革，增强办学活力

基于成果导向DQP框架学分制改革"三体系一打通"

成果导向的课程体系
《专业规范》《专业指南》
《课程规范》《课程指南》

教学管理体系
选课制、导师制、
弹性学制、绩点制、
重修制、辅修制等
信息化管理平台

教学诊断与改进体系
以DQP学习成果建立质量
目标，通过调优（Tuning）
不断诊改，建立内部质保
体系诊改体制机制

打通
高职教育"立交桥"和国际学分互换

二级学院转办学单位体制机制改革

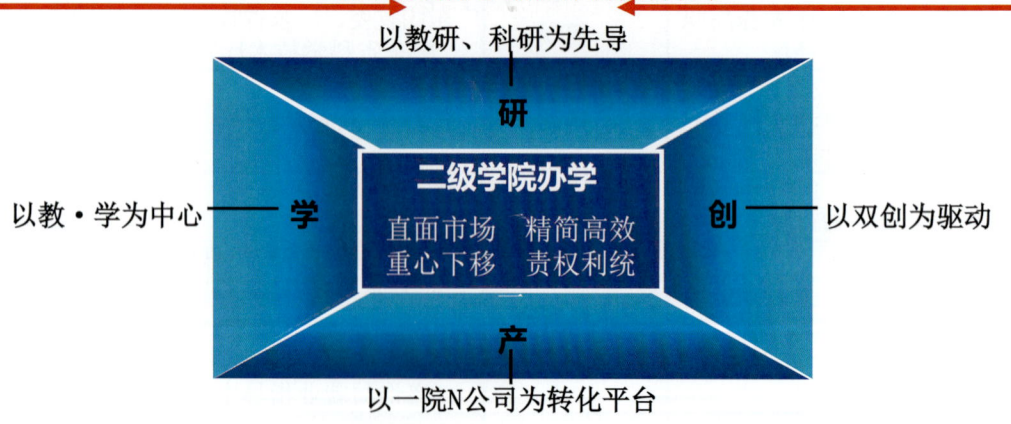

以教研、科研为先导
研
以教·学为中心 — 学 — 二级学院办学 直面市场 精简高效 重心下移 责权利统 — 创 — 以双创为驱动
产
以一院N公司为转化平台

"以学生为中心、以成果为导向"的内部质保体系改革

1 "以学生为中心、以成果为导向"的内部质保体系建设理念

1 培养"博学雅正、业专技强"高素质技术技能、创新创业人才的质保目标

5 决策指挥、质量生成、资源建设、支持服务、监督控制五个纵向系统协同

5 学校、专业、课程、教师、学生五个横向层面诊改

6 规划目标、质量标准、组织实施、自我诊断、学习创新、持续改进六个诊改环节

3 监控反馈、改进回访、绩效考核"三连环"质保手段

"115563"内部质保体系

图说广州城建职业学院（2017）高等职业教育质量年度报告

学校坚持"以质量特色立校，以学生成才为本"的办学理念，坚持"为城市建设培养高素质技术技能型人才"的办学定位，以建设高质量高水平高职院校为目标，全面推进创新强校"1177工程"，狠抓"三大改革十项任务""五个一工程"建设，创新"两级八制"内部管理模式，强力推进以人事分配制度改革为重点的校内综合改革，努力构建以人为本的、制度激励的、具有城建特色的内部治理模式，探索"理实一体、产学结合"的人才培养模式，着力开展品牌专业、重点专业建设和管理水平提升行动，人才培养和办学水平不断显现新亮点。

一、办学成效

1 学校层面

获评为"全国民办高校创新创业教育示范学校"
获评为"广东省大学生创新创业教育示范校"
获评为"广东省依法治校示范校"
获评为"广东省节能型示范高校"
2015年"创新强校工程"考核在全省79所高职院校中排第23名，民办高职院校中排第1名
2016年，挂牌成立广东城建职业教育集团

2 教学改革与社会服务

建筑工程技术专业立项为省级一类品牌专业建设项目
机电一体化技术、市场营销专业立项为省级二类品牌专业建设项目
建筑工程技术专业通过省级重点专业验收，获批成为广东省现代学徒制试点专业，获批与东莞理工学院城市学院合作开展四年制应用型本科人才培养试点
房地产管理协同育人平台立项为省级协同育人平台建设项目
财经商贸公共实训中心立项为省级公共实训中心建设项目
新增广东省高职质量工程项目33个
获国家授权专利128项，完成社会服务130多项

二、学生发展

1 进口旺，生源质量稳步提升

学校2016年计划招生7 000人，实际录取7485人，计划完成率106.93%；学生实际报到6 113人，报到率为81.67%，分类招生有序开展。生源充足，文科、理科、美术、"3+证书"等类别第一志愿上线率均达到100%。同时，生源质量也在逐年提高，2016年学校在广东省内文、理科类最低录取分数线分别为337分和283分，均高于广东省文、理科245分的控制分数线（省线）。

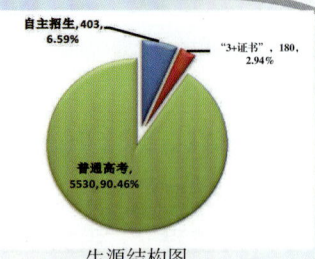

生源结构图

2 强素质，注重学生能力培养

以就业能力培养为目标，以行为养成教育为切入点，以"两晨两晚两严"为常态化促进手段，形成学风浓郁的校园文化氛围。

2015—2016学年，学生在各级各类比赛中有317人次获奖，其中国家级大赛获奖109人次，省级大赛获奖208人次。2016届毕业生持有国家职业资格证的学生数占毕业生人数的98.23%。

先锋领跑，两晨两晚活动

学生参加全国职业院校技能大赛

承办广东省高职会计技能大赛

精益求精的工匠精神培养

通过"合作、实践、创新"的模式配合"多走、多看、多沟通"的理论，通过与企业进行项目合作，学生完成项目实践，理论与实践相结合进行设计创新，完成技能竞赛及各项专利的申报，提升学生对"产品"设计精益求精的"工匠精神"。

 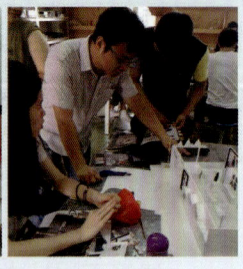

3 出口畅，毕业生发展势头好

学校2016届毕业生初次就业平均起薪达3332元，比2015届提高了384元；2016届毕业生初次就业专业对口率达87.89%，比2015届增长了2.69%，专业对口率稳步提升。近两年毕业生毕业时对母校满意度较稳定，保持在97%左右。

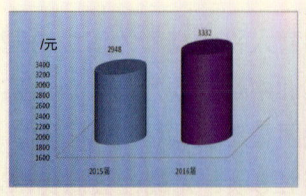

2015、2016届毕业生初次就业平均起薪线

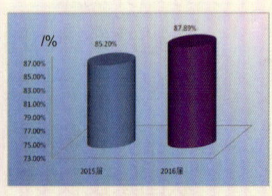

2015、2016届毕业生初次就业专业对口率

三、教育教学改革

1. 理实一体，产学结合

"理实一体"课堂

学生实践教学成果

践行"知识传授、能力提升、习惯养成"育人新理念，强化"理实一体，产学结合"为统领的培养模式创新，深化知岗、跟岗、顶岗、入岗"四岗"实践教学体系改革，有序推进现代学徒制人才培养试点。

2. 校企一体，协同育人

学校组建了以广州天马集团和广州市建筑集团为主导、"产教融合、校企一体"为基本模式的广东城建职业教育集团，形成了"共建、共享、共赢、共长"的合作办学、协同育人新机制，取得了相对丰硕的新成果。目前，合作企业数220多家、生产性实训室34个、省级公共实训中心1个、省级协同育人平台1个、大师工作室5个、教师驻企工作站9个、研发中心3个。

绿色建筑学院签约仪式

新道创客学院挂牌仪式

房地产管理学院签约仪式

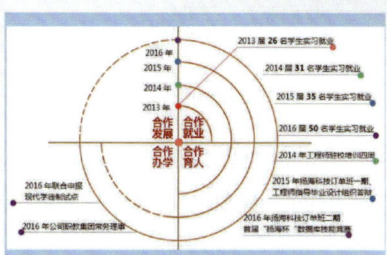
软件技术专业与扬海科技有限公司实现校企融合育人新模式

房地产营销青苗特训营

建筑工程技术中辰钢结构订单班

成立了绿色建筑学院、房地产管理学院、洲际英才学院等5个特色专业学院，有效构建校企合作二级教学实体的新模式，开辟顶岗实习和就业的新途径，实施员工培训及技术服务的新方法，广泛开展委托培养、定向培养、订单培养、现代学徒制培养，不断提高学生的就业质量和创业能力。

❸ 五进创新创业教育模式见成效

学校着力创新人才培养机制，确立"双创"人才培养规格定位，践行"创新创业课程进人才培养方案、创新创业训练项目和比赛进年度工作计划、创新创业知识进课程、创新创业技能进课堂、创新创业意识进广大师生头脑"的"五进"理念，依托校企共建的双主体育人特色专业学院，搭建"创业计划+仿真模拟+实践训练+项目孵化"平台，强化学生创业实践能力培养，使创新创业教育融入人才培养全过程各环节。

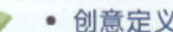

专业化创业教育培养体系

❹ 专利授权创新高

学校以专利申报促进师生提升科技创新和实践能力，2015—2016学年共申报专利128项，其中发明专利18项，实用新型专利38项，外观设计专利72项。

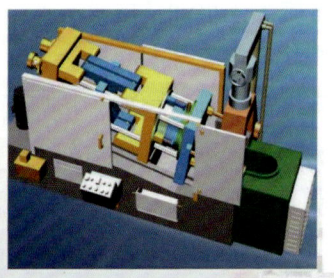
通用型热式真空压铸机

两用行车记录仪

超声波驱蚊蓝牙音响

内桶容积可调节的分类垃圾桶

四、强师工程

学校师资队伍建设"引培并举"、初见成效,2015年以来引进高级职称教师11人,校内教职工晋升高级职称38人,其中通过省人力资源和社会保障厅评审22人;专任教师中,硕士以上学位教师占47.49%,副高以上职称教师占24.28%;专业课教师中,"双师型"教师比例达到80.67%。

学校为2016年校聘高级专业技术职务教师颁发聘书

五、服务贡献

1 就业服务

2016届毕业生初次就业中留在当地就业比例为36.23%,较2015届略有下降;到中小微企业等基层服务占90%以上,到国家骨干企业就业的占5.64%。

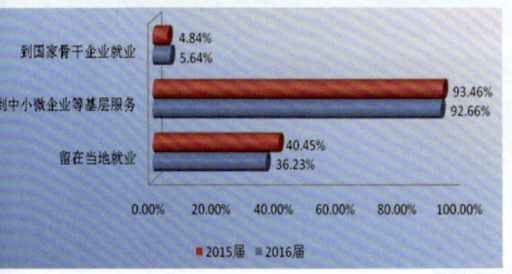

2015、2016届毕业生初次就业服务情况

2 培训服务

学校与11家单位合作开展鉴定与培训服务,总规模达到9405人次。

3 服务地方

学校积极为地方经济发展服务,2015—2016学年,为地方进行培训和服务,到款额达304.64多万元。学校与中铁一局集团有限公司广州市轨道交通14号线邓村车辆段与综合基地施工工程项目部合作,共建"工程测量技术服务中心",师生直接参与广州地铁14号线中铁一局集团有限公司承建的项目,现场解决施工技术难题。

学校与从化14号线邓村车辆段与综合基地施工工程项目部签订技术服务协议

电子商务专业服务从化建设农村电子商务服务平台

图说东莞职业技术学院（2017）高等职业教育质量年度报告

1. 学校概况

东莞职业技术学院于2009年成立，是东莞市唯一一所公立高等职业院校，是广东省一流高职院校立项建设单位、第三批示范性高等职业院校立项建设单位。

发展目标	• 建成具有东莞特色的全国一流职业技术学院
定位	• 坚持立足东莞制造业，服务珠江三角洲大发展 • 对接行业与产业，实施多元化、特色化、服务化办学 • 力求在质量、结构、规模等方面适应区域经济社会发展
人才培养模式	• 积极创新"政校行企协同，学产服用一体"模式
办学理念	• 服务学生成长，支撑东莞制造
办学体制机制	• 坚持产教融合、校企合作，坚持工学结合、知行合一
二级学院	• 学院共设有财经系、电子工程系、管理科学系、机电工程系、计算机工程系、媒体传播系、体育系、物流工程系、艺术设计系、应用外语系10个系，还设有思想政治理论教学部、公共教学部。

2. 学生发展

2.1 在校生结构和规模

截至2016年9月，学院共有全日制在校生9 536人。其中，高中起点为8 302人，占全日制在校生总数的87.06%。

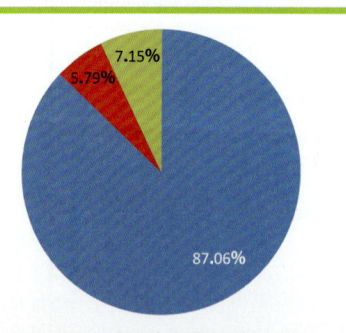

2015—2016学年在校生比例
- 高中起点 87.06%
- 三校生 5.79%
- "3+2" 7.15%

2.2 社团活动

学院2015—2016学年生均参加社团活动时间为20小时,根据对学院2015届毕业生在校期间社团活动的满意度调查,公益类社团活动的满意度最高。2015届社团活动的整体满意度较2014届也有所提升。

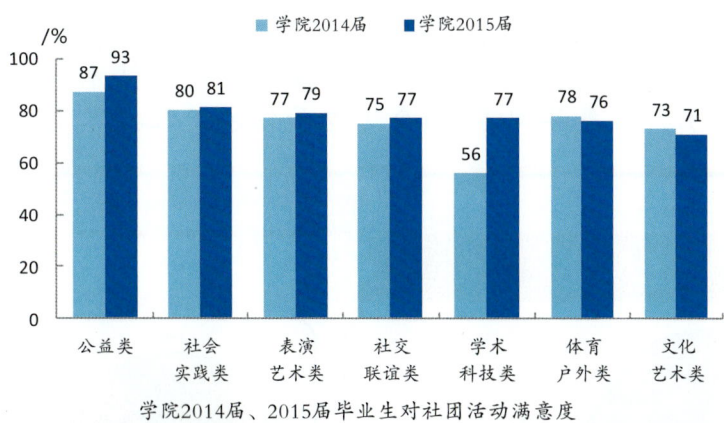

学院2014届、2015届毕业生对社团活动满意度

2.3 学生服务

根据调查,学院2015届毕业生对母校的学生工作满意度为92%,本院近四届毕业生对母校的学生工作满意度评价均较高,呈持续上升趋势。

学院2012—2015届毕业生对母校学生工作满意度

2.4 学生在校期间能力、素养提升情况

学院2015届毕业生的基本工作能力总体满意度为85%,学院近四届毕业生的基本工作能力总体满足度呈持续上升趋势。

学院2012—2015届毕业生的基本工作能力总体满意度

3. 教学改革

3.1 专业建设

学院共设置30个专业，覆盖12个专业大类，其中省级重点专业5个（机械制造与自动化、计算机应用技术、印刷技术、工商企业管理、物流管理），二类品牌专业1个（电子信息工程技术）。

3.2 师资队伍

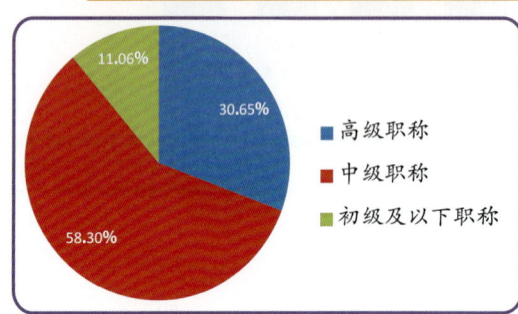

学院2015—2016学年教师职称结构

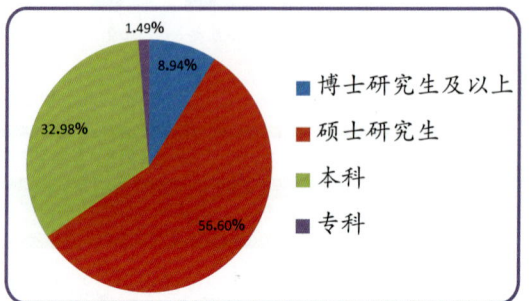

学院2015—2016学年教师学历结构

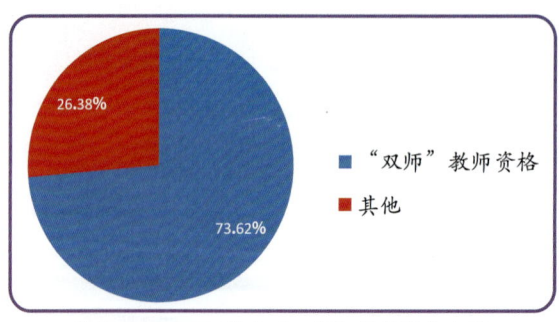

学院2015—2016学年"双师"教师资格比例

3.3 混合所有制培养

东莞职业技术学院建筑学院是东莞职业技术学院与东莞市建设工程检测中心、东莞市建筑科学研究所、东莞市万科房地产有限公司、东莞市大业建筑技术咨询有限公司等企事业单位联合举办的混合所有制二级学院。学院设有建筑工程技术和建筑工程管理2个专业。该二级学院探索了政校行企协同新机制，实现了多元主体育人新突破。

4. 培养结果质量

4.1 毕业生就业率

学院2015届毕业生的就业率为93.4%。与学院2014届（94.6%）基本持平。学院毕业生的就业率持续稳定且较高。

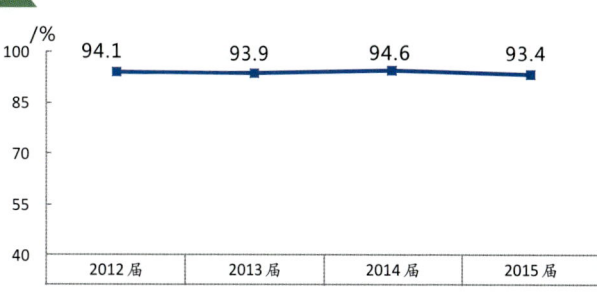

学院2012—2015届毕业生的就业率

4.2 用人单位满意度

用人单位对学院2016届毕业生表示满意或基本满意的比例为84.29%。

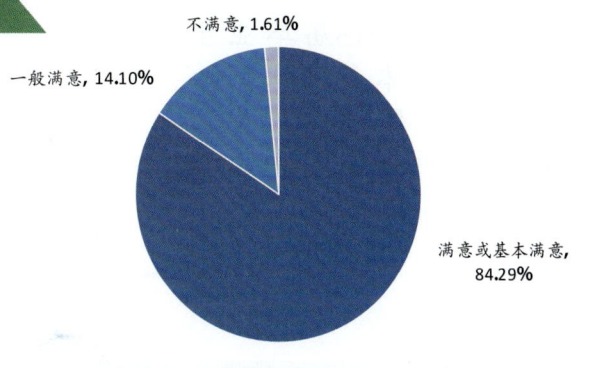

用人单位对本院2016届毕业生的满意情况

4.3 毕业生月收入

学院2015届毕业生的平均月收入为3 243元。近四届毕业生月收入水平呈现逐届上升的趋势。

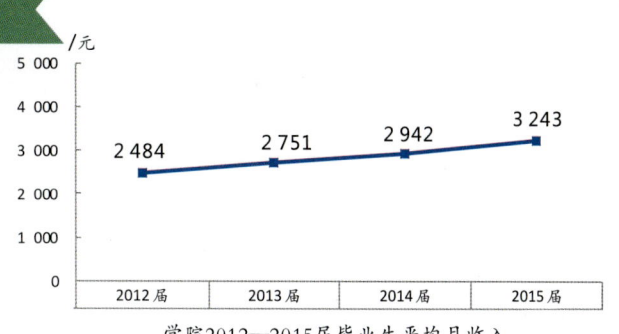

学院2012—2015届毕业生平均月收入

4.4 创业人才比例

学院2015届毕业生自主创业的比例为2.9%。学院近两届毕业生自主创业的比例均在3.0%左右，与前两届（均为2.3%）相比略有提高。

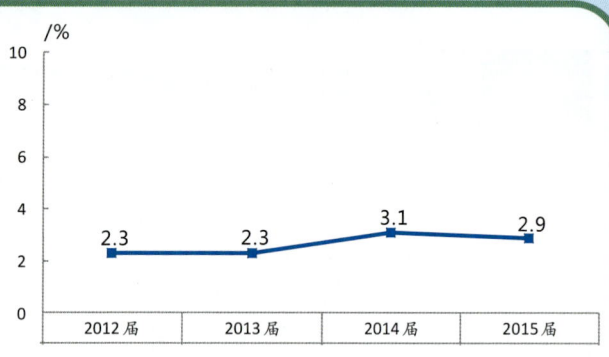

学院2012—2015届毕业生自主创业的比例

4.5 毕业后读本科比例

学院2015届毕业生毕业后读本科的比例为3.1%。学院近四届毕业生毕业后读本科的比例整体呈上升趋势。

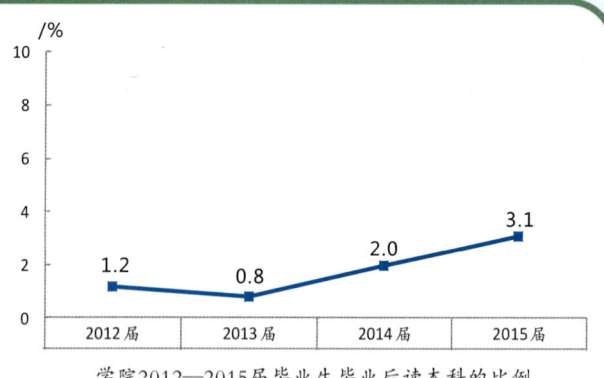

学院2012—2015届毕业生毕业后读本科的比例

5. 对外合作

学院与美国德州卫斯理大学、中国台湾地区5所高校（包括台湾佛光大学、台湾龙华科技大学、台湾"建国科技大学"、台湾亚太创意技术学院、台湾朝阳科技大学）合作，开展交流生项目。现已派遣3名同学赴美交流，59名学生到台湾交流。

6. 服务贡献

6.1 面向社会开展非学历培训

学院2015—2016学年开展非学历培训学生规模及学时数分别为4 0856人·日和3 440学时。

6.2 为本地企业提供咨询服务

学院2015—2016学年为企业技术服务年收入308.58万元。

6.3 与本地企业共建研发中心

2013年以来，学院以东莞服装职教集团和东莞印刷职教联盟、东莞机电职教联盟、东莞电子信息职教联盟为依托，成立了服装设计、印刷、电子信息、机电一体化4个技术研发与服务中心及社会发展咨询与服务中心、政府绩效评价中心，更好地促进学院社会服务能力建设。

为配合东莞市政府"机器换人"行动规划，学院积极推进东莞工业机器人公共服务平台建设。平台将作为一个独立的法人机构，采用混合所有制模式进行建设，在体现公益性的前提下按照市场化形式运作。

6.4 其他社会服务

为本地开展演出等活动

为本地提供法律咨询、少儿教育等其他志愿者

为本地提供医疗、健康咨询等服务

图说广东邮电职业技术学院（2017）
高等职业教育质量年度报告

广东邮电职业技术学院"双驱双轨"办学特色介绍

广东邮电职业技术学院由广东省人民政府及广东省电信实业集团公司共同举办，践行"双驱双轨"校企一体化特色办学模式，深化产教融合，做强做优学历教育，做强做大社会服务，构建以学历教育为基础、以社会服务为支撑的产、学、研、培协同发展的教育培训生态圈，招生就业两旺，服务品牌显著，实现办学社会效益与经济效益稳步提升。

2015年全国高等职业院校社会服务贡献50强

- 培训收入：1.6亿元
- 服务人日数：60万
- 办班期数：2 947个
- 长期合作客户：290家

招生·就业·创业

- 就业率 98.66%　　报到率 91.04%
- 现代学徒制招生/录取比：104.67%

深化教育改革，提高办学质量

跨界人才培养

为应对"互联网+"融合发展人才需求，加快复合型高技术技能型人才培养，实行"专业能力+跨界能力"人才培养体系，所有跨界课程的学习均采用"线上网络学习+线下面授／企业实训"的形式开展。在企业优秀师资的指导下，深入企业生产一线，采用面授、参观、访谈、短期项目、跟岗或者顶岗的形式开展。

课程体系诊改

课程体系诊改的具体任务包括：开展教师现代职教能力培训与测评；组建课程诊改骨干队伍；改造专业课程体系；建设课程体系诊改制度；开展教学模式改革，完善环境资源建设。

戴士弘教授讲座现场

现代学徒制

成立现代学徒教育学院，全面统筹开展现代学徒制试点各项工作。

借鉴柯氏四级评估模型理论架构，提出现代学徒制四级评价体系，从反应层、学习层、行为层、效果层四个维度对学徒整体表现进行评价。

10000号广州实训基地挂牌仪式

推行素质养成，锻造企业英才

● 生源质量

学院近年来主要在广东省内招生，主要招收参加高考的普通类文理科考生；同时，作为全国首批试点的现代学徒制单位，学院也招收符合录取条件的中职毕业班的考生，为中职考生提供升学渠道。

● 学生服务

● 素质养成

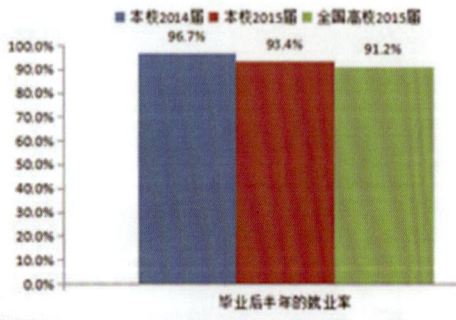

● 就业质量

学院2016届毕业生的初次就业率为98.60%，学院毕业生就业现状满意度在波动中呈上升趋势。学院通过座谈会和发放调查问卷的方式，对2015届毕业生就业企业进行了回访，经统计用人单位对2015届毕业生的满意度为100%。

● 创新创业案例

小咖啡屋孵化大创业梦

校企合作，错位创新升华校园快递管理

滴滴装维

紧贴社会需求，彰显服务贡献

○ 与企业共建培训基地、认证中心

学院紧密跟踪通信发展趋势，以通信产业链为依据，以通信技术发展为核心，为信息通信行业转型升级培养大量急需人才。围绕行业发展趋势和企业培训需求，紧跟技术发展潮流，开展新技术培训，与企业共建培训基地，对现有特色、优势课程进行完善，按照国际版权课程标准，打造自有品牌课程。并与企业共同开展技能认证，共建技能认证中心。

○ ICT人才转型系列课程

学院顺应信息通信业智能化发展趋势，围绕网络、业务、运营、管理四大智能化重构，构建新型人才转型学习地图，提供新型ICT人才转型系列课程，课程体系分为"战略转型篇""网络重构篇""业务生态篇"三个模块，在通讯运营商中深受欢迎，2016年共组织开展60多期，培训人数达3 000多人次。

○ 干部培训

学院围绕中共中央《干部教育培训工作条例》及省市地方干部培训管理办法，融入"互联网+"思维，利用自主开发的手机APP，通过全流程信息化管理，提供简单、高效、实用的培训教学新体验，实现智慧干部教育培训服务新模式。

○ 智慧培训（管理）

专注培训流程一体化服务，构建报到、考勤、就餐、评估、通知、宣传等全流程的信息化方案。

○ 典型案例

匠心独运，成功承办中央企业高技能人才培训班

专业服务，成功承办中国电信无线网培协优技能认证考试

优势互补，与广东联通合作共建人才培养基地

图说广东职业技术学院（2017）
高等职业教育质量年度报告

1 学校概况

办学定位

学校遵循"求真 强技 尚新 敦行"的校训精神，秉持"专业融入产业、教学融入企业"的办学理念和"兴基础、重技术、强技能"的人才培养理念，立足广东、辐射华南、面向全国，把学校打造成以纺织服装专业为龙头，同时服务智能制造、现代服务业、文化创意产业的一流高职院校。

办学规模

学校现有佛山市禅城区和高明区两个校区，总占地面积1 127.3亩。学校现有8系3部，开设有纺织类、轻化工程类、服装类、艺术设计类、机电工程类、信息工程类、经济管理类、应用外语类等八大类共38个专业。学校面向全国13个省市招生，本学年全日制在校生共13 749人。

办学成效

中央财政支持重点建设专业2个
中央财政支持实训基地3个
国家级精品课程1门
省级一类品牌专业1个
省级二类品牌专业4个
省级示范性专业3个
省级重点建设专业4个
省级工程中心1个
省级协同创新平台（培育）1个
省级高校研发中心1个
省级精品课程12门
省级优质课程2门
省级教学成果奖5项

求真 强技 尚新 敦行

2 学生发展

生源结构

2015年,学校招生录取率为102.02%,报到率为89.00%,省内第一志愿录取率为86.46%。其中省内招生指标5 204人,实际录取5 419人;省外招生指标296人,实际录取192人。

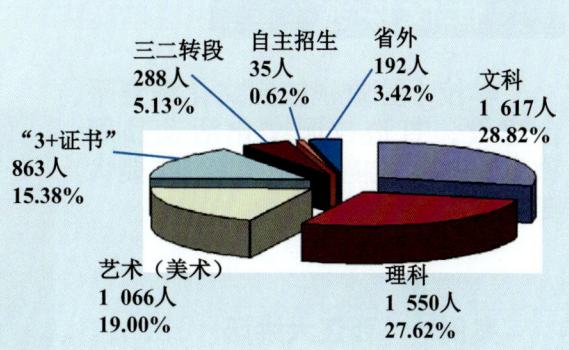

就业质量

学校2015届毕业生3 930名,初次就业率达98.65%,比全国平均数高出3.54%;2015届毕业生一年后的月收入为3 849元,比全国高职院校平均数高出12.9%。

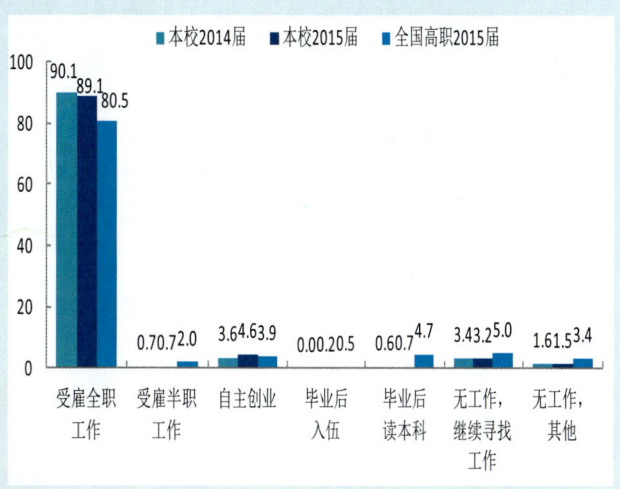

就业期待

学校向2016届毕业生共发放问卷3 930份,回收3 563份,回收率达90.66%。其中非常满意、比较满意和一般满意共有3 032份,毕业生对目前工作单位、职务、薪酬感到满意的比率达到85.10%。

2016届毕业生就业满意度

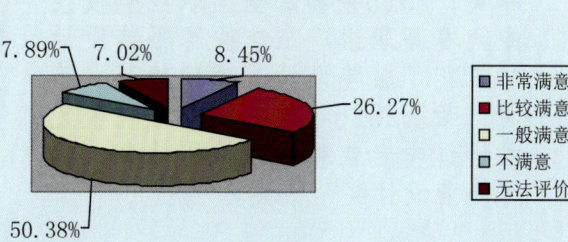

求真 强技 尚新 敦行

3 教学体验

在校体验

学校十分重视校园文化教育平台建设，打造校园文化活动品牌项目，技术技能氛围浓厚，技能大赛屡获佳绩。

案例1　西江大讲坛

学校开展了西江大讲坛系列活动，围绕"用心自我经营，书写无悔青春""志愿服务、核心价值观与学生成长"等主题，邀请校外各行业权威专家做报告，引导青年学生树立正确的人生目标，进行职业生涯规划，追逐青春梦、中国梦。

案例2　技能竞赛成就新锐设计师

蔡海燕，广东职业技术学院2013级服装设计与工程专业学生，现就职于广州永纯服饰有限公司担任设计师。2015年参加全国职业院校技能大赛高职组"达利丝绸杯"服装设计与工艺比赛中荣获个人一等奖，2015年参加全国职业院校技能大赛高职组广东选拔赛服装设计与工艺（服装设计）项目荣获一等奖，荣获2016年教育部职业院校艺术设计类专业教学指导委员会"优秀毕业设计奖"银奖。

求真　强技　尚新　敦行

4 教学改革

顺应产业发展，围绕智能纺织产业链构建专业群

围绕区域经济产业结构调整，紧跟智能纺织产业链转型升级，助推纺织服装行业智能化、高端化发展，构建八大专业群。

专业群	核心专业	群内专业
智能纺织技术专业群	现代纺织技术（省一类品牌专业）	针织技术与针织服装、纺织品检验与贸易（省二类品牌专业）、纺织品设计
绿色染整技术专业群	染整技术（省二类品牌专业）	高分子材料加工技术、环境监测与控制技术、化工应用技术、化妆品技术
服装服饰设计专业群	服装与服饰设计（省二类品牌专业）	服装设计与工艺、皮具艺术设计
创意设计专业群	室内艺术设计 陶瓷设计与工艺	环境艺术设计、数字媒体艺术设计、产品艺术设计、广告设计与制作
纺织智能制造技术专业群	机电一体化技术	工业机器人技术、数控技术、纺织机电技术、应用电子技术（LED新型电光源）、工业设计
（物联网+纺织）信息技术专业群	物联网应用技术（省二类品牌专业）	移动应用开发、软件技术、计算机应用技术、计算机网络技术
经管类专业群	工商企业管理	工商企业管理、电子商务、会计、市场营销、物流管理、国际贸易实务、连锁经营管理
商务英语专业群	商务英语	商务英语（含酒店英语、会展策划与管理方向）、应用英语（含服装外贸方向、国际旅游方向等）

校企深度合作，创新人才培养模式

案例1　服装设计与工艺专业产教融合顶岗轮训

服装设计与工艺专业以服装百强企业——佛山市南海NO.1实业有限公司为"厂中校"校外实践基地，实施"1+0.25+1.25+0.5"工学交替轮训顶岗人才培养模式。

学生在西裤流水线上作业　　操作自动定位开钮机　　可以操作自动开袋机了

案例2　连锁经营管理专业与佛山苏宁校企合作案例

经济管理系连锁经营管理专业与佛山苏宁电器公司经过多年合作，形成"内置式"协同创新人才培养模式。学校提供场所建设连锁模拟经营门店，佛山苏宁捐赠部分门店陈列道具进入连锁模拟经营门店，参与连锁经营管理专业人才培养方案制定及课程讲授，专业培养质量得到明显提升。

求真　强技　尚新　敦行

5 对外合作

走出去

学院派出人员前往意大利设计学院和德国F+U教育集团交流,与意大利设计学院签署合作框架协议,在优质教学资源共享和师生交换等方面达成了初步共识;学习德国"双元制"人才培养模式,了解国际通用人才要求和培养标准,为提升国际化办学水平打下基础。

学院组织教师到台湾万能科技大学培训,采取"一对一"跟岗交流学习的方式,系统学习台湾高等职业教育教学与管理的经验,了解不同地区相近专业技术的发展前沿和应用型大学的人才培训模式。

请进来

全学年共有7批次来自英国、韩国、德国和中国台湾的高校来学院交流,围绕合作办学、学术、科研合作等方面进行交流。

案例 艺术系学子游学台湾

艺术系与台湾朝阳科技大学进行了4年的学生交流,每年选派品学兼优的学生前往其设计学院学习视觉传达设计、室内设计等相关专业课程。本学年,分两批组织学生到台湾朝阳科技大学研修一个学期。

求真 强技 尚新 敦行

6 师资队伍

师资队伍规模与结构

年份	教职工人数	专任教师人数	高级职称教师		硕士及以上教师		"双师型"教师		专业带头人数	骨干教师人数	校外兼职教师
			人数	占比/%	人数	占比/%	人数	占比/%			
2014	617	535	126	23.55	264	49.35	324	60.56	13	47	260
2015	653	571	138	24.17	273	47.81	320	56.04	13	47	267
2016	680	586	138	23.55	347	59.22	473	80.72	13	47	189

教师专业发展

高层次人才引进与培养：本学年引进博士1人，副高以上职称教师3人。5名校外兼职教师入选广东省高等职业院校高层次技能型兼职教师。

教师专业能力培养：本学年共有233位专任教师（占专任教师比例33.7%）到企业实践锻炼学习，其中连续到企业实践3个月以上的有58位教师。选派38位老师参加教育部组织的骨干教师培训和顶岗培训，选派18位教师参加省教育厅组织的骨干教师培训。2位教师入选省教育厅优秀青年教师培养计划。

科技创新团队建设：本学年建成了市级工程中心5个、市级创新平台4个。由佛山市新材料协同创新研发平台团队成员牵头申报获批广东省省级科技计划项目2项，资助经费共40万元；由佛山市先进制造工程技术中心团队成员牵头申报获批广东省省级科技计划项目1项，资助经费50万元；由校级科技创新创业团队成员牵头申报获批广东省省级科技计划项目1项，资助经费100万元。

求真 强技 尚新 敦行

7 服务贡献

科技服务

学院围绕纺织服装办学特色，以广东纺织职业教育集团与广东省培育协同创新中心为平台，积极开展科学研究和技术服务。2016年共获得校外经费414万元，其中省级项目8项、市（厅）级项目14项。

技能鉴定

以纺织行业职业技能鉴定中心广东省分中心、全国计算机高新技术考试站、佛山市全国全省统考考点等鉴定机构和考试点为平台，全年开展21个鉴定工种（项目）考试5 559人次。

培训服务

2015—2016学年，学校继续面向广东溢达纺织有限公司开展两年制大专班培训，与高明区组织部合作开展的高明区干部培训。共培训社会与企业人员2 187人，共计134 892人·天。

案例1 广东职业技术学院的溢达"服装设计"大专班

2016年，学院继续为广东溢达纺织有限公司开展"服装设计"订单式培训。根据企业要求开设服装色彩与图案、服装CAD、服装专业英语、服装新技术、制衣设备等系列课程，利用周末上课学习，共4个学期，每学期约70课时，培训量1 247人·天。

案例2 服务高明，参与自然村落历史人文普查工作

2015—2016学年，学院与高明区档案局深度合作，充分调动学校资源，组建高明区自然村落历史人文普查项目工作组，对高明区所有自然村落的历史沿革、基本现状、特色传承和历史事件等内容进行实地普查，收集资料，整理图文。

求真 强技 尚新 敦行

图说私立华联学院（2017）
高等职业教育质量年度报告

 ## 学院介绍

学院概括

私立华联学院是改革开放后全国首批被批准成立的6家民办大学之一、全国民办高校先进单位、全国关心成长模范学校、广东省民办高校就业竞争力十强学校。建校20多年，已为社会培养出45 000多名应用型专业人才。

办学理念

无私奉献，艰苦奋斗，诚实守信，崇教厚德，服务社会，以人为本。
教授办学，教授治校，立陶强校。
坚持创办者、所有者、决策者、教育者、管理者"五位一体"的董事会领导下的校长负责制。
以服务学生为中心、树状结构的四大管理系统。

发展规模

我院现设12个系和一个继续教育学院、一个培训学院，现有普通全日制在校生7 246人，成人专科函授和业余在校生1 268人。学院拥有广州校区、清远校区，校园土地面积800多亩，校舍建筑面积超过27万平方米。

学院办学条件稳步提升

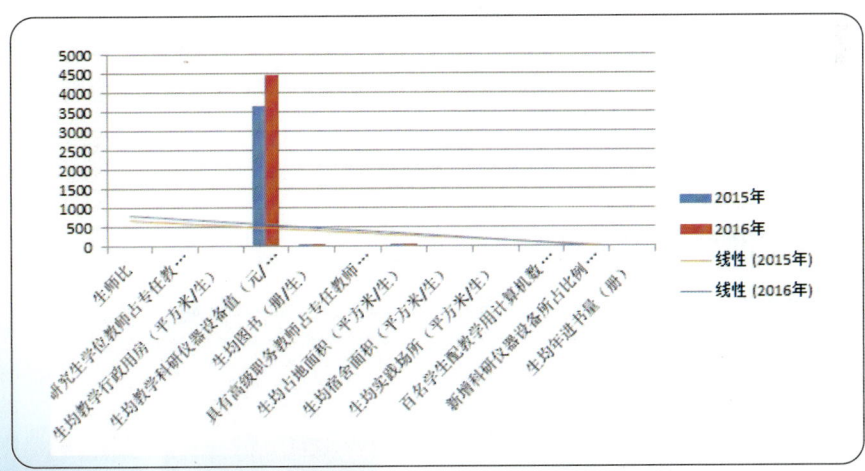

学生发展

人才培养质量呈现

2015—2016学年参加国家、省、市组织的高职院校之间学生技能竞赛中获得较好成绩，共获奖94项，其中，国家级25项、省级67项、市级2项。

典型案例：
服装系组队参加全国职业院校技能大赛喜获一等奖。

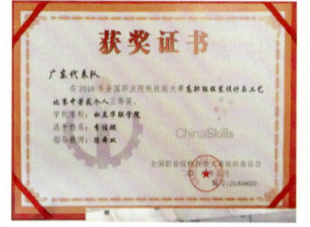 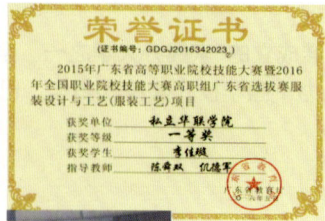 

毕业生发展检验教育成果

2016届毕业生初次就业率为96.35%，略高于全省专科院校平均水平，广东省珠三角地区就业人数占已就业人数的90.54%。

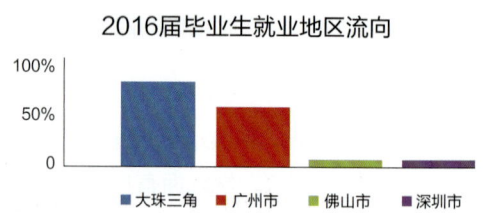

社会对毕业生的评价

根据各系对用人单位的调查情况统计、汇总，在用人单位对2 87名毕业生的评价当中，其中满意的占84.24%，一般满意的占13.10%，不满意的占2.66%。

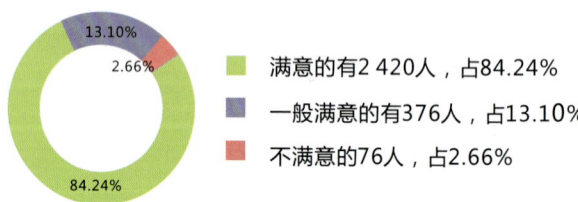

满意的有2 420人，占84.24%
一般满意的有376人，占13.10%
不满意的有76人，占2.66%

加大投入大学生创新创业平台

为响应政府"大众创业，万众创新"的号召，完善人才培养新模式，2016年学校不惜重本，特别专设位于学校东南门左侧部分学生公寓裙楼一楼（部分实体店）、二楼（创意电商区1 200平方米）作为华联学子创新创业园区。创新创业园区为华联学子搭建"平台支撑——项目扶持——基地实战——成功创业"的实践平台，提供创业项目孵化、工商注册及创业扶持政策咨询等服务。在实践中提升学生的就业创业素质和能力，着力为在校生和毕业生成功走上就业创业之路铺路搭桥。

揭牌仪式　　　　　内部图片

案例　我院学生参加梅州市首届创新创业大赛
梅州市首届创新创业大赛设置创意奖、创业奖、创新奖，由梅州市广播电视台和梅州市创业协会联合承办，在梅州具有较强影响力。我校陈海成、王德和吴辉添等人以"粤语文化传播"项目进入本次比赛创意组八强。

比赛现场　　　　陈海成同学接受梅州电视台记者采访

提高学生综合素质

在校学生响应"走下网络、走出宿舍、走向操场"的号召,积极参加学院社团活动的学生人数达到8 000多人次,占全校学生总数的90%以上。

2015—2016学年学生社团总体情况信息汇总表

学院每年用于学生社团的工作经费/万元	学生社团分布/个					社团成员/人次	有指导教师的学生社团数/个
	学术科技类	文娱艺术类	体育竞技类	实践服务类	总计		
30	17	13	14	6	50	8 000	50

华联管弦乐团在星海音乐厅专场音乐会

我校龙狮团参加广东省传统龙狮麒麟锦标赛获四项大奖

我校在2016年广东省大学生田径锦标赛中取得优异成绩

2005年以来,学院全面落实中共中央16号文件精神,把加强和改进大学生思想政治教育工作与大学生的社会实践活动有机结合起来。组织大一学生参加以"立志、修身、博学、报国和爱国主义教育"为主题的社会实践活动,到2016年,学院的社会实践活动共安排完成100期,参加的学生人数为2.9万余人,累计投入经费580余万元。

教学建设与改革（一）

专业建设

2016年我校设置有37个专业，其中10个重点专业。

2016年民办教育发展专项资金（专业建设）服装设计专业获100万元；2013年民办教育发展专项资金（专业建设）计算机网络技术专业获110万元；计算机网络技术专业实训基地（2014年度省高职教育大学生校外实践教学基地建设项目）；广州一秒服饰有限公司服装专业校外实践教学基地（广东省教育厅关于公布2013年度广东省高等学校质量工程高职类立项建设项目）；广州腾科网络技术有限公司计算机网络技术专业校外实践教学基地（2015年度省高职教育大学生校外实践教学基地建设项目）；PHP编程及实例（2015年度省高职教育精品开放课程建设项目）；3DS MAX三维动画设计（2015年度省高职教育精品开放课程建设项目）。

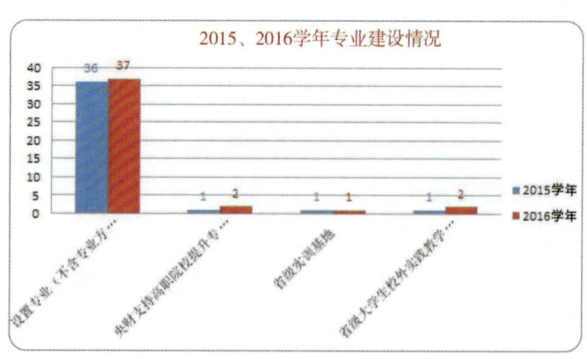

课程改革

2016学年，学院共开设课程800多门，我院对公共必修课设置做了大胆的改革创新，将大学语文课改为传统文化课，加强学生对中国传统文化的了解和传承；对大学英语开设英文速录课程，通过学习英文速录技能的同时，提高学生英语听说能力；把经管、会计等文科专业的计算机技术基础改为办公自动化课程，增强课程的实用性；减少高等数学学分学习，增设专业核心能力课程和大学生心理素质教育与训练课程，使公共必修课更加贴近对学生能力的培养。思政课中增加《弟子规》和《陶行知教育思想》。在思政课中进行多板块教学，理论50%，实践占50%，思政课实践主要是安排革命纪念圣地参观实习，寒暑假社会调研和社会实践等活动。加大公共外语教学，开设英、韩、日、法、俄、西班牙等6个小语种的教学，为学生供多语种的选择。我院资源共享精品课程总共26门。

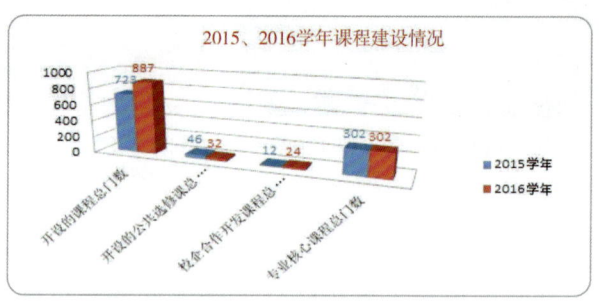

案例 "互联网+"课程建设和教学改革

私立华联学院会计系在学院专项资金的支持下，大力发展"互联网+"课程建设，促进教学模式改革，在校级教学改革科研课题建设基础上，申报2015年广东省高职教育质量工程教学改革项目并获立项《基于"互联网+"会计专业课程建设和教学改革的研究》。项目组成员主要以会计系青年骨干教师组成，富有朝气和创新能力，教师们利用寒暑假期间，开发云端平台课程资源库和课程手机App。

学生在"互联网+"课堂登录云端课程资源库

教师指导学生使用在线

教学建设与改革（二）

注重实践应用能力培养，加大实践课程比例

人才培养方案中各类专业课理论与实操比例构成表

专业类别	工科类	艺术类	经管类	文科类	外语类
理论比例	30％以下	40％以下	45％以下	60％以下	60％以下
实操比例	70％以上	60％以上	55％以上	40％以上	40％以上

推进"现代学徒制"人才培养模式

案例 "2+1"信息安全与管理专业（思科网络工程师方向）创新人才培养模式

案例 加大教研力度，校企深入合作，世联订单班培养

教学管理

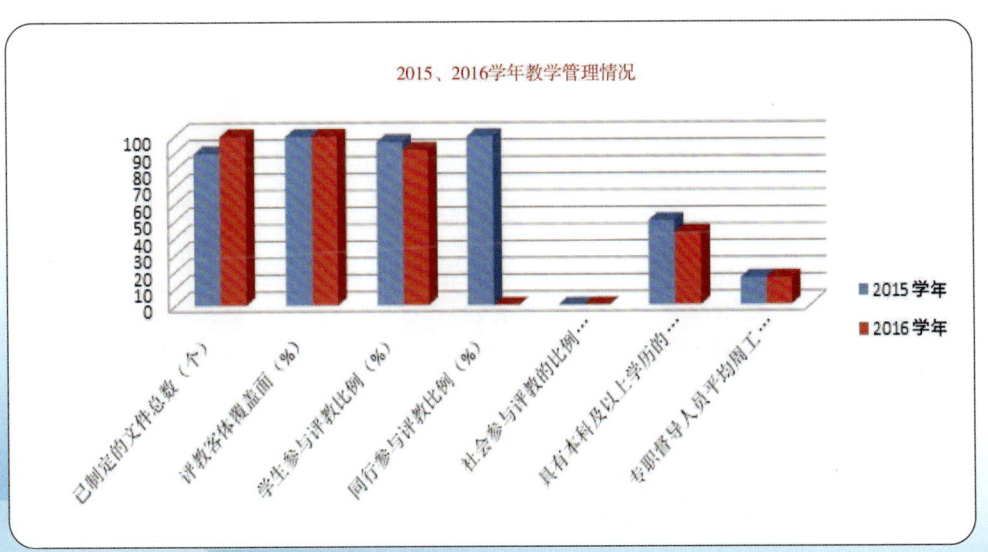

2015、2016学年教学管理情况

整合培训资源，服务学习型社会

利用现有教学资源和设备，为区域性经济发展服务，满足社会多方面培训考试需求，是我们努力探索的社会服务形式和渠道。上一学年度，学院整合各系部、职业培训学院、网络电教中心等多方资源，成立了学员考试培训中心，在服务学习型社会、满足各方需求方面做了大量工作。

培训学员社会服务贡献项目一览表

社会各行业多达139687人来学校参加考试

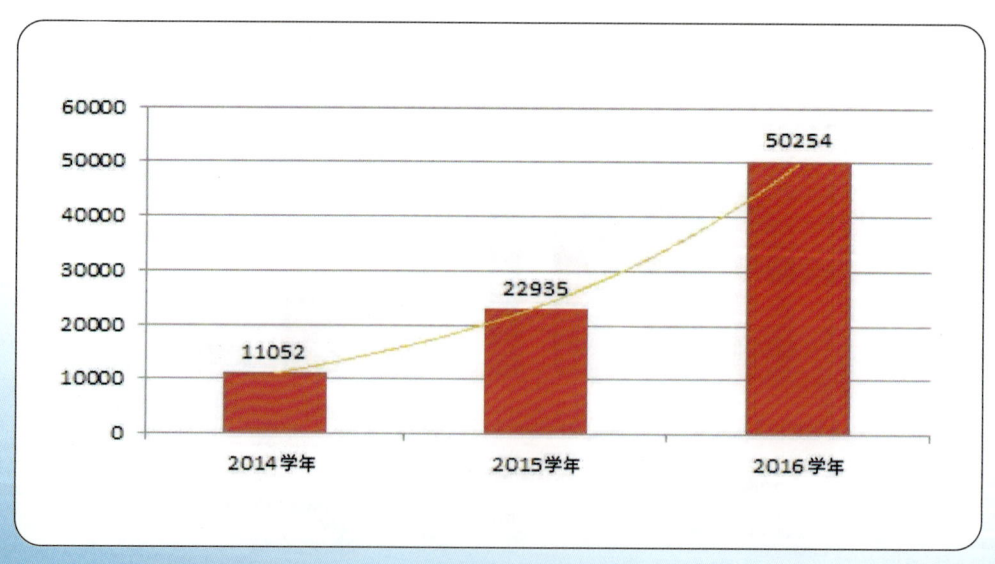

积极拓展多层次对外交流

　　扩大对外人文交流与合作,加强合作办学与出国研修水平,一年以来,俄罗斯叶卡捷琳堡人文大学、韩国东义大学、韩国湖南大学、澳大利亚邦德大学、美国内布拉斯加大学、美国纽黑文大学、日本申丰国际学院、美国大卫教育机构、外国企业家、机构及个人等,20余批次、70余人次来校交流访问,商讨合作模式,达成了多项共识。

　　我院也积极创造条件,由校领导带队、系领导带队组织专业教师,特别是中青年骨干教师,先后赴俄罗斯、德国、日本等国10余批次、30余人次出国进行交流访问与研修。另外,组织10余名师生利用假期赴日短期游学。

案例　外校企合作办学协同育人

　　我院2010年在日本设立的华联京都校,以及2014年与申丰国际学院合作开办的华联学院东京校,学院先后投入了500多万元修整校舍、添购教学设备、教师考察交流培训费以及资助学生留学游学等,经过多年努力,共有120多位学生顺利到日本学习、交流、游学等多种深造方式,其中有些学生还考上了当地名校继续深造,有些在当地就业或创业。

图说茂名职业技术学院（2017）
高等职业教育质量年度报告

1 学校现状

学校是2004年经广东省教育厅批准成立的茂名市第一所全日制公办高等职业技术院校，先后为社会培养了3万余名毕业生。

1.1 办学定位

建设特色鲜明、优势明显的粤东西北一流高职院校。

1.2 发展规模

学校现有水东湾新城校区、文明北校区、人民南校区三个校区，占地面积669 199.74平方米（1 003.8亩）。设机构21个，其中行政和教辅机构12个，系（部）9个。2016年，学校全日制高职学历教育在校生共11 120人。

2 学生发展

2.1 就业率连续三年高于全省平均水平

2.2 毕业生月收入与职业期待吻合度稳中有升

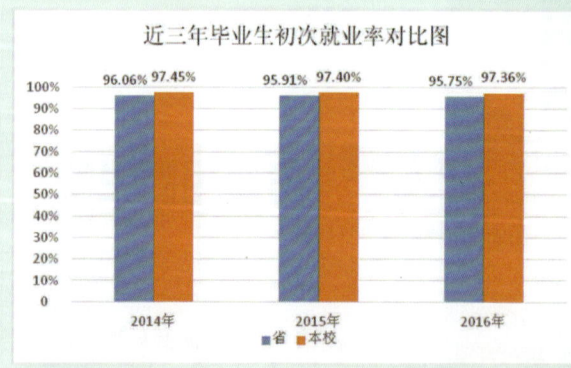

本校2016届预计毕业生3 050人，按期毕业2 877人，初次就业人数2 801人，初次就业率为97.36%。

2015届毕业一年后月收入为3 716元，比全国高职院校2015届毕业半年后（3 409元）高307元。2015届毕业生的工作与职业期待吻合度为47%，比全国高职院校2015届（44%）高3个百分点。

2.3 自主创业

2015届毕业生自主创业比例为4.3%，比全国高职院校2015届（3.9%）高0.4个百分点。自主创业的毕业生主要从事销售、建筑工程、餐饮、娱乐相关的岗位，主要集中的领域是建筑业、零售商业。

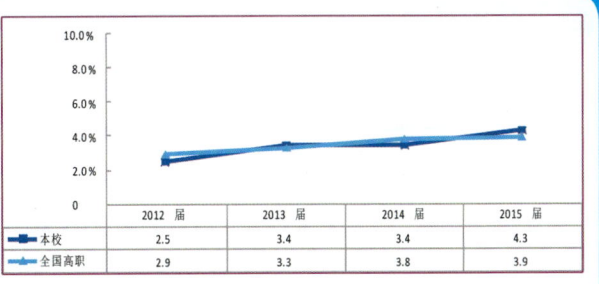

案例

2008级网络营销专业学生陈伟良自主创业，目前公司资产已达数百万。

在校开淘宝，毕业开公司

学校经管系2008级毕业生网络营销专业陈伟良同学，由校内期间开设淘宝网店开始创业，发展至今，已拥有自己的公司，20名员工，3条生产线，公司资产已达数百万。

2.4 在校体验

学生参加"加博汇杯"广东省大学生电商创业大赛荣获二等奖，获2万元创业基金。

围绕学生思想品德教育、法治教育、诚信教育、学风教育及校园文化建设。2016年全院有1万多人次参加了系列活动。学生在广东省大学生声乐比赛校园十大歌手比赛、"挑战杯"广东大学生课外学术科研技术作品竞赛、广东大中专学生科技学术节之生物化学实验技能大赛、"大智慧杯"全国大学生金融精英挑战赛等大赛中屡获殊荣。

茂名市职业技术学院

3. 教学改革

3.1 专业建设
学校共有专业24个。有中央财政支持建设专业2个，省高职教育重点培育专业2个，院级重点建设专业10个。

3.2 课程建设
学校现建有3门省级精品课程，20门院级精品课程，其中1门省级精品课程已升级为省级精品资源共享课立项课程。

3.3 实践教学
学校现有校内实训基地（实训室）89个，总建筑面积3 509 127平方米，设备总值3 113.4万元，新增设备总值698.94万元，设备总数4 583台（套）。校外实训基地127个，比去年增加了42个，发放学生实习补贴校外实训基地57个。

3.4 师资力量
学校现有教职工455人，专任教师297人，副高以上职称70人，具有博士和硕士学位教师222人，"双师型"人才104人，国内高等院校和知名企业的专家学者担任客座教授20人。拥有一批获得广东省南粤优秀教师、广东省优秀教育工作者、广东省"五一"劳动奖章、广东省"五四"青年奖章、广东省技术能手等荣誉称号的青年骨干教师。

3.5 产教融合
3.5.1 合作办学

现有校政企合作单位94家，开展校政企合作专业24个。推进与广东鑫桥建筑集团公司合作开办现代学徒制试点专业，与广东仁源集团共建混合所有制的"茂名职业技术学院仁源学院"；加强与德国蒂森电梯公司、富士康集团等世界500强企业合作，研究举办具有混合所有制特征的二级学院；积极推进凤凰卫视集团—凤凰教育合作开办凤凰学院。

茂名市职业技术学院

3.5.2 合作育人

01 深度合作，打造校企合作标杆

学校从2011年开始连续5年与富士康科技集团鸿准精密模具（深圳）有限公司及富士康C次集团开展订单班培养，学生在校学习基础理论两年，在富士康集团培训中心接受为期半年的职业技能训练和企业文化熏陶，共建机器人应用技术实训室。学校被富士康C次集团评为全国300多所合作院校中的26所优质校企合作单位，也是两广（广东省、广西壮族自治区）唯一一所获此殊荣的高职院校。

02 混合办学，拓展专业建设

学校与广东仁源集团共同创办了混合所有制的"茂名职业技术学院仁源学院"；同时设立"仁源奖助学金"，资助了贫困学生21人次，资助款项18.7万元。通过混合式合作办学，为企业输送了近百名优秀学生。

4. 对外交流与合作

与我国台湾修平科技大学签订合作办学协议，推荐3名在校生到台湾修平科技大学电子信息专业学习，选拔学生到社会香港工作机构——协青社实习交流；与广州留学人员服务管理中心合作共同举办三期"茂名大型留学咨询会"。积极组织教师20多人次赴海外学习培训。

5. 服务奉献

学校2015届毕业生在广东省就业服务贡献的人数比例为95.4%，就业量较大的城市为广州（24.3%）、深圳（20.5%）、茂名（14.4%），毕业生毕业一年后月收入分别为3 869元、4 240元、3 281元。

案例

自主研发，破解水果加工企业难题

学校机电系师生研究团队合力研制成功的自动龙眼去核机——灯笼桂圆肉的自动生产设备。目前，该项目团队获得实用新型专利4项，正在受理发明专利2项、实用新型专利1项。"自动龙眼去核机"项目参加第十三届"挑战杯"广东大学生课外学术科技作品竞赛并获一等奖。

 茂名市职业技术学院

6. 政策保障

6.1 政府扶持

市委副书记、市长李红军及时任市委常委、宣传部部长向欣先后到学校水东湾新城校区开展指导调研活动，李红军还作出了"全力以赴搞好新校区建设，不断提高教学质量和水平，为茂名经济社会发展提供有力的高技能人才支撑"的重要指示，为学校的健康持续发展指明了方向。

6.2 质量监测与评价

学校初步建立了以"五纵五横一平台"为基本框架的内部质量保证体系，以诊改为手段，在学校、专业、课程、教师、学生等不同层面建立起完整且相对独立的自我质量保证机制，强化学校各层级管理系统间的质量依存关系，形成全要素、网络化的内部质量保证体系。

图说广东理工职业学院（2017）
高等职业教育质量年度报告

一、学校概况

1. 办学定位

坚持创新驱动发展战略，深入实施"创新强校工程"，以体制机制创新为抓手，构建开放共享的制度体系，实现与行业企业协同发展、职业教育与开放教育协调发展，积极开展现代学徒制人才培养，全面提高人才培养质量，建设理工科特色鲜明、有示范效应的一流高职院校。

2. 办学规模

设有工程技术系、计算机系、财经系、机械与自动化工程系、数码设计与制作系、管理工程系、外语系、汽车工程系等11个教学单位。开设专业涵盖电子信息、制造、土建、财经、公共事业、艺术设计传媒、法律等高职高专教育大类。现有全日制在校生1万余人。

二、学生发展

1.在校生发展

以文化艺术节为载体，培育学生人文素质；以技能创新节为抓手，培养学生创新创业能力。

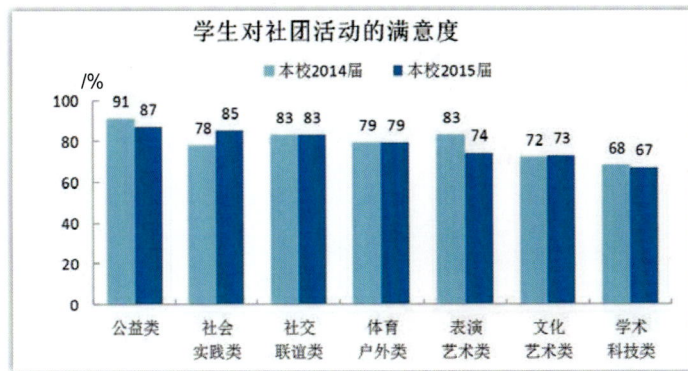

层级	学校获奖/项	学生获奖/项
省部级	76	252
国家级	18	59

技能大赛获奖情况

2.毕业生发展

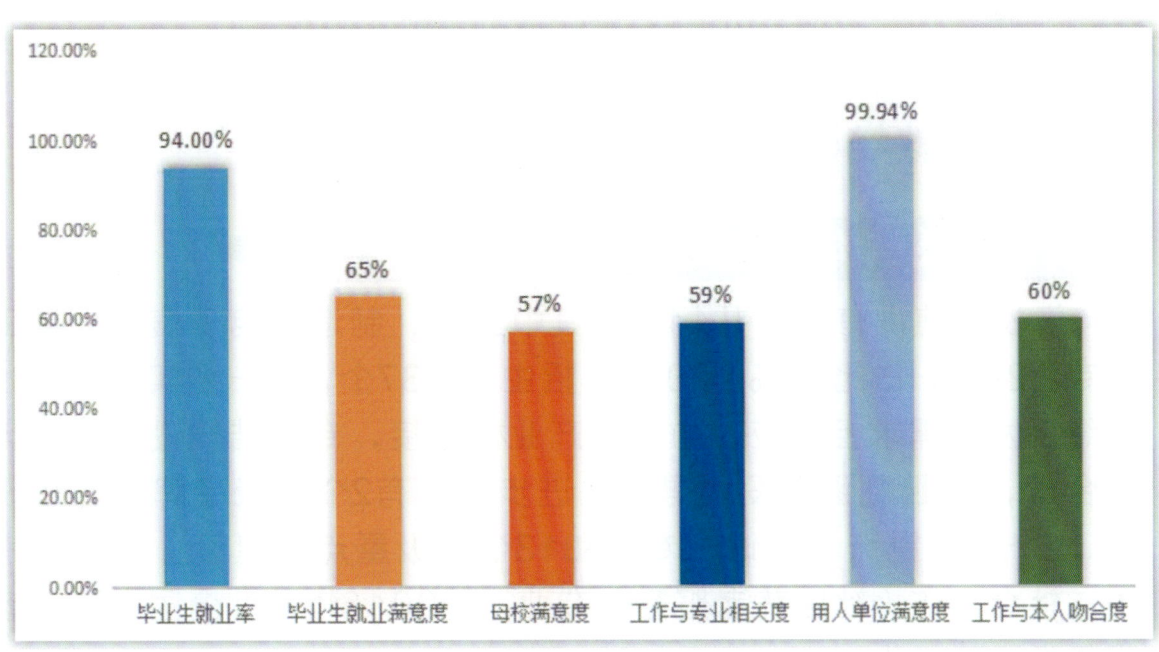

3.学生职业能力培养

学院学生获取符合专业面向职业资格证书种类71类，共3 018名毕业生获得符合专业面向的职业资格证书，其中毕业生获得符合专业面向职业资格证书率为95.21%，中级及以上职业资格证书种类占职业资格证书种类总数的51.04%。

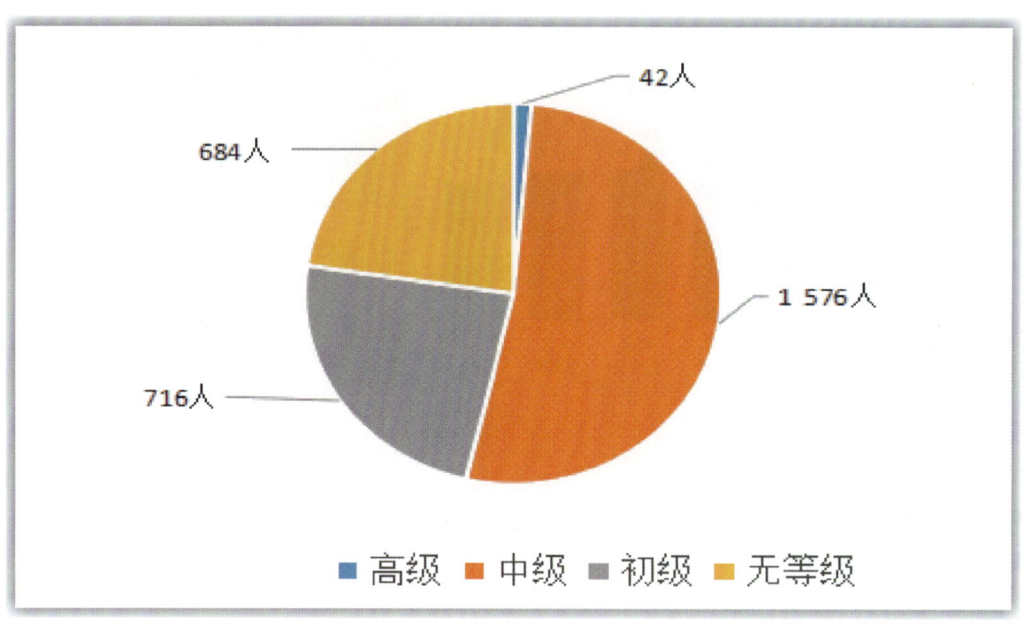

2015—2016届毕业生获得职业资格证书情况获得人数

三、教育教学改革

1.优化专业结构，建设特色品牌应用型专业

学校目前设有专业共44个，其中土建、制造、电子信息大类工科专业22个，占比50%。2016年招生专业37个，进一步实现了与社会经济发展需求相适应、与区域产业相对接，专业结构设置日趋科学合理，专业内涵建设取得长足进步。现有2个省级品牌专业建设点、2个省级重点（建设）专业和13个校级重点（建设）专业。其中，社会工作（社区养老服务）专业入选2016年首批全国高校养老服务类示范专业。

2.课赛证融合，构建"平台+模块"课程体系

对学生分类指导、因材施教，学生对课堂教学满意度变化趋势进行个性化教学服务，鼓励和实现学生的差异化、个性化发展。现有省部级精品课程6门、校级精品课程35门。学生对课程教学满意度持续上升。

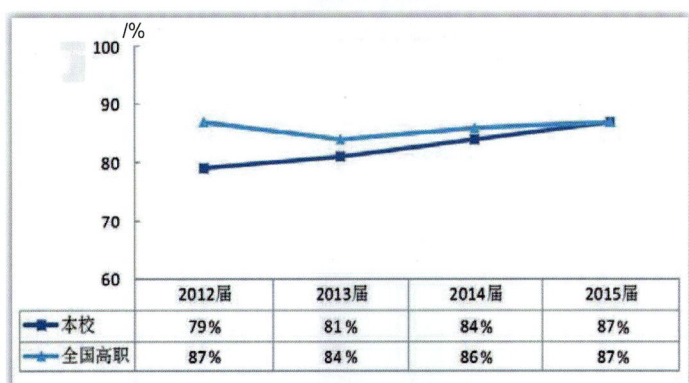

学生对课堂教学满意度变化趋势
数据来源：麦可思——广东理工职业学院应届毕业生培养质量评价数据。

3.职普协同，搭建人才成长"立交桥"

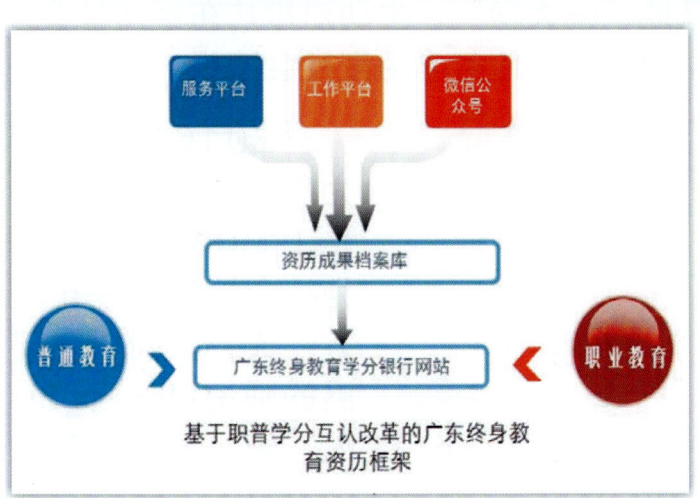

基于职普学分互认改革的广东终身教育资历框架

2016年，学校以学分制改革为主线，构建中、高、本科人才培养链。研制的《广东终身教育资历框架等级标准》通过省质监局审定，标志着广东终身教育学分银行建设和搭建人才成长"立交桥"取得重大突破。

4.名师引领，师资队伍建设成效明显

实施人才强校战略，打造高素质师资队伍。现有省级教学团队2个，广东省优秀青年教师培养对象2人；入选广东省高职院校高层次技能型人才吸引计划8人；遴选培养"千百十工程"校级培养对象18人。设有教学名师工作室10个，柔性引进先进制造业行业顶级专家10名。专任教师中，具有高级职称教师111人，占24.83%；具有"双师"素质的教师360人，占81%。

四、社会服务

1. 毕业人才服务

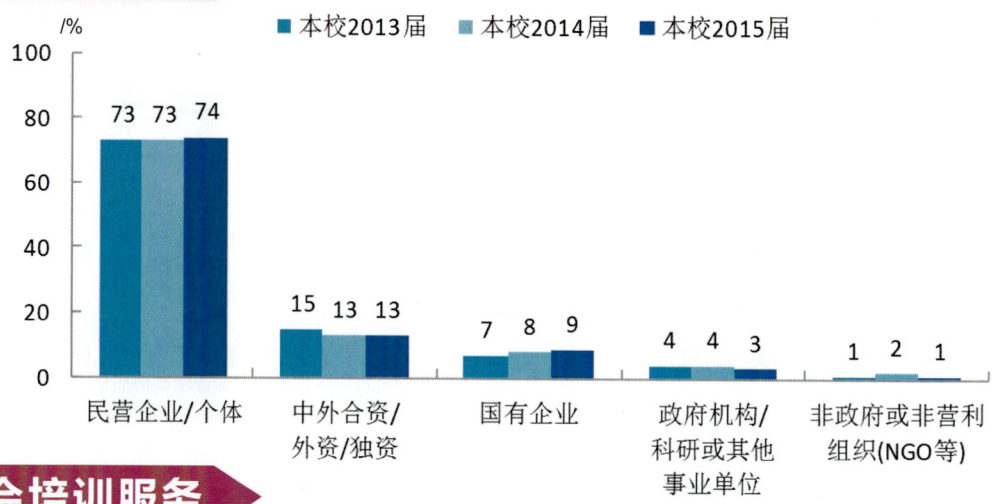

2. 社会培训服务

学校围绕"三中心、两基地、一大学",主动对接广东经济社会发展需求,畅通"立交桥式"学习通道,服务学习型社会建设。

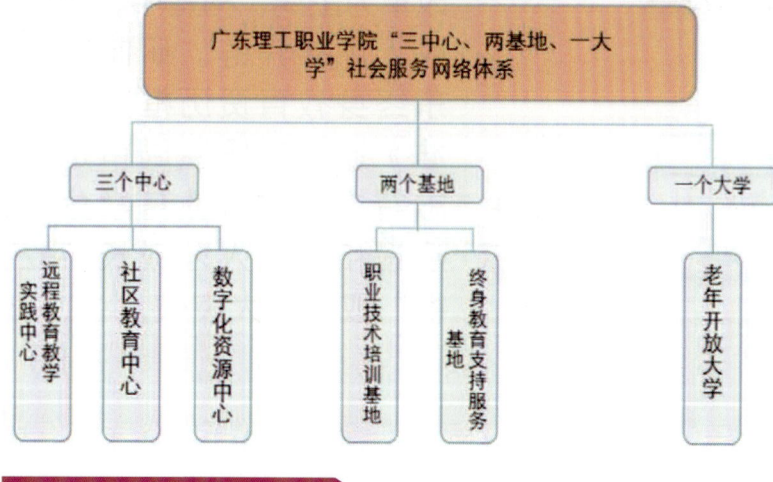

2016年,学校为产学合作企业培训员工1 082人·天;为社会培训463 593人·天;面向社会开展的师资培训1 780人·天、下岗职工培训362人·天、农民工培训138人·天。

3. 科技研发服务

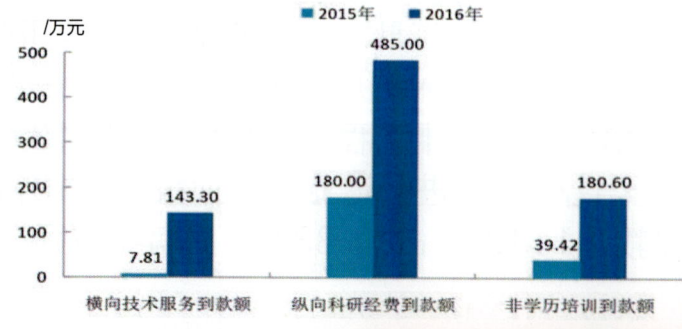

学校建立科研分配激励机制,为企业技术改造、管理咨询等提供服务,社会效益与经济效益大幅提升。

五、对外合作

1.对外交流与培训

选派教师参加对外学术交流活动,累计共36批78人次;连续两年派出19位教师赴香港大学进行合作研究。

2.开展对外合作办学

学校与新西兰尼尔森马尔伯勒理工学院合作共建联合学院,引入国际先进的办学理念、教学方法、课程内容、课程标准、职业资格标准、实践教学体系,进行师资培训,开展专业建设交流,促进学校教育教学改革,推动人才培养模式创新,共同开展人才培养,实现人才培养的国际化,服务于地方产业发展对专本应用型人才的需求。

图说佛山职业技术学院（2017）
高等职业教育质量年度报告

办学概况

佛山职业技术学院于2000年6月正式挂牌成立，是一所全日制公办普通高等职业技术院校，是"佛山市职业技术教育基地总部"单位，"佛山市职教学会会长"单位，现为佛山市职业教育校企合作联盟、园区校企协同合作育人联盟理事长单位，佛山市职教研究所挂靠我校。2013年11月，学校被确定为广东省示范性高等职业院校建设单位。

办学条件

学校建有26个校内实训基地，包括机械设计与制造专业实训基地和汽车检测与维修技术专业实训基地、2项中央财政支持实训基地，学校成功引入德国职业教育的先进理念，与佛山市中德工业服务区合作，成立佛山职业技术学院中德职业技术培训学院，成为广东省重点建设的六大品牌之一。

学校定位

学校秉承"修身 笃学 长技 创新"的校训精神，坚持"以德治校、人才强校、质量立校、特色兴校"的发展策略，围绕"立足地方、服务企业、质量为本、校企联动"的办学理念，主动适应佛山市和珠江三角洲经济产业发展需求，重点建设"智能制造""光电技术"2个优势专业群；打造"汽车技术""信息技术"2个特色专业群。学校坚持以"合作办学、合作育人、合作就业、合作发展"为主线，按照培育工匠精神的要求，培养一大批深受社会好评的高素质技术技能人才，努力建成特色鲜明、国内一流、国际知名的高等职业技术学院。

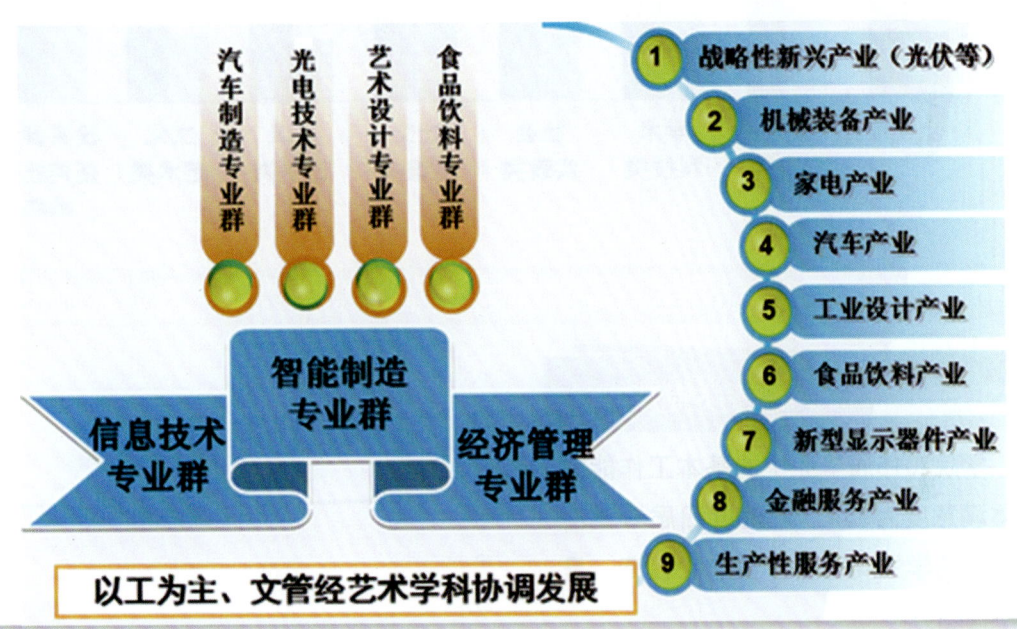

社团活动

　　学院2015—2016学年学生生均参加社团活动时间为20小时，根据学院2015届毕业生在学校期间社团活动的满意度调查，公益类的满意度最高。2015届社团活动的整体满意度调查较2014年有所上升。

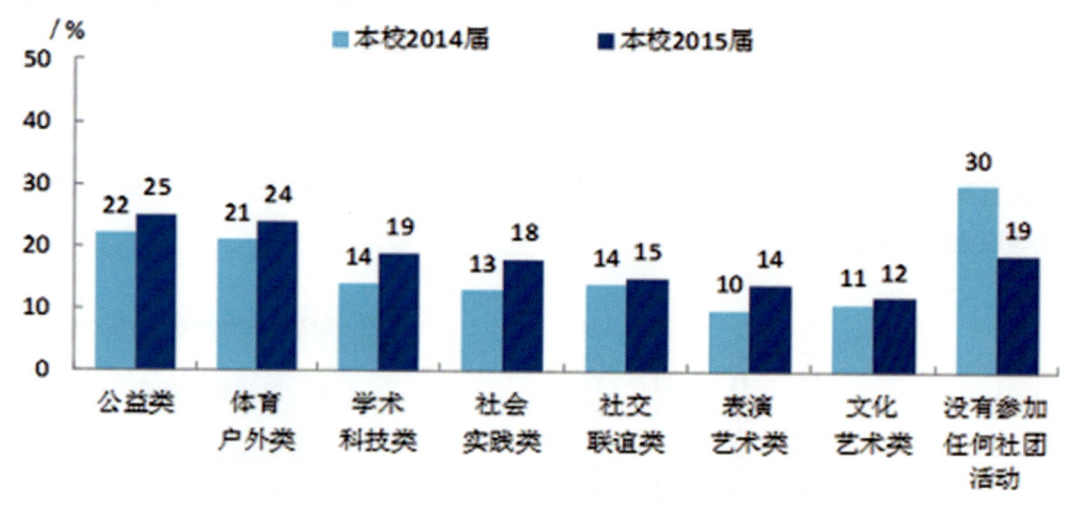

学生在校期间能力、素质提升状况

　　学院2015届毕业生的基本工作能力总体满意度为85%，本院近四届毕业生对母校的学生满意度评价均比较高，呈现平稳趋势。

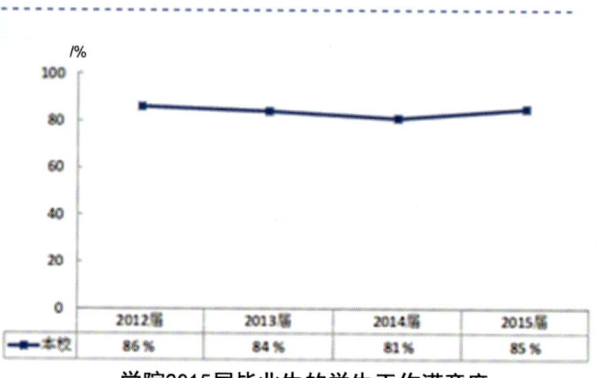

学院2015届毕业生的学生工作满意度

学生对核心课程的满意度评价

学院2015届毕业生认为核心课程的培养水平对现在的工作或学习的满意度为64%，学院近四年对核心课程的满意度呈现上升趋势。

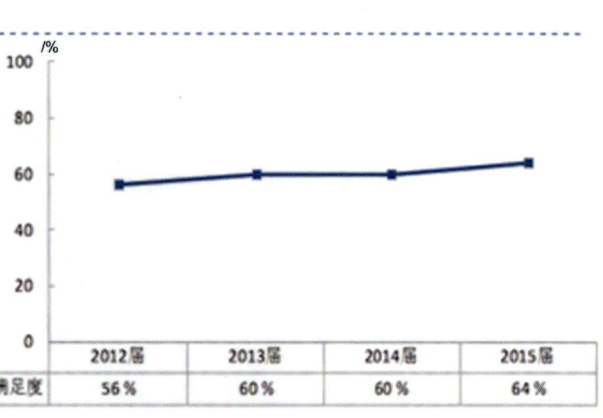

学院2015届毕业生对核心课程的满足度评价

专业建设

专业建设方面有制造大类、财经大类、电子信息大类、旅游大类、轻纺食品大类、艺术设计传媒大类6个专业大类，全日制招生专业为29个，全日制在校生8 684人。本院目前有7个省级品牌专业，5个省级重点专业。

省级品牌专业	省级重点专业（含培育）
电气自动化技术	机械设计与制造
物联网应用技术	光伏工程技术
工业机器人技术	物流管理
汽车车身维修技术	汽车检测与维修技术
电子信息工程技术	数控技术
金融管理	
国际贸易实务（跨境电商）	

师资队伍

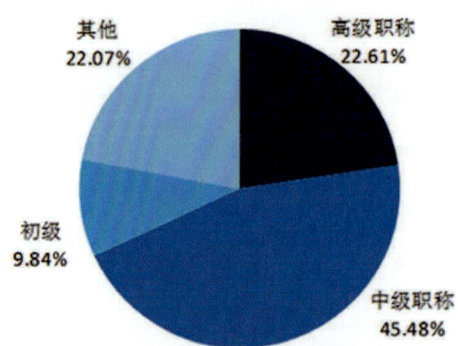

学院2015—2016学年教师职称结构分布

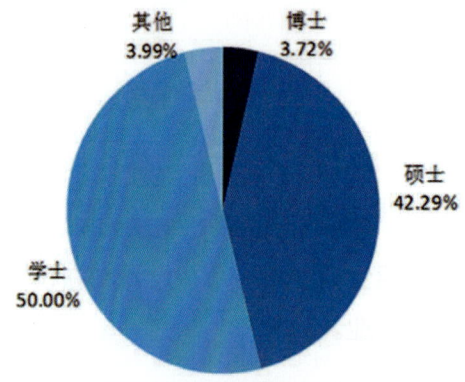

学院2015—2016学年教师学历结构分布

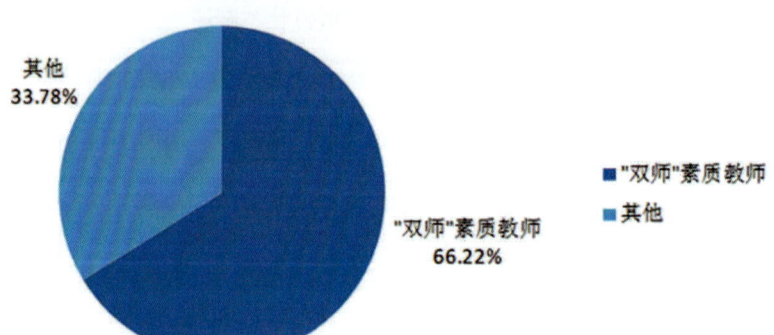

学院2015—2016学年双师素质教师分布

毕业生参加实训和实习的专业相关度

学院2015届毕业生实训和实习的专业相关度为57%，对比前两届学生有所提高。

学院2015届毕业生实训和实习的专业相关度

依靠服务优势建立校企深度合作

学院根据"政府主导、行业参与、企业协同、服务园区"的思路，主动与企业开展校企合作，与一汽－大众、长安福特、海尔集团、西门子（中国）有限公司、德国KUKA集团、科勒陶瓷等200多家知名企业建立了深度合作关系，设立企业冠名订单班20余个，建立300多个校外实训基地。

对外交流合作

学院与我国台湾南荣科技大学、台湾修平科技大学保持合作关系，开展交流生活动。现已派16人赴台湾地区交流、3人赴德国参加F+U教育集团暑期经济管理培训夏令营、1人赴法国波尔多大学进行交流学习。

毕业生本地、本省就业分布及优势

学院2015届毕业生就业中，有46.8%的人在本市就业。

学院2015届毕业生就业的主要城市

城市名称	2013届/%	2014届/%	2015届/%
佛山	49.2	32.7	46.8
广州	21.3	27.8	21.4
深圳	9.3	13.2	11.0

图说罗定职业技术学院（2017）
高等职业教育质量年度报告

 学院概况

1　办学定位

遵循"诚朴、勤学、砺能、求索"的校训精神，秉持"基础教育与素质教育相结合、理论教育与实践教育相结合、专业教育与特色教育相结合"的育人理念，明确了"为山区基础教育和中小企业培养一专多能的创新型技能人才"的办学定位。

2　办学规模

现有6系1部，开设有装备制造类、电子信息类、财经商贸类、旅游类、文化艺术类、教育与体育类、公共管理与服务类和医药卫生类八大职业门类共计45个专业。2016年全日制在校生10 565人，成人教育学生1 284人。

3　专业建设

中央财政支持专业服务产业发展能力项目2个，中央财政扶持实训基地建设项目2个，高等职业教育专项补助资金项目4个，广东省财政扶持实训基地项目6个，广东省重点专业建设项目2个，广东省公共实训中心2个，在建省级精品资源共享课与开放课程4门。

4　师范传统

传承了80多年师范教育的传统，开设有语文教育、数学教育、英语教育、音乐、体育、美术教育和学前教育等10多个师范类专业，培养了师范类毕业生12 600多名，为山区基础教育培养了一大批高素质优秀人才。

265

二、学生发展

1. 在校体验

以赛促学，以赛促练

以各类各级职业技能竞赛为平台，以赛促学，以赛促练，培养学生职业技能。学生参加职业技能竞赛获国家级奖项7项，省部级51项。

"双证书"制度

积极推行"双证书"制度，鼓励学生取得与专业相关的职业资格证书。近三年来，毕业生获得与专业相关的职业资格证书取得率均为80%以上。

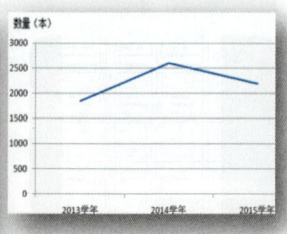

社团活动丰富多彩

建有各类学生社团28个，开展有"三下乡"等社会实践活动和才艺展示交流大赛等校园文化活动及校外志愿服务活动，充实了大学生活，又培养了学生的实践能力和社会责任意识。

2. 就业质量

认真做好就业工作，毕业生就业率稳步提高

2016届毕业生最终就业率达到99.58%。近四年平均就业率98.55%。近年来，毕业生就业率一直稳定在98%左右。

注重实践技能培养，毕业生薪资待遇不断改善

2016届毕业生月平均薪酬达到2 673.99元（2016年广东省专科平均薪酬2 669元/月），最高的薪酬为8 000元左右，平均月薪3 000元以上的人数比例为33%，最大人数比例的平均月薪在2 000～2 500元之间。平均月薪排前六位的专业主要是工学类和应用技术类专业，有22个专业达到省平均薪酬。

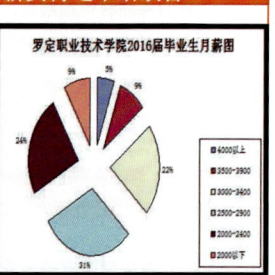

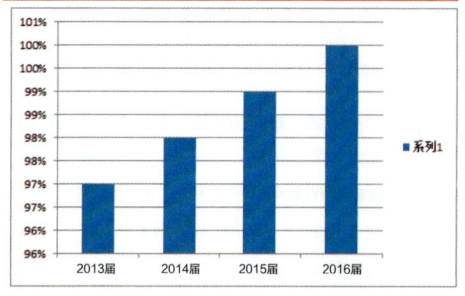

266

理工类专业就业相关度

电子类和机电工程类专业就业对口率较高,2014年是88%,2015年为89%,2016年为97%,均保持较高水平。

母校满意度高,校园文化认可度高

2016届毕业生对母校教学管理工作、校园文化、教育模式及学习氛围满意度占95%;2016年度用人单位对毕业生满意度为91.74%。

自主创业学生不断增加

案例 自主创业,业绩突出——外语系毕业生自创公司在业内影响较大

卢智葳,广州香愿环保科技有限公司总经理。2012年毕业,2013年开始创业,并成立胜和科技发展有限公司,2014年创办广州香愿环保科技有限公司,并于2015年取得进出口权,公司主要经营扩香系统设备,香精油及其他货物进出口,每年业绩500万元左右。

三、教学改革

(一)强化教学改革,提升服务能力

1. 优化专业结构,突出服务地方

主动适应区域产业转型优化专业结构,围绕云浮"四新一特"产业结构,调整设置专业,建立面向区域经济社会发展和产业结构的专业体系,形成了以重点专业为支撑,品牌专业为龙头,相关专业为支撑的服务地方经济社会发展的专业群格局。

案例 "校企合作、产学双赢"——机电工程系与罗定市兴顺汽车服务有限公司开展"双向介入"校企合作人才培养模式项目实践。

2. 改革课程体系,强化职业能力培养

围绕创建"师范传统、工科特色、区域一流"的地方性应用型高水平高职院校为目标,形成与培养现代化创新型技能人才相适应的教学内容、课程体系和教学手段,促进教学质量不断提高,从而不断提高学生的职业能力。

案例 会计专业开展模拟仿真教学

案例 营销专业改进专业技能实训

案例 企业主动牵手校园,跨境电商融入实践教学课程体系

267

（二）深化校企合作，推进产教融合

通过校企互派、聘用企业技术骨干担任学院教师等途径，统筹整合资源，创新办学机制，发挥聚合效益，切实提高学院办学活力。2016学年组织企业进校园举办专场招聘会41场，104家单位通过校园专场招聘会的形式，招聘实习生和毕业生1 543人，实现人才培养与企业发展深度对接。

（三）加强队伍建设，提高师资素质

重视教师培养和提升，学院采用派出去和请进来相结合的方式做好教师培训工作，加大引进高层次人才的力度，提高教师科研教研水平，硕士学位以上教师占专任教师的55.6%。

四、对外合作

1. 走出去

2016年，先后派出6名教师到英国英语学习中心、我国台湾南荣科技大学、台湾朝阳科技大学、台湾明新科技大学等高等院校交流与学习；引入海外实习计划，现有4名同学在英国、马来西亚等国家实习。

2. 请进来

2016年，聘请了等3名外籍教师，主要负责外语系英语教育、商务英语专业的口语课程教学。

五、服务贡献

紧贴区域经济文化需求，发挥智库作用，彰显服务贡献。

社会服务
1. 人才贡献
2. 科技服务
3. 社会培训

案例　村干部大专学历教育班

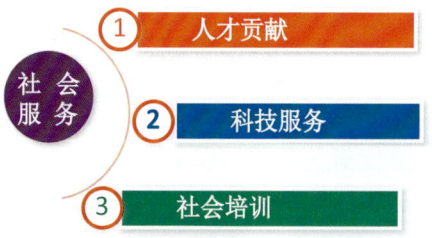

与当地党委部门合作，开展村干部学历教育，为云浮市培养高素质的村（社区）"两委"干部，目前在读人数达567人。

1. 2016年共培养2 835名毕业生，在广东省就业占98.45%，其中服务云浮地方毕业生为558人，占就业人数的19.68%；成人学历形式为社会输送了4 580人。云浮生源招生约占年度招生总数的25%。

2. 通过对口支援合作办学、在人力资源提升、技术开发合作等方面开展科技服务，受云浮市职业技能鉴定指导中心的委托，承担石材专项职业能力开发与研究工作，成果在本地区推广使用。发挥普通话培训测试站的资源优势，2015年开展普通话水平测试共计4 442人次。

3. 举办以村干部大专学历教育班、职业技能晋升培训和各种形式的短期培训班，培训人数累计达4 981人次。

图说广东松山职业技术学院（2017）
高等职业教育质量年度报告

学院概况

广东松山职业技术学院是广东省人民政府举办、广东省教育厅直属管理的全日制普通高等职业院校。前身为广东韶关钢铁集团职工大学，始办于1976年3月。

学院设有机械工程系、电气工程系、计算机系、经济管理系、外语系、基础教学部、思想政治理论课教学部、实习工厂等8个二级教学单位。现有全日制在校生9157人。

办学特色定位

以机械、电气、计算机类专业为主体，经济、文管类专业协调发展，立足粤北，面向广东，服务于环珠江三角洲城市的融珠战略，服务于广东省区域经济和社会发展需要，服务于中国制造2025，服务于技术技能人才全面发展的需要，坚持开放式、创新型、有特色、重质量的办学定位，构建多元职业教育体系。

人才培养定位

学历教育、继续教育和社会培训相结合，培养面向生产、建设、管理和服务第一线的实践能力强，具有良好职业精神和创新意识，身心健康的高级技术技能人才。

办学规模定位

以全日制高等职业教育为主，积极开展成人继续教育和社会培训。至2020年全日制在校生规模达1万人左右。

求索 敬业 务实 创新

学生发展

就业质量

1. 毕业生就业率高：近五年毕业生整体就业率均在99%以上，在全省高校中名列前茅。
2. 雇主满意度高：通过调查发现，企业对学院2016届毕业生满意度为95.83%。

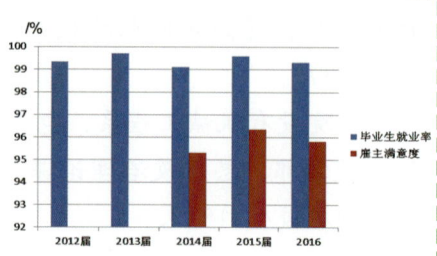

职业能力提升

1. 校企合作搭建创新创业平台

【案例】与广东鑫金汇投资发展集团有限公司合作，在"韶关市智汇小镇"设立"广东松山职业技术学院大学生创业园"，共同打造致力于省级和国家级双创示范基地。

学院与广东鑫金汇投资发展集团有限公司协商校企合作事宜

2. 学生创新创业成绩喜人

*现有省级大学生创新创业训练计划项目23项，其中4项为2016年立项项目。
*5个项目获得2016年度广东大学生科技创新培育专项资金项目立项。
*6个项目在2016年广东大中专学生科技学术节各类竞赛中获奖。

2016年广东省"双创"活动周韶关会场，韶关市委常委、常务副市长陈波一行聆听学生讲解LED广州塔设计原理

学院圆满承办"2016年韶关市机电一体化（工业机器人）大赛"，并取得职工组第1名，学生组前3名的好成绩

求索 敬业 务实 创新

教学改革

人才培养模式改革

以重点专业为试点，深入推进现代学徒制试点、中高职"三二分段"、订单式等人才培养模式改革。

图为学院与韶钢召开现代学徒制机电设备维修与管理专业职业能力分析研讨会

专业建设

优化调整专业结构。2016年向教育部共备案39个专业，较2015年新增8个专业，现开设专业主要以装备制造业、电子信息类、财经商贸类专业为核心。

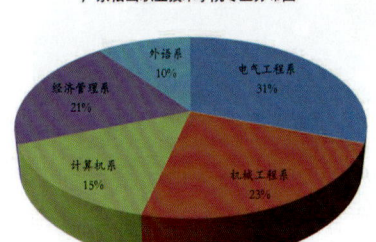

加强专业内涵建设。2016年，新增2个省级重点专业，1个省级品牌专业，专业综合竞争力得到提升。

学院重点专业一览表

序号	专业名称	类别
1	数控技术	省重点专业
2	软件技术	省重点专业
3	电气自动化技术	省示范性专业
4	机电设备维修与管理	中央支持高职院校提升专业服务产业发展能力项目重点建设专业
5	营销与策划	中央支持高职院校提升专业服务产业发展能力项目重点建设专业
6	电子信息工程技术	省重点专业
7	物流管理	省重点专业
8	机电一体化技术	广东省第一批二类品牌专业

加强实训基地建设。学院现有82个校内实验实训室（基地），87个校外实训基地。其中，中央财政支持的实训基地2个，省级实训基地6个，省级公共实训中心1个，省高职教育大学生校外实践教学基地建设项目4个。

省级以上重点实训基地

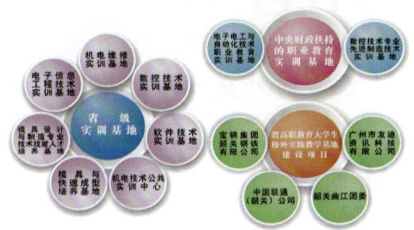

产教融合，校企合作

【案例】 机械系依托韶钢，校企深度融合。利用实习工厂积极承担韶钢设备维修备品备件生产加工，年产值达到150万元，毛利润20万元以上。

【案例】 外语系与广州金马国际旅行社有限公司合作，组织30余名学生到该公司进行为期40天的顶岗实习。

【案例】 电气系与深圳瑞能实业股份有限公司开展校企合作，组织学生开展"工学交替"培养。

校园文化育人模式

校园读书节、红色文化节、商务文化节、宿舍文化节、"三走活动"、校园歌手大赛等校园文化活动百花齐放，竞相争艳，彰显学院办学魅力，培养学生核心素养。

图为商务文化节学生身着民族服饰介绍各民族风俗

图为商务文化节工业机器人协会展示工业机械臂

图为红色文化节开幕式上学生表演舞台剧

对外合作

注重对外交流与合作，积极选派骨干教师赴国外学习、培训，邀请外国专家来校讲学。2016年派出11名教学骨干赴美国、新加坡等国外高职院校培训。

求索　敬业　务实　创新

社会服务

参与制定国家节能减排标准

学院节能减排科研团队积极参与制定的三项国家节能标准于2016年8月29日正式发布,为服务地方经济转型升级提供有力支撑。三项国标分别为:钢铁行业蓄热式工业炉窑热平衡测试与计算方法(GB/T32974-2016),炼焦入炉煤调湿技术规范(GB/T32966-2016),钢铁行业蓄热式钢包烘烤系统热平衡测试与计算方法(GB/T32971-2016)。

助力地方社会经济发展

(1) 2015—2016学年,学院为9家企事业单位培训员工累计3 098人·天。
(2) 经管系电子商务专业师生成立15支队伍,参与"2015年韶关旅游、农业、商贸企业电商帮扶计划",提供智力支持。

积极开展大学生暑期社会实践活动

【案例】经管系电商党支部大学生党员依托学校电子商务教育特色和学科优势,开展"互联网+农业,促进粤北地区电商发展"暑期社会实践活动。

大力开展大学生志愿服务活动

积极开展"立足校园、面向社会"的志愿服务活动,如义务献血、敬老院慰问、爱心募捐等。

求索 敬业 务实 创新

图说河源职业技术学院（2017）
高等职业教育质量年度报告

河源职业技术学院是一所由河源市人民政府举办的全日制普通高等学校，2001年由原广东老隆师范学校（1930年创立）升格成立，2004年整体搬迁至河源市区办学，2007年底通过教育部高职高专人才培养工作水平评估，2010年成为全省15所中高职对口自主招生的职业院校之一，2011年成为全省"三二分段"招生试点院校之一，2012年被确定为广东省示范性高等职业院校培育建设立项单位，2013年正式成为第二批广东省示范性高等职业院校立项建设单位。

学校按照"乘实践之舟、载知识黄金、扬素质风帆、抵能力彼岸"的教育教学改革思路，创新"教学工厂（场）"校企双轨并行人才培养模式，主动加强与河源当地大中型企业的合作，共同推进"教、学、做一体化"教学改革，将学校教学过程与企业生产过程紧密结合，突出教学的"行动导向、项目载体、能力本位、做学一体"，切实提高学生的专业知识、技能水平和岗位适应能力。同时，学校强调人文素质教育，积极构建融"教书育人、管理育人、服务育人、环境育人"于一体的"文化育人"体系，突出大学生人文精神与科学精神的同步发展，努力提高大学生的综合素质。

经过长期努力，学校的教育教学改革取得了优异成绩，拥有中央财政支持实训基地2个，省财政支持实训基地6个；拥有中央财政支持专业提升服务社会能力项目专业2个，省级示范性专业2个，省级重点专业5个，省级品牌专业3个。建有1门国家级精品课程，16门省级精品开放课程，5门国家教学指导委员会精品课程。学生在省级以上各类大赛中获奖达1 900余人次，获国家级奖项160项，省级奖项412项，获奖数量和质量在全省同类院校中名列前茅。

学校近年毕业生总体就业率达99%以上，稳居全省同类高校前列，毕业生用人单位满意率达到98%。由于毕业生广受社会欢迎，学校招生形势喜人。目前，学校面向全国9省招生，新生报到率连续三年达87%以上。

实训条件充足,竞赛成果丰硕

现在校内实践基地(室、车间)180个,校内实践基地总面积81 033平方米,教学仪器设备总值达8 960万元,教学仪器设备总数达到7 580台(套),大型设备243台(套)。拥有中央财政支持建设实践基地2个,省财政支持实训基地或公共实训中心6个和省级实训基地6个。获得中央、省级财政各类扶持和竞争项目资金8 522万元。

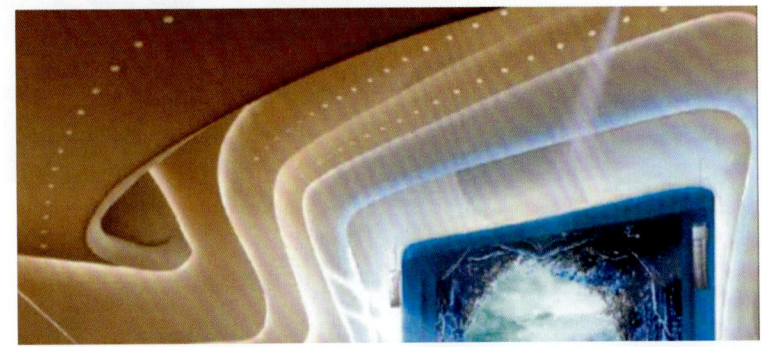

学校实习基地数量充足、覆盖全部专业,签约校外实习实训基地400余家,其中可接收10人以上学生顶岗学习基地210家。校企双方在开展专业建设、订单培养学生、共同开发课程和教材、企业员工培训、技术研发服务等方面开展了全方位、多层次的合作,实现了校企合作互惠共赢的良好局面。

2015—2016学年学生参加全国各类技术竞赛148个项目,获国家级三等奖以上奖项70项、省级三等奖以上奖励78项,共计469人次。代表广东省参加全国职业院校技能大赛8个赛项,其中,"嵌入式技术与应用开发项目"两个赛项均获得了全国一等奖,"嵌入式产品装配调试"成绩为全国总分第一名。2016年"巽震杯"第八届全国旅游院校服务技能大赛荣获全国一等奖。在第八届物流企业经营全国总决赛中荣获一等奖。

校园生活丰富，责任意识增强

建设有各类学生社团80余个，开展有大学暑期"三下乡"社会实践活动、展翅计划、校园文化艺术节等校园文化活动及校外志愿服务活动，充分丰富了在校大学生的校园生活。

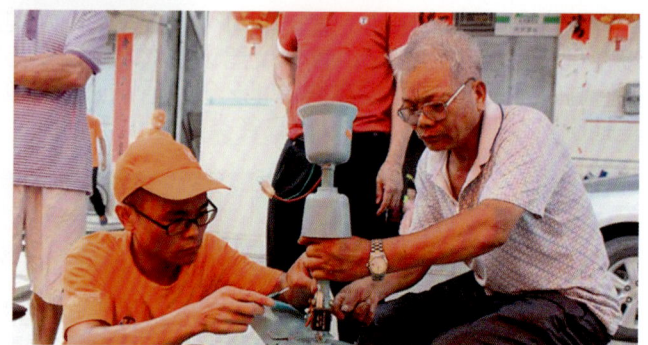

校内推行"三自"（自我教育、自我管理、自我服务管理），校外鼓励志愿服务，着力强化大学生社会责任感。"三下乡"社会实践活动多年荣获省级多项表彰。

强化合作交流，推进国际化办学

先后与加拿大温莎大学、澳大利亚弗林德斯大学等国外高校建立友好合作关系，紧密开展合作交流，共同探索校际互认学分、联合培养等合作办学项目。

遴选派出骨干教师赴美国康涅狄格大学、康州大学参加访学；组织派出8个团组共计70余人赴澳大利亚弗林德斯大学、台湾兰阳技术学院等高校研修。

就业形势好，学生满意企业推崇

毕业生对母校各项就业指导服务的满意度均在87.00%以上。

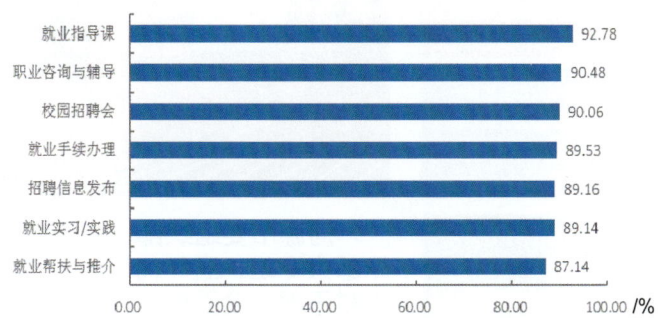

毕业生对母校各项创业教育/指导服务的满意度均在88.00%以上

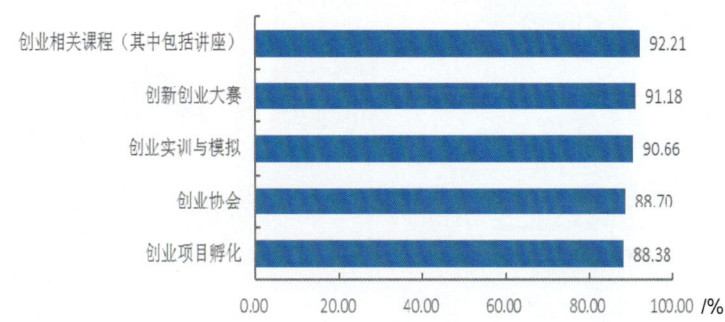

毕业生总体就业率多年达99%以上，毕业生对母校总体满意度为98.12%，毕业生用人单位满意率达到92%，稳居全省同类高校前列。月均收入水平为3 036元，高于全国高职高专院校2015届平均水平。

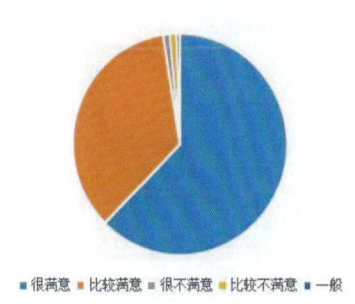

用人单位对毕业生的满意度

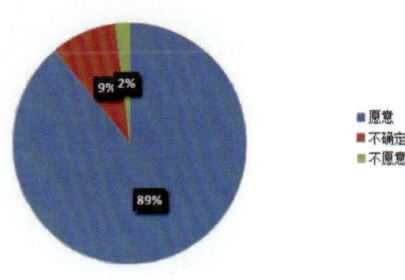

用人单位对毕业生的推荐度

发挥智库作用，服务地方发展

河源市委组织部、河源市财政局、河职院联办村干部大专班，五年内培养1 000名具有大专学历的优秀村干部，全面提升河源村干部的素质。目前村干部大专班规模全国最大，得到广东省教育厅、广东省教育考试院的充分肯定，人民日报主办的《人民论坛》做专题采访。

助力河源"非遗"登上深圳文博会舞台（花灯制作展示）

服务河源企业200多家，联合申报项目50多项，为21家企业提供"高新技术企业培育和入库"科技服务，与8家企业共建"工程技术研发中心"，为企业开展技术服务项目150多项，培训员工数5万多人次，开设订单班15个。

图说广州科技贸易职业学院（2017）高等职业教育质量年度报告

一、学校概况

1. 办学情况

广州科技贸易职业学院创办于1984年，是经广东省政府批准、教育部备案、广州市科学技术协会主办的全日制普通公办的高等职业院校。著名科学家、中国工程院院士、广州市科学技术协会名誉主席钟南山担任名誉院长。设有商贸学院、管理学院、信息工程学院、机电工程学院、创意设计学院、服装与艺术学院6个二级学院和公共课教学部、思想政治理论课教学部2个教学部。开设会展策划与管理、物流管理、动漫设计与制作等31个专业。在校生7 190人，教职员工469人，专任教师325人，高级职称教师占24.31%，硕士以上学位教师占70.46%，"双师"素质教师241人，占教师队伍的74.15%。

2. 发展定位

办学理念
- 质量立校
- 人才强校
- 特色兴校
- 服务荣校

学院秉承"质量立校、人才强校、特色兴校、服务荣校"的办学理念，遵循"厚德、砺学、修技、至善"的校训，以立德树人为根本，以服务发展为宗旨，大力弘扬工匠精神，遵循"创新发展、质量发展、内涵发展、特色发展、协调发展"五大发展理念，坚持走"科技助推产业，商贸服务经济"的发展路子，为区域发展现代服务业、先进制造业、战略性新兴产业培养技术技能型人才。

3. 办学优势

- 科协办学背景
- 管理规范务实
- 专业特色明显
- 能力素质提升
- 助学体系完善

二、办学成果

1. 制定"十三五"规划，全面描绘发展蓝图

制定《广州科技贸易职业学院教育事业"十三五"发展规划纲要（2016—2020年）》，明确了将学院建设成为省内一流、国内知名、特色鲜名的现代高等职业院校的发展蓝图。

2. 首年实行3A招生，招生就业呈现两旺

2016年，学院第一年调整到第三批专科A类招生，共录取1 945人，报到率为92.54%，比2015年高出7.59个百分点。学院2016届毕业生2 271人，就业人数2 147人，初次就业率达到95%，在中小微企业工作的毕业生达到91%。

3. 校企融合多方合作，推进改革取得成效

2016年，依托广州高校与企业合作促进会、广州物流职教集团、商贸会展协同育人平台，探索推进"融入地方、携手行企、合作育人、服务经济、共同发展"的办学模式，以互利共赢为纽带，着力加强"创新强校工程""质量工程"等项目建设，取得丰硕成果。一年来，新获得省级工程技术研究中心1个，省级实训基地和大学生校外实训基地各1个，省级优秀教学团队2个，省级精品开放课程3门，省级"现代学徒制试点专业"1个，省级教育教学改革项目和大学生创新创业训练计划项目7个，以及"商贸会展特色学院"获广州市特色学院建设项目等建设成果。

4. 开展创新创业教育，强化创新人才培养

积极搭建"创业教育，创业孵化，创业实践"三大平台，在2016年"挑战杯——彩虹人生"广东职业学校创新创效创业大赛中我院有8项作品获奖，在第十届"新道杯"全国大学生创新会计人才技能大赛荣获三等奖，在"南方人才杯——赢在广州"第四届大学生创业大赛中荣获创新奖，学院同时获得"高校组织奖"。此外，学院师生参加省市级以上各类技能大赛获得一等奖、二等奖等奖项共计达到57项。

5. 实施管理提升计划，加强依法依规管理

学院先后制定出台《广州科技贸易职业学院管理水平提升行动计划（2015—2018年）》《广州科技贸易职业学院教育事业"十三五"发展规划纲要（2016—2020年）》《广州科技贸易职业学院管理水平提升行动计划（2015—2018年）实施方案》《广州科技贸易职业学院质量保证体系诊断与改进实施方案》等规划、管理制度20多项，为提高人才培养质量、服务经济社会发展提供了制度保障、组织保障和措施保障。

6. 搭建平台提升能力，服务社会成效突出

学院依托校企合作促进会、职教集团和协同育人平台，大力提升社会服务能力。一是面向在校生及社会人员完成了各类职业培训和技能鉴定9 047人次，鉴定工种20项，成功承接了全国中级会计师、全国注册会计师、基金从业人员资格、证券业从业人员资格、报关职业水平等校园招聘项目考试，考生共11 880人次。二是获得广东省智能控制电源工程技术研发中心1项，资助金额100万元；各重点专业教师深入企业、农村开展技术培训工作达6 000多人次。三是组织开展科普活动45项，受众人数达20 000人次，开展了超过10 000人次的志愿服务，积极开展扶贫服务和校友服务等工作，充分展示了我院师生良好的精神面貌，得到了社会的认可和好评。

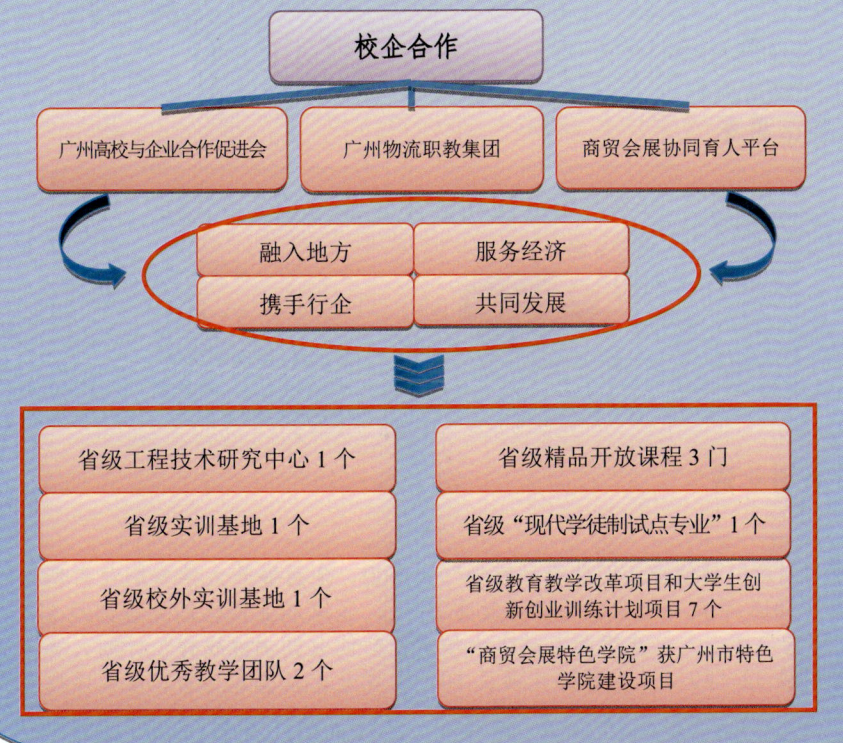

三、学生发展

2016年，学院全面实行"专业导师制"和"五大育人工程"，大力推进创新创业教育，强化学生创新精神和实践能力，提高学生综合能力，使用学生职业核心能力和就业竞争力得到全面提升。

1. 生源结构

2016年，学院录取率为101.83%，2016级新生报到率达到92.54%，比2015年提高了7.59个百分点。

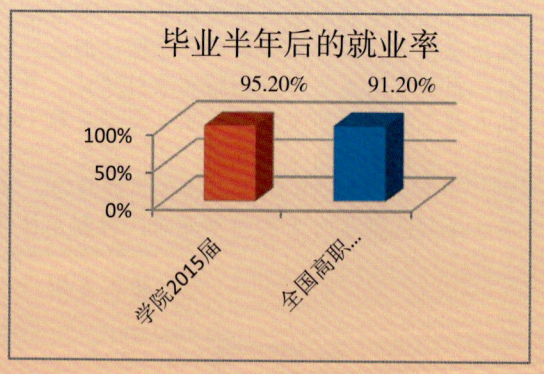

学生生源地区分布

2. 就业率高

学院2015届总毕业生数为2 340人，2015届毕业半年后的就业率为95.2%，同全国高职院校2015届毕业半年后的就业率91.2%相比，高出4个百分点，用人单位对毕业生的满意情况良好。

3. 用人单位满意

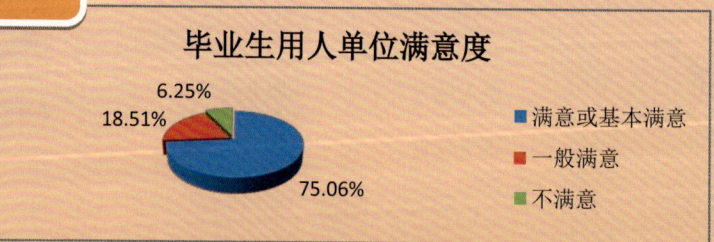

毕业生用人单位满意度

4. 素质高创业强

以"创新引领创业，创业带动就业"为宗旨，全面提升大学生职业素养和创业能力。2016年具有创业讲师资格教师24人，国家职业资格创业咨询师6人，SYB实训指导师5人，连续两年举办大学生创新创业暨"挑战杯"计划大赛，每年产生项目30~40个，推荐孵化项目10个，学生参加国家、省、市各项技能大赛近80项。

四、教学改革

学院坚持"政、校、行、企协同育人,教、学、做、创四位一体"的办学思路,大力实施创新强校工程,推进"政校行企"协同创新,深化校企合作、产教融合、工学结合的现代高职人才培养模式改革,不断丰富"现代学徒制""系统培养""项目导向模式""分段递进模式"等融"教、学、做"于一体的人才培养模式内涵,实现人才培养模式改革与创新发展,逐步形成各专业人才培养模式特色。

1. 协同创新培养现代职业人才

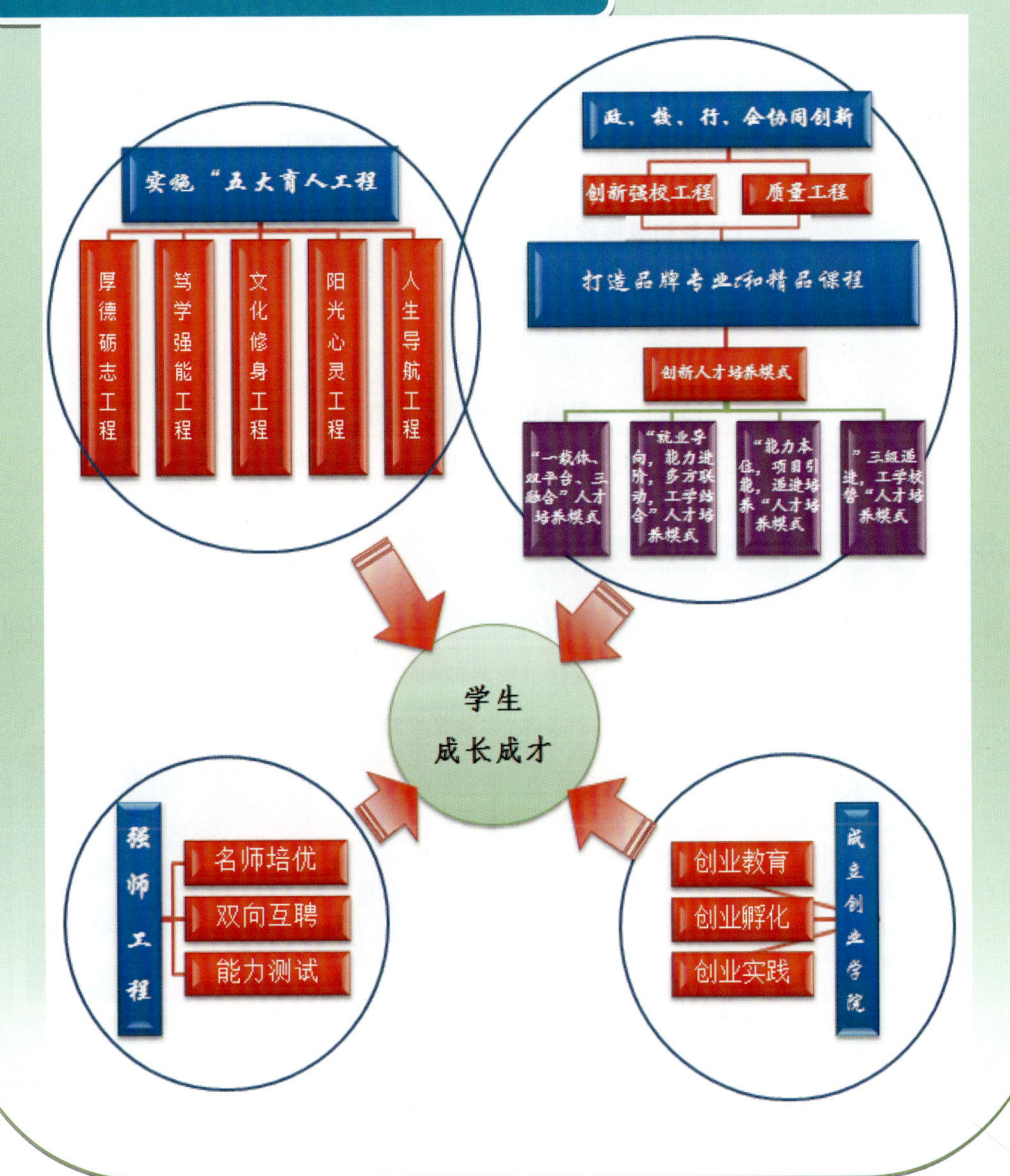

2. 多元融合构建人才培养模式

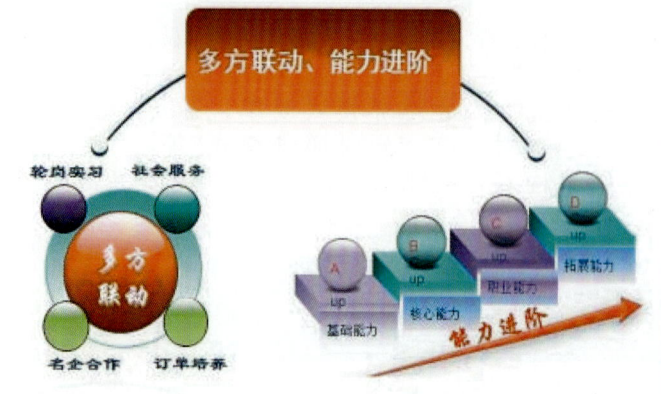

物流管理专业人才培养模式深化改革思路图

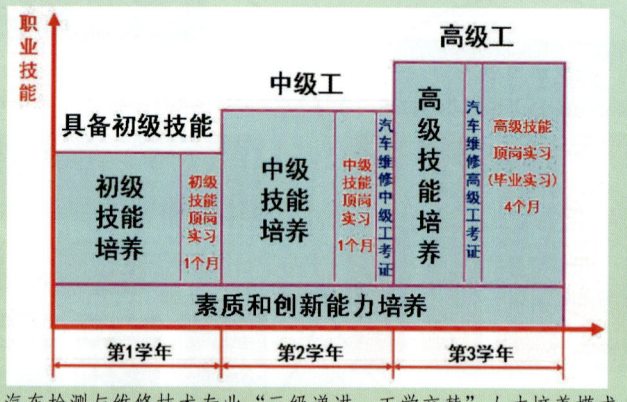

汽车检测与维修技术专业"三级递进、工学交替"人才培养模式

3. 质量诊改提升教学保障水平

学院于2016年9月正式启动诊改工作，制定学院质量保证体系诊断与改进实施方案，成立诊改工作专门机构，确立以办学基础能力、专业人才培养、师资队伍、学生发展、社会服务能力和运行体制等6个主要诊改项目，围绕高职院校内部质量保证体系5个诊断项目、15个诊断要素、37个诊断点开展诊改工作，按3年一周期完成全院项目诊断，建立完善的内部质量保证体系和运行机制，丰富学院内涵建设，不断推动学院实现更高水平发展。

五、对外合作

先后与悉尼 TAFE 学院、新西兰国家高等教育学院、德国 Bachstrasse 职业管理学院、意大利恩里科托西经济技术学院等 4 所院校以及曼德勒省缅中友好协会签署合作备忘录。曼德勒省缅中友好协会广州联络处、缅北中华商会广州联络处在我院设立，进一步建立了合作意向。与广州弘三毅投资有限责任公司签订合作办学协议合招出国留学生，依托对方的国际影响力，引进美国、新西兰、澳洲等国家的优质资源和先进国际管理，双方合作开发中外教育市场，开发国际职业资格证书培训、国际专升本培训、大学后继续教育以及其他中高层次人才培训项目。

缅中友好协会广州联络处、缅北中华商会广州联络处揭牌仪式

缅方代表团与我院领导合影留念

六、服务贡献

1. 育人工程促进学生就业创业

成立创业学院，充分利用各种资源建设大学科技园、大学生创业园、创业孵化基地和小微企业创业基地。作为创业教育实践平台，有效地培养了学生的创新精神、创业精神和实践能力，使学院应届毕业生创业率达到 3%。

2. 继续教育服务就业与再就业

建立了广州市高新技术人才培训基地、广州市动漫人才培训基地和广州市服务外包培训机构，并与广州市番禺区联合开展创新型技术技能人才培训，构建了职工教育培训服务和终身教育体系。面向在校生及社会人员完成了各类职业培训和技能鉴定 9 047 人次，鉴定工种 20 项，院内在校生鉴定 3 268 人次。

3. 技术研发服务行业企业建设

与企业共同组建了"岭南服装设计研究所"和"电子信息技术研究所"两个专业研究所,组成学院研发中心。学院电子信息工程科研创新团队,与广东创电科技有限公司深度合作,联合申报"广东省大功率智能控制电源工程技术研究中心"于2015年10月由省科技厅批准立项。

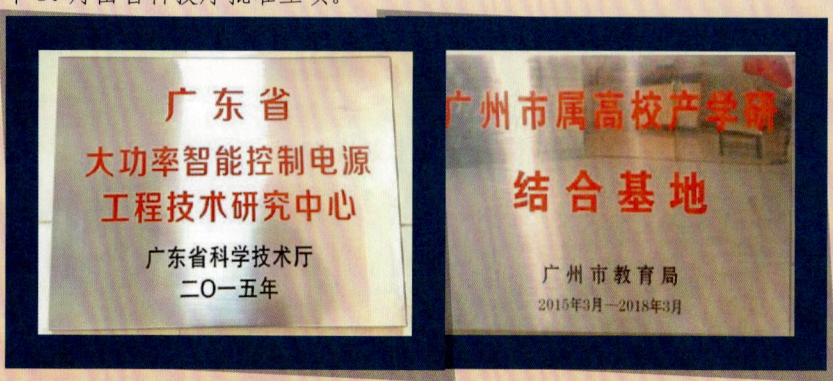

省级工程技术研究中心牌匾　　　　市属高校产学研基地牌匾

4. 多元服务支援社会建设发展

结合科协办学的优势,以公益服务为立足点,坚持科普服务、校友服务、扶贫服务和志愿服务等四个并行服务方式,多元服务创新社会服务模式,主动服务区域经济发展,从而持续提升人才培养质量。

学院援建改造松源镇案背村综合服务中心

学院春节慰问贫困户

校友创业产品体验区

图说广东环境保护工程职业学院（2017）高等职业教育质量年度报告

1. 学院概况

1.1 办学定位
厚德 精业 创新 有为

School Orientation

广东环境保护工程职业学院是以培养环保、节能、低碳及相关专业高素质技能型人才为主要特色的全日制公办高等职业学院，学院的办学定位是"一个摇篮，三个基地"。"一个摇篮"即环保行业技术技能及创业型人才培养的摇篮。"三个基地"即环保应用技术研发及成果转化基地、环境决策咨询及技术服务基地和环保行业继续教育基地。

环保　　节能　　低碳

1.2 教学系部组成及专业构成
厚德 精业 创新 有为

Department of teaching and learning

9个教学系、3个教学部

     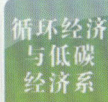 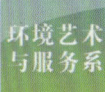  

环境工程系　环境监测系　环境科学系　机电工程系　土木工程系　循环经济与低碳经济系　环境艺术与服务系　生态环境系　食品工程系

基础教育部　　思想政治理论课教学部　　体育部

10大专业群　　34个专业

中央财政支持建设专业　　广东省高等职业教育二类品牌专业　　广东省高等职业教育一类品牌

- 环境监测与治理技术
- 工业环保与安全技术

- 室内环境监测与控制技术
- 工业节能技术

环境工程技术

广东省重点（建设）专业2个　环境监测与控制技术&环境评价与咨询服务

院级重点（特色）专业7个

建筑工程技术

软件技术

工业分析技术

机电设备维修与管理

烹调工艺与营养

风景园林设计

环境艺术设计

1.3 办学条件 School Conditions

厚德 精业 创新 有为

1.3.1 基本办学条件分析

条件一览表

我院基本办学条件一览表

指标	合格标准	限制标准	现状值
生师比	18	22	17.68
研究生学位教师占专任教师比重（%）	15	5	69.15
生均教学科研仪器设备值（元/生）	4 000	2 500	5 648.66
生均教学行政用房（m²/生）	16	9	17.08
生均实训场所面积（m²/生）	8.3		11.02
生均图书（册/生）	60	35	56.15

1.4 成绩与收获 Achievement and harvest

厚德 精业 创新 有为

(1) 立德树人、凝聚特色、着力提高人才培养质量。

(2) 优化管理、人才强校、人才队伍建设明显加强。

(3) 主动发挥科教支撑体系积极作用，科技强校成果显著。

(1) 诊断改进，教育教学质量稳中有升。学院把教学管理工作作为学院的中心工作，建立常态化教学工作诊断与改进制度，认真探索高职教学管理工作模式，开展教学工作诊断与改进，切实发挥学院的教育质量保证主体作用，不断完善内部质量保证制度体系和运行机制，实现教学管理水平和人才培养质量的持续提升。

(2) 深入实施"强师工程"，打造一流师资队伍。以强师工程为抓手，提升教师队伍素质。先后有2位教师被确定为2015年度高等学校优秀青年教师培养计划培养对象，6位教师被选派为2016年国内访问学者，9位教师被认定为2015年高职院校高层次技能型兼职教师。学院教师参加国培、省培及其他各类培训共140多项，近600人次，培训经费达近200万元。

(3) 科研经费投入在全省高职院校中名列前茅。根据省委教育工委、省教育厅发布的《2015年广东省普通高校科技/社科统计简报》显示，我院2015年度投入科研经费在全省38所参加普通高校科技/社科统计工作的公办职业院校中位列前茅，充分彰显了学院科技强校和科技服务社会的办学特色。

2. 学生发展　ABOUT US　广东 佛山

典型案例一

2016年5月，我院与佛山市顺德区环境保护协会签订战略协议，同年9月，双方合作的第一个项目"发现'河'谓顺德"启动。环境科学系组建专业师生团队全程参与了该项目。

专业师生团队将人才培养与对外服务相结合，在活动中学生将所学专业知识运用到服务社会、服务基层和服务农村等方面上来；开展了对顺德区水域系统深入的调查，追溯河流古今发展，整理出试点流域自然变迁和社会变化的资料，用作流域社区宣讲的重要材料，增强居民对流域的归属感，进而提高群众的环保意识，推动共积极参与河流保护活动，促进基层自主关注、参与、管理河涌的保护问题。

在实践调查中开展社区服务，共筑美丽广东

典型案例二

为充分发挥专业优势，学院成立了由5名教师和31名学生代表组成的生态示范创建服务队（以下简称"服务队"）。服务队紧密围绕"生态文明建设和美丽乡村"主题，于2016年7月分赴阳江市隆岗村和清远市长岭村开展了为期7天的生态示范村创建社会实践活动。主要完成：①查找问题。通过实地考察、问卷调查、现场采访等方式，对照生态示范创建指标发现了隆岗村和长岭村示范创建的短板分别是畜禽养殖污染和村民环保意识薄弱。②环保宣传。通过海报宣传、宣讲教育、签名行动、环保课堂等方式让村民认识到保护环境的重要性，提高环保意识。③切实帮扶。通过清理村道卫生，赠送环保袋，增设环境指示牌、垃圾桶、生态意见箱等行动帮助创建，并制定了两村《生态示范建设方案》上报阳春市和清远市环保局。④行为引领。队员通过一水多用、光盘行动等日常生活习惯引领当地村民学习低碳环保的生活方式。

实践促学，学以致用

典型案例二

在其他同学在忙于上课、实训和寻找合适实习单位的时候，莫越坚同学选择了进入实验室，做一名普通的科研助理。从最初的制样"打杂"到后来参与方案讨论，从不懂自学请教老师，到后来的指导其他科研助理，莫越坚同学从重金属实验室开展的校企合作技术研发项目中获得了快速的成长，这得益于他的勤奋努力，也离不开系部"产教学研"多维度培养模式的实施。

"产教学研"多维度培养，激发学生科技创新力

3.师资队伍 ABOUT US　广东 佛山

- 基础条件保证体系
- 管理和措施保障体系
- 评价考核保障体系
- 师资队伍质量保证体系
- 师资队伍基本状况
- "双师"素质教师所占比例为68.75%
- 职称、学历结构较好
- 参与校外进修、交流

典型案例四　学习德国职教理念，助力学院跨越式发展

天津中德应用技术大学培训合影留念

天津中德应用技术大学培训期间参观实训基地

典型案例五　积极引进巨型央企和外企，参与专业建设

陈文韬书记一行和SGS通标标准有限公司交流

4.教学改革　ABOUT US　广东 佛山

根据第三方麦可思调查报告显示，本校核心课程对2013—2015届就业和升学的毕业生的重要程度(分别为73%、73%、79%)和培养水平(分别为58%、64%、65%)均呈现上升趋势。

机构和组织建设完备；学院建立了院级教学工作委员会为决策核心，各系专业建设委员为执行主体，各专业教研室为支撑保证的三级专业建设组织架构，院级教学委员负责审核全院的专业发展规划、专业群建设规划，负责专业动态调整等，各系专业建设委员负责审核人才培养方案，督查重点及品牌专业建设进度，各专业教研室负责审核课程标准、课程进度计划、课程设计等文件。

学院高度重视课程建设，根据《关于印发《广东省教育信息化发展"十二五"规划》的通知》（粤教电〔2012〕1号）文件的指示要求，我院不断强化信息技术在课堂教学、课外学习、师生互动方面的广泛应用。迄今为止，我院建设的网络课程18门，精品在线开放课程12门，其中3门获得广东省教育信息化指导委员"英课计划"教改立项，1门获得省级精品在线开放课程建设立项，迄今为止学院共投入资金50万元。

积极申报广东省教育厅主导的"现代学徒制"项目。以"环保协同育人中心"建设为契机，强化校企资源整合力度。继续实施校企协同育人订单式培养模式，深化校企协同。

典型案例六　积极开展"现代学徒制"调研与实践，深化校企协同

培训班开班仪式　　　培训现场　　　李杨红副书记一行到广州奔桥建筑科技有限公司交流

典型案例七 校企共建EHS专业，共培EHS人才

研讨会现场　　　　　　　　　　企业教师实践授课

典型案例八 订单培养强质量，协同育人促发展

华测检测开班、颁奖和素质拓展活动

典型案例九 专业建设依托行业，"真题真做见真功、知行合一求实效"

翰林湖绿道景观节点设计大赛现场

5.社会服务 ABOUT US 广东 佛山

（1）科研及社会服务平台建设完备，服务发展能力进一步增强。

（2）社会服务业务量不断增长，促进地方经济发展成绩显著。

（3）技术服务创新成效显著，科研成果批量涌现。

（4）社会培训层次、规模和结构不断提升，社会影响力增强。

典型案例十一　牵手全球顶级实验室，成立GDPEPE-SGS国际合作与创新中心

与SGS建立深度校企合作

典型案例十二　承办行业技能竞赛，服务地方经济社会发展

与SGS建立深度校企合作

典型案例十三　强化专业服务社会职能，助力地方发展

学员进校取经

教师送教上门

6.对外交流与合作 ABOUT US 广东 佛山

2017年,我院参加了美国大学生数据建模竞赛,获得建模竞赛三等奖。本次比赛共有来自美国、中国、加拿大、芬兰、英国等18个国家和地区共6 755支队伍参加,其中包括来自哈佛大学、普林斯顿大学、西点军校、麻省理工学院、清华大学、北京大学、浙江大学等国际知名高校学生参与此项赛事角逐,不分本科与高职组。

2016年,我院积极开展与推进境外教学合作项目,与台湾辅英科技大学、加拿大弗莱明学院及加拿大驻广州领事馆等2所国外大学和机构就交换生、教师访学、专业认证等合作办学方面开展深入交流,并开展了多次双边或多边磋商,就许多合作细节初步达成了一致。

2016年,我院共派出3批次共12名教师参加欧洲及北美的环境论坛交流会议,加强与国内外同行联系,为推动环保技术、环保职业教育交流与合作奠定了基础。

典型案例十四 与加拿大弗莱明学院展开交流合作,实现环保类专业国际化

孙水裕院长、刘晓冰副院长等先后与加拿大领事馆商务官、加拿大弗莱明学院招生主任及中国招生代表就合作方式、学历认证、师资培训、学生培养、课程对接等方面进行磋商,拟定了"三步走"合作路线图。第一步从高层互访开始,展开框架合作协议的实施。第二步,对于教师之间的培训交流,双方展开合作,通过教师的互动来推动教学活动的进展。第三步,学生培养的交流。通过先开展短期互动,再到学期互动,再到整个学年的学习,逐步完成联合培养的目标。

孙水裕院长等与加拿大弗莱明学院远程视频交流

图说揭阳职业技术学院（2017）
高等职业教育质量年度报告

1 办学基本情况

1.1 学校荣誉
- 广东省先进基层党组织
- 广东省文明单位
- 2008—2010年度广东省高校治安综合治理优秀学校
- 国家节约型公共机构示范单位
- 广东省社会科学普及先进示范基地
- 全国教育网络示范单位
- 广东省诚信文化教育共建单位
- 2014—2015年度大学生征兵工作先进单位

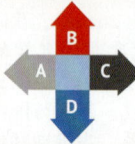

1.2 办学定位
- 坚持"立德强技，人才强校，服务地方"办学理念
- 秉承"诚真、笃教、博学、致用"的校训精神
- 坚持"立足揭阳、辐射粤东、面向广东"办学定位
- 努力将我校打造成为粤东有较高知名度和影响力的高水平学院

1.3 专业设置

学校开设有教育与体育、电子信息、生物与化工、资源环境与安全、财经商贸、农林牧渔、装备制造、食品药品与粮食、医药卫生、旅游、文化艺术、公共管理与服务、轻工纺织13大类共46个专业。2016年新增物联网应用技术、物流管理、商检技术、化妆品技术等4个专业。目前招生专业共36个，面向广东省及河南、广西、贵州、甘肃等8个省（自治区）招生，全日制在校生共6 906人。

1.4 办学规模
- 学校坐落于揭阳市紫峰山下桂竹园风景区
- 校园占地面积40.0153万平方米
- 学校共设置电子商务创业学院、思想政治理论课教学部、师范教育系、外语系、信息工程系、机电工程系、生物工程系、化学工程系、艺术与体育系、经济管理系等1院1部8系

2 学生发展

2.1 招生录取

2015—2016学年计划招生2 950人，实际招生2 849人，录取率为96.58%，其中第一志愿报考2 568人；实际报到2 264人，报到率为79.47%

录取率96.58%

2.2 不同起点招生
- 我校招生录取2 849人，其中普通高考录取2 007人（占70.45%），五年一贯制录取772人（占27.09%），"三二分段"录取70人（占2.46%）

2.3 学生报考本校的原因

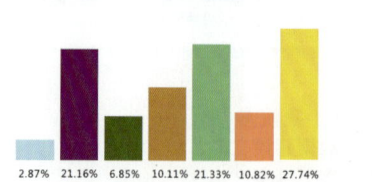

受学校品牌影响 2.87%；专业爱好 21.16%；就业优势 6.85%；技能培养 10.11%；地理位置影响 21.33%；他人推荐 10.82%；其他原因 27.74%

2.4 学生活动

组织各级各类学生活动，涵盖科技、学术、文化艺术、体育竞技、社团文化、志愿服务、创业计划、素质拓展培训、思想政治教育活动等31项内容，学生参与校园文化体育活动共42 034人次

2.5 学生社团

学校共有学生社团协会37个，各社团共有成员共有1 469人，组织了科学文明伴我行等84项活动，平均每个社团活动举办时间2小时，生均社团活动时间为2小时/人次

2.6 职业技能大赛

学校积极组织学生参加植物组织培养等8个省级参赛项目，共获得7项二等奖，9项三等奖

2.7 创新创业竞赛获奖情况
- 学生积极参加"挑战杯——创青春"广东大学生创业计划大赛、"挑战杯——彩虹人生"广东职业学校创新创效创业大赛、"互联网+"广东省青年创业大赛等各级各类创新创业竞赛，获得省部级奖项20项。

学生创新创业教育活动

在广东国兴乳胶丝有限公司参观交流

▲ 公司经理曾奕中作科普讲座

▲ 现场讲解

▲ 科普活动合影

▲ 创新创业签订仪式

在揭阳市美度实业有限公司参观交流

▲ 林伟涛总经理致欢迎辞

▲ 科普活动合影

▲ 现场讲解

▲ 创新创业签订仪式

3 教学改革

3.1 创新人才培养模式

■ 学校围绕市委市政府"互联网+""中德+"等要求，适应经济发展新态势，改革人才培养模式，应用德国"双元制"教育模式，加大"双元制"合作办学力度，探索与中德集团共同创办中德跨境电商孵化器，培养跨境电商人才。

3.2 师资队伍建设

3.2.1 教师结构

学校共有授课教师358人

- 校内专任教师219人
- 校内兼课教师61人
- 校外兼职教师18人
- 校外兼课教师60人
- 具有"双师型"素质教师115人
- 少数民族教师5人

1.40% / 16.76% / 5.03% / 61.17% / 17.04% / 41.04%

3.2.2 年龄结构

- 60.89% 35岁及以下的218人
- 26.54% 36-45岁的95人
- 12.01% 46-60岁的43人
- 0.56% 61岁以上的2人

3.2.3 专业技术职务结构

- 高级 22.91% 高级职称82人
- 中级 53.63% 中级职称192人
- 初级 7.82% 初级职称28人
- 其他 15.64% 其他56人

3.2.4 学历结构

- 0.56% 博士研究生2人
- 20.67% 具有大学学历203人
- 硕士研究生74人
- 0.28% 专科学历1人
- 50.70%

3.2.5 学位结构

- 0.28% 博士学位1人
- 36.59% 学士学位131人
- 37.71% 硕士学位135人
- 25.42% 其他91人

3.3 产教融合与校企合作

■ 2016年，我校新增校外实训基地8家，产学研合作企业4家，合作办学1家。

▲ 与广发证券股份有限公司签约

4 对外合作交流

■ 紧紧围绕落实揭阳市委、揭阳市政府创建中德金属生态城人才培训基地的部署要求，着力推进"中德+教育""中德+文化"战略，加强中德合作交流，服务中德合作项目发展，联合中德金属集团承办了全国首个地级市免费德语培训基地——揭阳市德语夜校，开办德语夜校普及班，首期共培训学员100名。

▲ 陈东市长及斯特凡考夫曼先生一行到德语夜校参观调研

5 服务贡献

5.1 毕业生不同地域就业

■ 2016届毕业人数2 571人，截至2016年8月31日，就业人数1 725人，就业率67.09%，其中本省内就业1 659人（占96.17%），本区域就业1 662人（占96.35%），本地市就业635人（占36.81%），到珠江三角洲地区就业768人（占44.52%），留在当地就业1 476人（占85.57%），到中小微企业等基层服务1 397人（占80.99%），到国家骨干企业就业45人（占2.61%），自主创业15人（占0.87%）。

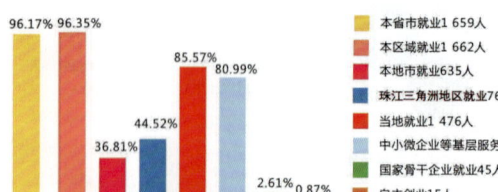

5.2 开展德语培训

■ 举办了市民德语大讲堂，邀请德籍华人吕如芳老师、中德金属集团招商部项目经理兼中德金属生态城驻德国代表胡庆老师等讲授了"走进德国"等主题讲座。举办了揭阳市中青年干部德语短训班，共36位学员，讲授了"德国教育及若干话题的思考"等专题讲座。

5.3 开展电商培训

■ 在市委、市政府大力扶持和引导下，结合揭阳市电子商务产业，在各级部门的支持与帮助下，逐步探索并开展了一些专业与产业对接的培训工作，共培训电商人才5 640人次。

5.4 服务社会

■ 不断拓展社会服务途径，与广州美术学院就在我校设置术科考试考点达成合作协议，服务粤东地区报考美术专业考生的术科考试。

■ 协助市政府并承办"跨港通师杯"中国电商讲师大赛（华南赛区）暨第二届中国电商好讲师大赛的复赛和决赛工作。

■ 承办了2016年广东省大学生、中小学生健美操啦啦操联赛（揭阳站）比赛，来自中山大学、惠州学院等9所高校以及省内参赛的中小学代表队400多名运动员参加比赛。

■ 选派8名学生党员前往中德金属生态城开展"深入调研促发展，两学一做我先行"调研分析实践活动。

■ 选派27支队伍共477名学生志愿者和15名教师赴省内外开展"三下乡"社会实践服务。

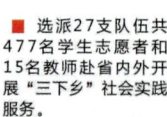

■ "一带一路"中德（欧）购物节志愿服务活动。